权威·前沿·原创

皮书系列为
"十二五""十三五"国家重点图书出版规划项目

中国社会科学院创新工程学术出版项目

贵州房地产蓝皮书

BLUE BOOK OF
REAL ESTATE OF GUIZHOU

贵州房地产发展报告
No.5（2018）

ANNUAL REPORT ON THE DEVELOPMENT OF
GUIZHOU'S REAL ESTATE No.5(2018)

主　编 / 武廷方
副主编 / 夏　刚　武　赟
贵州财经大学贵州省房地产研究院

社会科学文献出版社
SOCIAL SCIENCES ACADEMIC PRESS (CHINA)

图书在版编目(CIP)数据

贵州房地产发展报告. NO.5, 2018 / 武廷方主编. —北京：社会科学文献出版社, 2018.7
（贵州房地产蓝皮书）
ISBN 978 – 7 – 5201 – 3004 – 2

Ⅰ.①贵… Ⅱ.①武… Ⅲ.①房地产业 – 经济发展 – 研究报告 – 贵州 – 2018　Ⅳ.①F299.277.3

中国版本图书馆CIP数据核字（2018）第146925号

贵州房地产蓝皮书
贵州房地产发展报告No.5（2018）

主　　编 / 武廷方
副主编 / 夏　刚　武　赟

出 版 人 / 谢寿光
项目统筹 / 邓泳红　吴　敏
责任编辑 / 张　超

出　　版 / 社会科学文献出版社·皮书出版分社（010）59367127
　　　　　 地址：北京市北三环中路甲29号院华龙大厦　邮编：100029
　　　　　 网址：www.ssap.com.cn

发　　行 / 市场营销中心（010）59367081　59367018
印　　装 / 三河市龙林印务有限公司

规　　格 / 开　本：787mm×1092mm　1/16
　　　　　 印　张：14.75　字　数：195千字
版　　次 / 2018年7月第1版　2018年7月第1次印刷
书　　号 / ISBN 978 – 7 – 5201 – 3004 – 2
定　　价 / 99.00元

皮书序列号 / PSN B – 2014 – 426 – 1/1

本书如有印装质量问题，请与读者服务中心（010 – 59367028）联系

▲ 版权所有 翻印必究

《贵州房地产发展报告 No.5（2018）》
编　委　会

顾　问　宋晓路　诸光荣　刘洪玉　董安娜　陈　勇
　　　　　赵　普　徐大佑　李国忠

主　编　武廷方

副主编　夏　刚　武　赟

编　委　（排名不分先后）
　　　　　王凯明　邓　曼　吴　璟　熊国玺　刘　强
　　　　　刘晓林　朱永德　陈昌远　杨昌智　杨　坚
　　　　　董立军　李顺安　蒋明强　滕伟华

机构介绍

贵州财经大学贵州省房地产研究院是贵州财经大学、贵州省房地产交易市场根据中共贵州省委黔党发〔2013〕12号文件关于"进一步落实和扩大科研机构的法人自主权，积极引导和推进有条件的转制科研院所深化产权制度改革，建立现代企业制度，健全法人治理结构"的指导意见，通过资源整合共同成立的房地产专业研究机构，是以"科研体制创新，教学科研致用"为宗旨的独立法人新型研究院。

根据贵州省人民政府与清华大学签订的战略合作协议精神，贵州省房地产研究院将依托清华大学房地产研究中心等国内一流的机构开展科研和教学工作。研究院目前下设综合服务办公室，房地产市场与行业研究室，城市经济与城镇化研究室，土地、住房政策与投资金融研究室。近期将以新型城镇化与房地产业发展、房地产市场运行规律、山地城镇化、土地管理与土地利用等为主要研究方向。

贵州省房地产研究院将以严谨的作风、中立的角度、独特的视角、翔实的数据、科学的理论服务于社会各界及贵州人民。

主要编撰者简介

武廷方 中国房地产估价师与房地产经纪人学会副会长，全国房地产经纪专业人员职业资格考试专家委员会副主任，清华大学房地产研究中心特邀研究员，中共贵州省委服务决策专家库专家，贵州省高等学校教学指导委员会委员，贵州省房地产业协会副会长，贵州省土木建筑工程学会副理事长，贵州财经大学贵州省房地产研究院院长、教授、硕士生导师。"房屋银行"模式发明人，所研发公租房"房屋银行，收储配租"模式受到中共中央政治局常委、国务院总理李克强批示表彰。

夏　刚 贵州省房地产研究院副院长，博士，副教授，国家注册造价工程师，中国软科学研究会理事。2008年至今在贵州财经大学从事房地产经济管理、工程项目管理等教学科研工作。在《经济研究》《土木工程学报》《中国土地科学》等核心期刊发表多篇论文。主要研究方向为房地产经济、住房保障、工程项目管理。

刘洪玉 清华大学建设管理系教授、博士生导师，清华大学土木水利学院副院长、房地产研究所所长。兼任贵州省房地产研究院名誉院长，中国房地产估价师与房地产经纪人学会副会长、住房和城乡建设部住房政策专家委员会主任委员、中国房地产业协会常务理事、国际房地产学会（IRES）理事、亚洲房地产学会（AsRES）理事等。主要研究领域为房地产经济学、房地产金融与投资、住房政策和土地管理。

吴　璟　清华大学建设管理系主任、副教授，博士，清华大学恒隆房地产研究中心执行主任。贵州省房地产研究院学术委员会委员、特邀研究员。新加坡国立大学房地产研究院兼职研究员、美国城市和房地产经济学会（AREUEA）国际会议委员会委员、美国城市和房地产经济学会（AREUEA）会员、世界华人不动产学会会员。研究领域为城市和房地产经济学、住房政策、房地产投资。

郑思齐　贵州省房地产研究院首席研究员，美国麻省理工学院（MIT）城市研究与规划系和房地产中心副教授（终身教职），麻省理工学院 STL 房地产创新实验室教职主任（Faculty Director），曾任清华大学恒隆房地产研究中心主任。著有《住房需求的微观经济分析》《城市经济的空间结构》等，主要研究领域是城市空间和城市体系可持续发展的经济机制，包括城市中"居住—就业—公共服务"的空间互动，交通基础设施和开发区等区位导向性政策对城市和区域发展的影响，绿色城市和消费城市的经济机制，土地供给对房地产市场和城市增长的影响机制等。

摘　要

《贵州房地产发展报告 No.5（2018）》以严谨的作风、中立的角度、独特的视角、翔实的数据、科学的理论探究贵州省房地产市场的行业发展动态。全书分为总报告、土地篇、住房保障篇、金融篇、地区篇和热点篇六个部分。总报告对2017年贵州省房地产市场的发展状况进行了全面综合的分析，其余各篇分别从不同的角度对贵州省各地房地产市场的发展进行了不同解析。报告中各课题组成员是来自全省9个市（州）的一线管理与工作人员，报告数据收集详尽，真实客观地反映了上一年各市（州）房地产发展状况，对各市（州）房地产行业发展具有积极的参考和指导价值。

2017年是中国房地产转型、分化的一年。贯彻党中央"房子是用来住的，不是用来炒的"精神，中国房地产交易进入了一个新的历史阶段。"租购并举"异军突起，国家新政频出，几十个城市相继出台了租赁新政，大力推进住房租赁市场，抑制泡沫、理性发展是2017年房地产行业发展的关键词。

2017年，贵州省加大房地产市场宏观调控力度，政策效应明显，房地产投资实现小幅增长，商品房销售较快增长。房地产开发企业土地购置面积、房屋新开工面积、房地产开发投资、房屋施工面积等指标的增速均高于2016年，房地产开发企业国内贷款大幅下降；商品房交易面积和销售价格增速均高于全国平均水平，商品住宅价格增速高于城镇居民人均可支配收入增速；商品住宅库存指数为1998年来最低水平。9个市（州）的房地产开发投资方面，3个州（黔东南州、黔南州、黔西南州）下跌，其他6个市均增加；商品房销售面

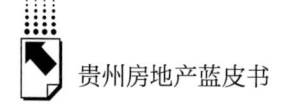

积增幅最大为毕节市的23.2%，最小为黔东南州的8%；贵阳市二手房占比24.3%，远高于其他市（州）。

2017年，贵州省房地产市场仍处于周期性调整阶段，需建立长效机制，促进全省房地产市场平稳健康发展。

2018年，预期贵州省房地产供给持续增加，商品房交易趋于稳定。贵阳市2017年商品住房均价低于周边省会城市20%左右，房价洼地的市场状态将在2018年有较大改变。

关键词：贵州省　房地产市场　去库存　供给侧改革

序　言

年初参加刘志峰团长率领的中国房地产代表团访问美国时，我在演讲中提到，新中国的房地产市场发展与美国是不同的。美国建国242年，但在1908年就成立了房地产经纪人协会，房地产市场至少已有110年的历史。我们新中国的房地产市场化如果以"决定停止住房实物分配，逐步实行住房分配货币化，培育和规范住房交易市场"的国务院《关于进一步深化城镇住房制度改革加快住房建设的通知》（国发〔1998〕23号）文件为起点计算，也只有短短的20年时间。但是房地产行业对"厉害了，我的国"来讲，是一个当之无愧的功臣。

1949年新中国成立之初，全国城市住房存量不过5亿平方米，人均住房面积不足10平方米。国家统计局2017年7月6日发布的全国人均住房建筑面积为40.8平方米。2017年全国房地产开发投资为109799亿元，全国房屋施工面积为781484万平方米，全国商品房销售额为133701亿元，房地产业为国家创造了巨大的财富，为社会提供了广阔的生产和生活空间。2017年贵州省房地产开发投资完成2201亿元，占全省固定资产投资比重为14.4%，对固定资产投资的贡献率为2.0，较上年同期提升4.7个百分点。房地产业为贵州社会经济的发展立下了汗马功劳。

本书是贵州财经大学贵州省房地产研究院编辑出版的第五本"贵州房地产蓝皮书"。2015年经中国社会科学院皮书学术评审委员会评定，"贵州房地产蓝皮书"以77.4分的成绩入围蓝皮书综合评价TOP100名单，名列第92名；2016年以总分83.3分名列第64名。

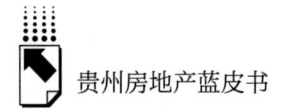

2018年入选中国社会科学院创新工程学术出版项目。

我们将继续保持贵州房地产蓝皮书的原创性、实证性、专业性、前沿性和时效性，提高内容质量和影响力，为贵州社会经济的发展贡献绵薄之力！

王廷方

目　录

Ⅰ　总报告

B.1 2017年贵州房地产市场分析及2018年预测
　　………………………………… 总报告编写组 / 001
　　一　2017年房地产市场分析 ……………………… / 002
　　二　2018年贵州房地产市场预测 ………………… / 044

Ⅱ　土地篇

B.2 贵州土地市场回顾与展望（2017）…… 夏　刚　贺　琨 / 049

B.3 贵阳2017年土地招拍挂报告 ………… 武廷方　胡蝶云 / 068

Ⅲ　住房保障篇

B.4 2017年贵州省住房公积金运行分析 ………… 张世俊 / 086

B.5 2017年贵州省物业管理概况 ……… 贵州省物业管理协会 / 099

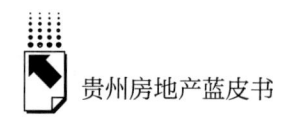

Ⅳ 金融篇

B.6 贵州省房地产企业融资 …………武廷方 杨 丽 李 坚 / 103
B.7 贵州省房地产消费融资 …………武廷方 杨 丽 李 坚 / 107

Ⅴ 地区篇

B.8 贵阳市2017年房地产市场运行报告
　　………………… 贵阳市住房和城乡建设局课题组 / 110
B.9 六盘水市2017年房地产市场运行报告
　　………………… 六盘水市住房和城乡建设局课题组 / 116
B.10 遵义市2017年房地产市场运行报告
　　………………… 遵义市住房和城乡建设局课题组 / 122
B.11 安顺市2017年房地产市场运行报告
　　………………… 安顺市住房和城乡建设局课题组 / 127
B.12 毕节市2017年房地产市场运行报告
　　………………… 毕节市住房和城乡建设局课题组 / 133
B.13 铜仁市2017年房地产市场运行报告
　　………………… 铜仁市住房和城乡建设局课题组 / 139
B.14 黔西南州2017年房地产市场运行报告
　　………………… 黔西南州住房和城乡建设局课题组 / 145
B.15 黔东南州2017年房地产市场运行报告
　　………………… 黔东南州住房和城乡建设局课题组 / 154
B.16 黔南州2017年房地产市场运行报告
　　………………… 黔南州城乡建设和规划委员会课题组 / 167
B.17 瓮安县2017年房地产市场运行报告
　　………………… 瓮安县房地产管理局课题组 / 178

Ⅵ 热点篇

B.18 推进城市"三变"改革 实现公平共享发展
——贵阳市房屋征收与补偿工作经验
　　　　　　　　　　　　　　贵阳市房屋征收管理中心课题组 / 189

Abstract ………………………………………………………… / 201
Preface ………………………………………………………… / 203
Contents ……………………………………………………… / 205

总 报 告

General Report

B.1

2017年贵州房地产市场分析及2018年预测

总报告编写组*

摘　要： 2017年，贵州房地产市场供给明显回暖，需求持续增加，商品住宅库存大幅下降，价格大幅上涨；不同市（州）房地产市场差异较大。2017年贵州房地产开发企业土地购置面积、房屋新开工面积、房地产开发投资、房屋施工面积等指标的增速均高于2016年，房地产开发企业国内贷款大幅下降；商品房交易面积和销售价格增速均高于全国平均水平，商品住宅价格增速高于城镇居民人均可支配收入增速；商品

---

* 规划审稿：武廷方、刘洪玉；报告执笔：夏刚、吴璟；资料收集：胡蝶云、禹灿、李华玲、杨雪。

住宅库存指数为1998年来最低水平。9个市（州）的房地产开发投资方面，3个州（黔东南州、黔南州、黔西南州）下跌，其他6个市均增加；商品房销售面积增幅最大为毕节市的23.2%，最小为黔东南的8%；贵阳市二手房占比24.3%，远高于其他市（州）。2018年，预期贵州省房地产供给持续增加，商品房交易趋于稳定。贵阳市2017年商品住宅均价低于周边省会城市20%左右，房价洼地的市场状态将在2018年有较大改变。

关键词： 贵州省　房地产市场　供给侧改革

一　2017年房地产市场分析

（一）主要结论

2017年，贵州房地产市场供给明显回暖，需求持续增加，商品住宅价格大幅上涨；商品住宅库存指数为1998年来的最低水平。

（1）房地产开发企业商品房销售面积增速高于全国平均水平。

（2）商品住宅销售价格大幅增加，增速比全国平均水平高6.8个百分点。

（3）房地产开发投资止跌回升，增速低于全国平均水平。

（4）房地产开发到位资金小幅增加，银行贷款难度远高于全国平均水平。

（5）房地产开发企业土地购置面积大幅增加，价格小幅下降。

（6）房地产开发企业房屋新开工面积跌幅远低于2016年，商品住宅新开工面积止跌回升。

（7）房屋竣工面积增速持续下降，下跌幅度远高于全国平均水平。

（8）贵州房地产开发企业房屋施工面积相对稳定，增速低于全国平均水平。

（9）商品住宅库存指数大幅下降，下降幅度远远高于全国平均水平。

2017年贵州房地产市场主要指标及与全国的比较见表1。

表1 2017年贵州房地产市场主要指标及与全国比较

序号	指标	绝对量	同比增长（%）	全国同比增长（%）
1	商品房销售面积（万平方米）	4696.9	13.0	7.7
	其中：商品住宅销售面积	3897.65	13.7	5.3
2	商品住宅销售价格（元/平方米）	4165	12.5	5.7
3	房地产开发投资（亿元）	2201.0	2.4	7.0
	其中：住宅投资	1365.33	9.8	9.4
4	房地产开发到位资金（亿元）	2296.50	5.4	8.2
	其中：国内贷款	149.60	-25.7	17.3
5	土地购置面积（万平方米）	438.87	38.4	15.8
6	土地购置价格（元/平方米）	2452.66	-5.2	29.0
7	房屋新开工面积（万平方米）	3310.77	-4.5	7.0
	其中：商品住宅新开工面积	2208.59	1.7	10.5
8	房屋竣工面积（万平方米）	1171.7	-38.4	-4.4
	其中：商品住宅竣工面积	785.00	-38.8	-7.0
9	房屋施工面积（万平方米）	20385.43	0.2	3.0
	其中：商品住宅施工面积	12789.65	-0.4	2.9
10	商品住宅库存指数	0.3	-62.5	-9.1

注：除非特别说明，本文价值指标，如房地产开发投资，同比增长（增速）均为名义值。

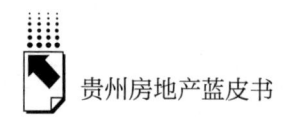

（二）运行势态

1. 商品房销售面积增速高于全国平均水平；贵阳、遵义商品房销售面积远大于其他市（州）

（1）基本情况

2017年贵州商品房销售面积为4696.9万平方米，同比增长13.0%，增速比全国平均水平高5.3个百分点。

分月度看，增速呈逐步下降态势，从年初的33.7%下降到年底的13.0%。

全年月度销售面积391.4万平方米。单月销售面积最高的是11月，为653.38万平方米；其次是6月，为635.04万平方米。

由图1可见，2017年不同月份，贵州商品房销售面积增速在1~10月连续下跌，11~12月有所回升，到年底的增速为13.0%，较年初下降20.7个百分点，但是贵州商品房销售面积增速均高于全国平均水平。

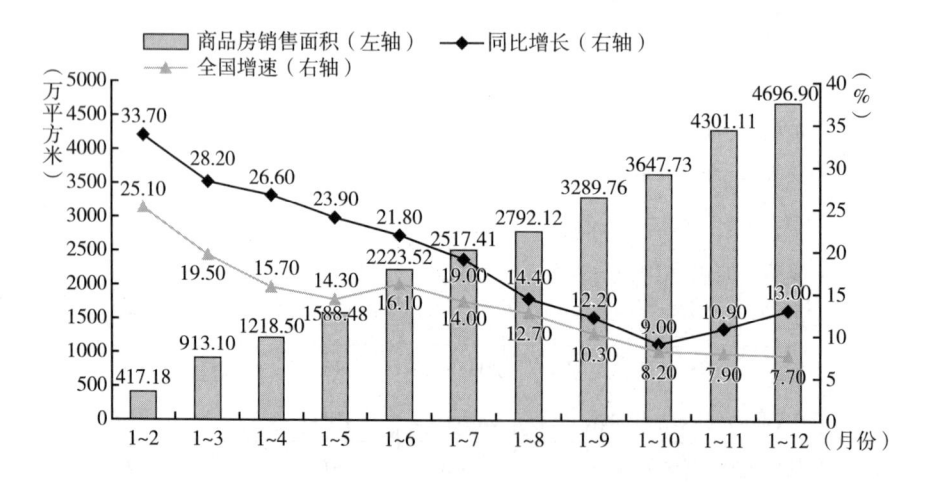

图1　2017年贵州省房地产开发企业商品房销售面积及同比增长

资料来源：贵州数据来自贵州省统计局，全国数据来自国家统计局网站。

(2) 贵州省不同地区商品房销售面积比较

商品房销售面积最多的是贵阳，为1077.88万平方米，其次是遵义，为1037.24万平方米；销售面积最少的是安顺地区，为222.51万平方米（见图2）。

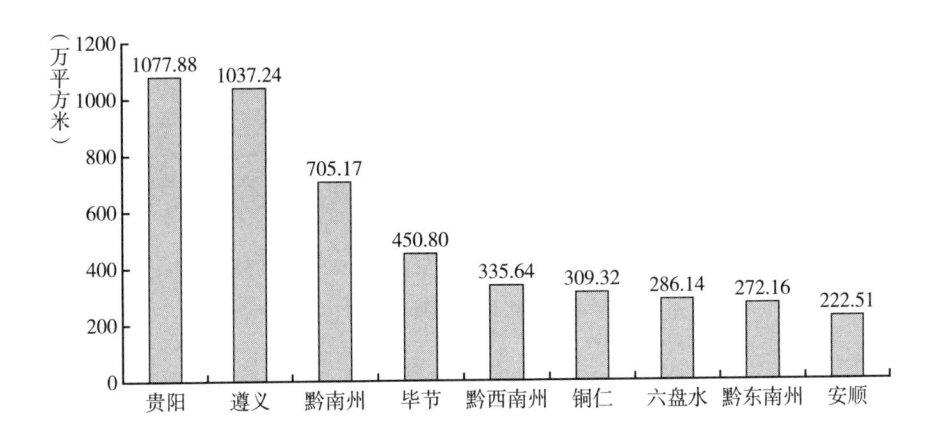

图2 2017年贵州省九个市（州）商品房销售面积

资料来源：贵州省统计局。

2001~2017年贵阳市不同年份商品房销售面积占比，从2013年开始连续下降，到2017年商品房销售面积占比为22.9%（见图3）。

(3) 纵向比较，2017年商品房销售面积增速较2016年有所回落，近三年来贵州的商品房销售面积逐年缓慢增长

自1998年住房市场改革以来，贵州商品房销售面积呈现快速增长态势，从2001年的369.38万平方米增加到2017年的4696.90万平方米，增加了11.7倍。由图4可见，仅2008年为负增长，2004年持平，其他年份增速均大于零。

(4) 商品房销售面积构成情况

2002~2016年贵州商品房销售面积构成如图5所示，商品房包括商品住宅、商业营业用房、办公楼和其他。由图5可见，商品住宅

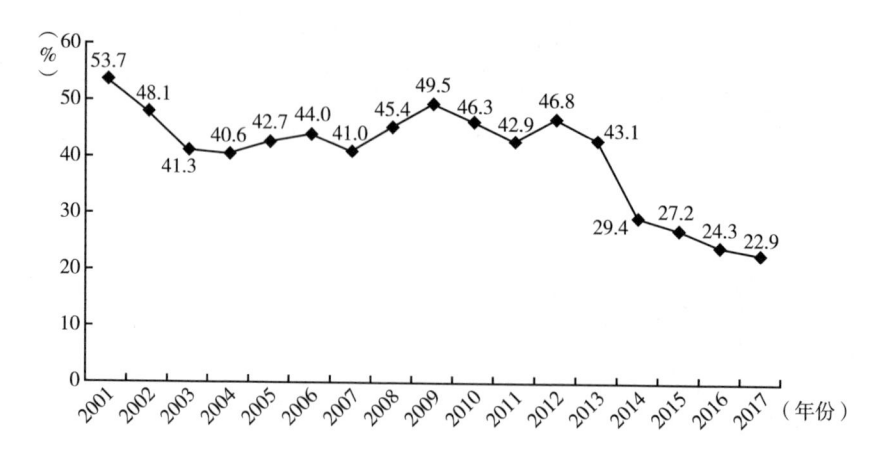

图 3　2001～2017 年贵阳市商品房销售面积占比

资料来源：贵州省统计局，笔者计算整理。

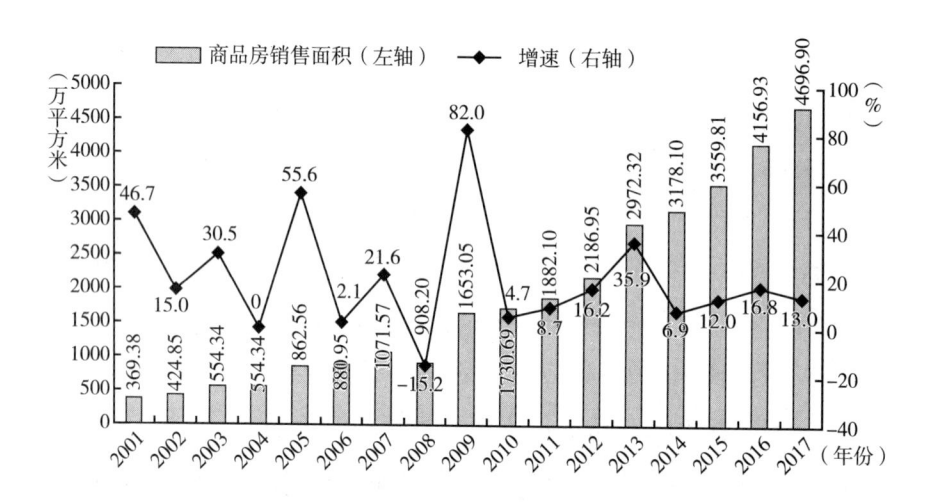

图 4　2001～2017 年贵州商品房销售面积及增速

资料来源：2017 年数据来自贵州省统计局，其他年份数据来自国家统计局网站。

占比最高，其次是商业营业用房，两者占比之和超过 95%，办公楼和其他占比低于 5%。

2002～2016 年，从 2013 年起商品住宅占比持续下降，到 2016 年占比82.4%，是近十年来最低水平，平均为89.4%；商业营业用房平均占比为7.7%，办公楼平均占比为1.8%，其他用房平均占比为2.1%。

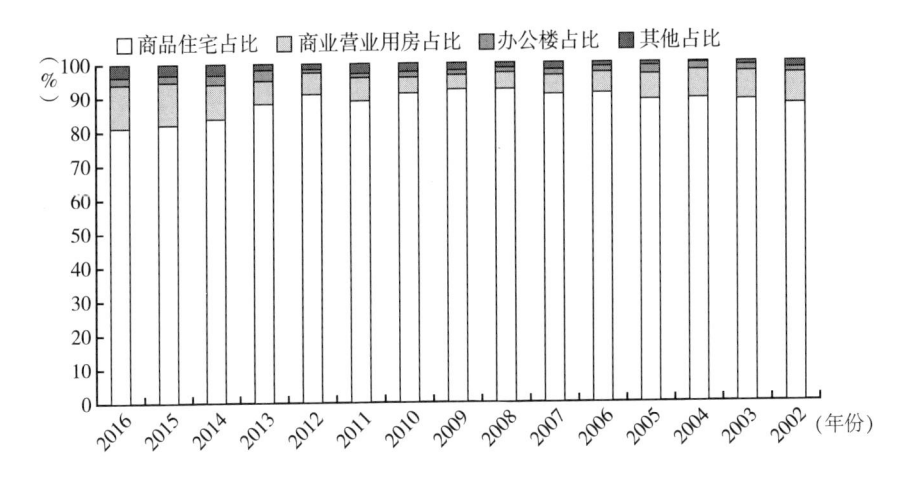

图5　2002~2016年贵州商品房销售面积构成

资料来源：各类商品房销售面积数据来自国家统计局网站。

与全国其他省份比较。2000~2016年我国商品住宅销售面积占比排序如图6所示，占比最高的为海南（95.3%）；其次是陕西（93.2%）、西藏（92.2%）、广西（92.0%）。占比最低的是北京（81.7%），其次是内蒙古（83.9%）、浙江（84.1%）、福建（84.2%）。贵州从高到低，排第22位，即有21个省份的商品住宅销售面积占比高于贵州。

2000~2016年我国商业营业用房销售面积占比排序如图7所示。内蒙古（11.09%）占比最高，其次是宁夏（11.01%）、黑龙江（10.12%）、安徽（9.18%）。贵州从高到低，排第5位，排名比较靠前，较之前排名有较大的提升。占比最低的是海南（3.12%）、陕西（3.81%）、天津（4.55%）。上海、北京处于较低水平。

2000~2016年我国办公楼销售面积占比排序如图8所示。由图8

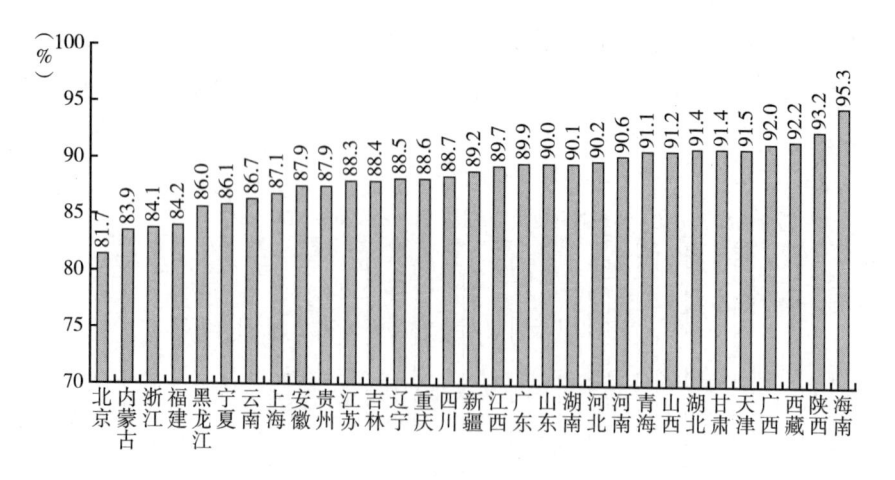

图 6　2000~2016 年我国商品住宅销售面积占比排序

资料来源：国家统计局网站，笔者计算整理。

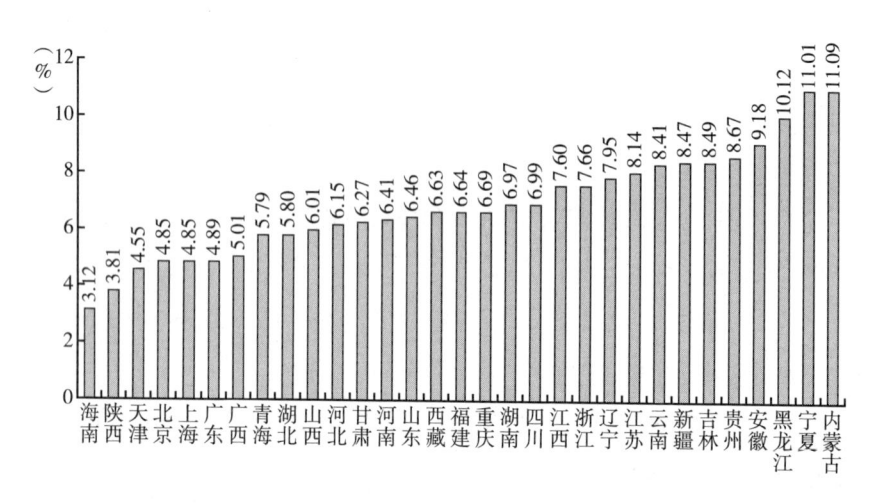

图 7　2000~2016 年我国商业营业用房销售面积占比排序

资料来源：国家统计局网站，笔者计算整理。

可见，占比最大的是北京（10.04%）远大于其他省份，其次是上海（5.23%）、浙江（4.05%）、福建（3.47%）。这四个省份的占比明显高于其他地区。占比最小的是海南（0.64%），有五个省份占比低于1%，依次是辽宁（0.88%）、广西（0.9%）、黑龙江（0.92%）、吉林（0.99%）。贵州（1.97%）排第8位。

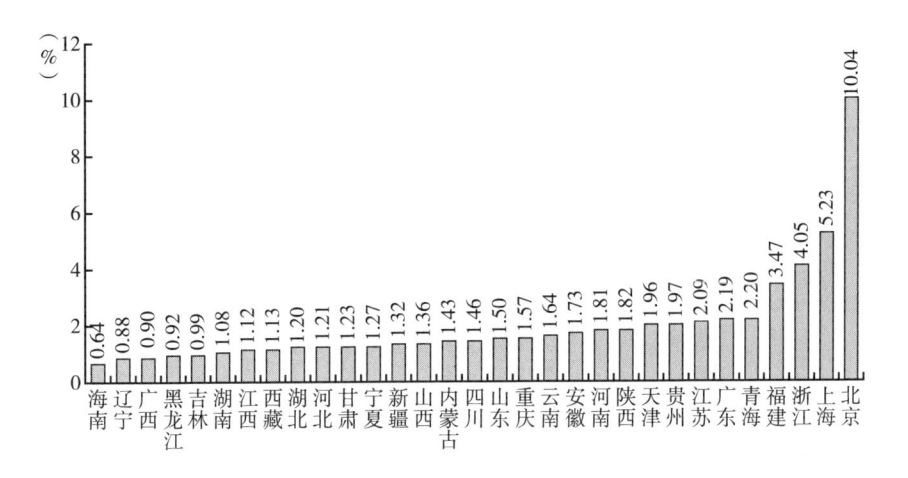

图8　2000~2016年我国办公楼销售面积占比排序

资料来源：国家统计局网站，笔者计算整理。

（5）横向比较，2017年贵州商品房销售面积增速高于全国平均水平

横向比较，我国4个地区中，全都处于增长状态，中部地区增速最快，远高于全国平均增速。贵州增速接近中部地区平均水平，略高于西部地区平均增速（见图9）。

在西部地区12个省份中，商品房销售面积有8个省份正增长，4个省份下跌（见图10）。商品房销售面积增长最快的是广西（22.7%），跌幅最大的是西藏（-28.6%），其次是内蒙古（-18.2%）。贵州排第五位，与青海基本持平。

在不包括东北三省的所有省份，贵州商品房销售面积增速列第10位（见图11），增速最大的是海南（52.0%），其次是江西（24.5%）、广西（22.7%）、陕西（19.2%）。

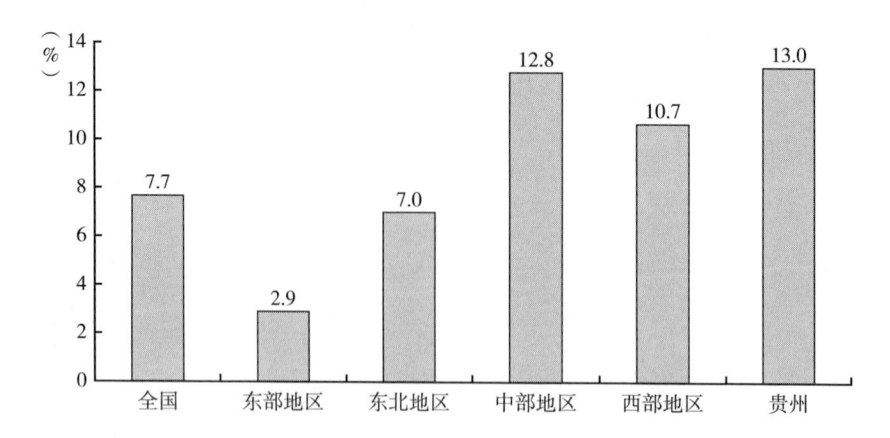

图9　2017年不同地区商品房销售面积增速

资料来源：贵州数据来自贵州省统计局，其他数据来自国家统计局网站《2017年全国房地产开发和销售情况》。

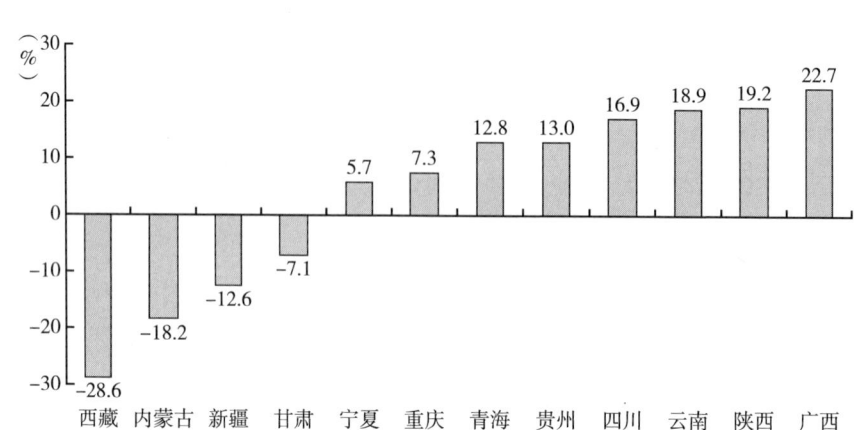

图10　2017年西部地区商品房销售面积增速排序

资料来源：各省的数据来自各个省统计局网站。

2.商品房销售价格增速由负转正，低于西部平均增速

（1）基本情况

2017年商品房销售价格为4771元/平方米，同比增长10.8%。分月度看，每月房价逐月上升（见图12）。

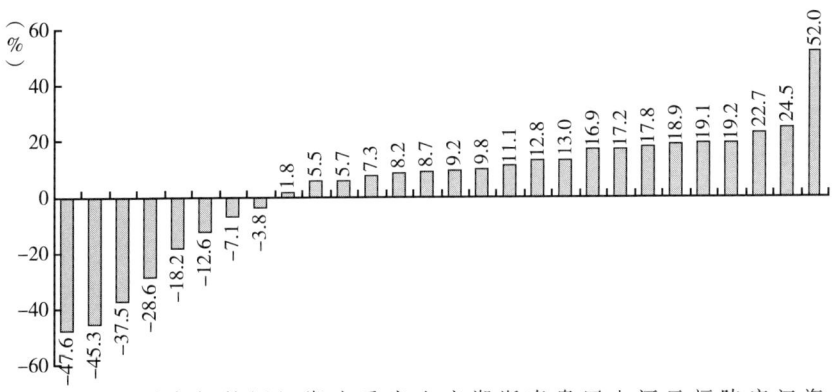

图11　2017年我国部分省份商品房销售面积增速排序

资料来源：各省商品房销售面积的数据来自各个省统计局网站。

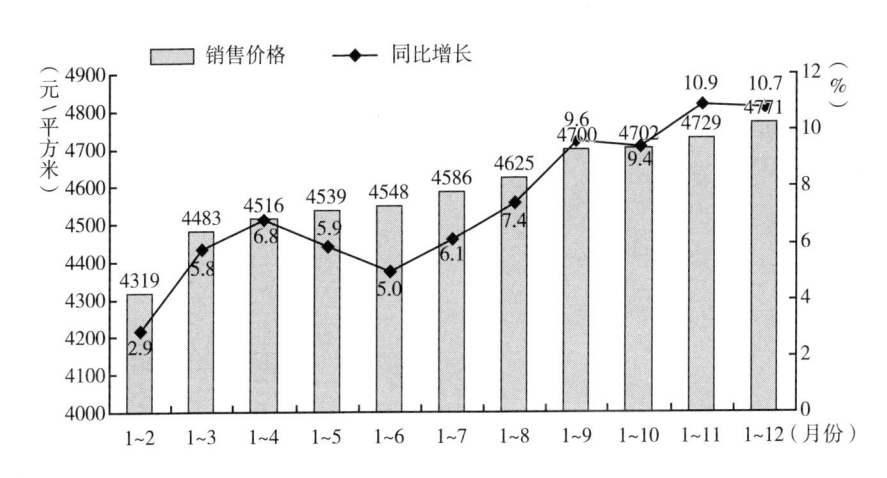

图12　2017年贵州商品房销售价格及同比增长

资料来源：贵州统计局，笔者计算整理。

（2）比较分析

不同年份贵州商品房销售价格增速如图13所示。由图13可知，在2009年后商品房销售价格增速逐年下降，到了2016年出现了负增长，2017年又回升到10.7%，高于2002~2017年9.45%的平均增速。

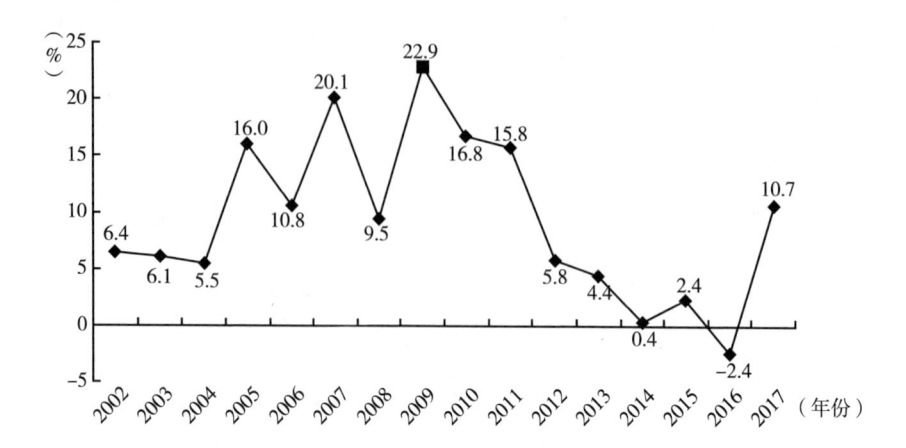

图13　2002~2017年贵州商品房销售价格增速

资料来源：数据来自贵州统计局网站。

不同区域商品房销售价格增速见图14。2017年全国商品房销售价格平均增速为5.56%，西部地区增速最高，东部地区增速最低。

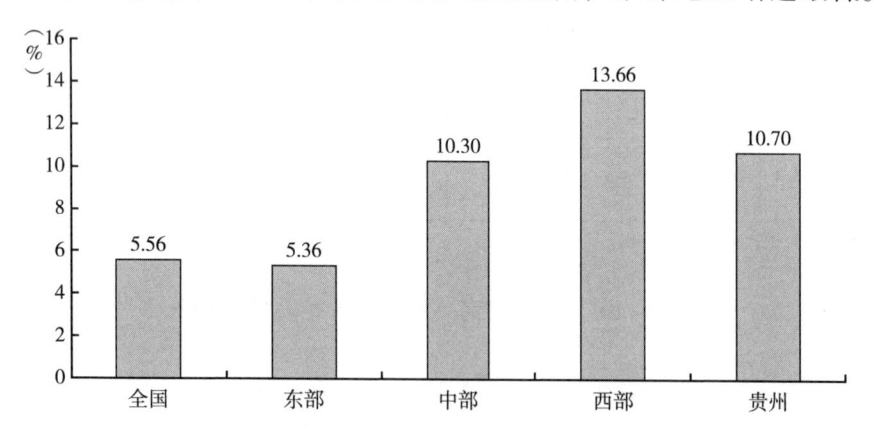

图14　2017年不同地区商品房销售价格增速

资料来源：贵州数据来自贵州统计局，其他数据来自国家统计局网站《2017年全国房地产开发和销售情况》，笔者计算整理。

贵州增速低于西部地区平均增速，略高于中部地区增速。

贵阳与周边省会城市新建商品住宅定基价格指数见表2，2005～2017年，新建商品住宅定基价格指数上涨幅度最大的是长沙，其次是南宁，贵阳第三，最低是昆明。

表2　2005～2017年贵阳与周边省会城市新建商品住宅定基价格指数

年份	长沙	南宁	昆明	重庆	成都	贵阳
2005	100.0	100.0	100.0	100.0	100.0	100.0
2006	105.8	105.0	101.2	103.2	108.6	105.4
2007	115.9	115.3	104.1	111.4	118.5	113.6
2008	126.1	126.6	107.8	119.4	122.3	121.2
2009	127.8	125.9	109.0	120.9	122.6	125.5
2010	141.7	133.6	118.4	133.9	129.6	136.0
2011	152.8	136.9	125.6	139.5	133.9	142.1
2012	152.9	135.6	126.3	138.3	133.0	143.9
2013	165.6	144.2	132.8	147.8	142.1	151.1
2014	170.4	149.0	136.0	151.0	145.8	155.3
2015	160.4	144.2	128.7	143.3	139.7	150.3
2016	173.2	154.6	129.7	148.6	145.5	153.8
2017	199.2	171.8	138.7	164.4	147.6	166.2

资料来源：笔者根据国家统计局网站《主要城市月度价格——新建商品住宅销售价格指数（上年=100）》计算，年度价格指数等于月度价格指数算术平均，定基指数根据年度价格指数计算。

3. 2017年房地产开发投资增速由负转正，办公楼和商业营业用房投资占比下降

（1）基本分析

2017年贵州房地产开发投资2201亿元，同比增长2.4%。分月

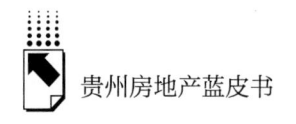

度看，从8月就出现负增长态势，连续三个月之后，11月开始房地产开发投资又有所回升，到12月增长2.4%（见图15），比贵州固定资产投资增速低17.7个百分点。

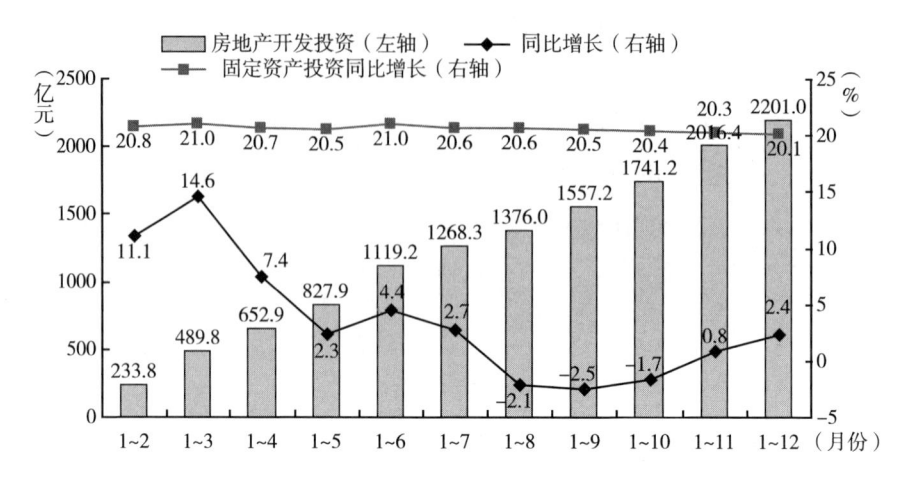

图15　2017年贵州省房地产开发投资及同比增长、固定资产投资同比增长

资料来源：贵州省统计局。

全年平均月度投资183.42亿元，月度投资最大的是6月的291.3亿元，其次是11月的275.2亿元。

从不同用途房地产开发投资增速来看，商品住宅每月都是正增长，到12月增长了9.8%，办公楼每月呈现负增长，到12月下跌了31.3%，商业营业用房在第一季度是增长状态，后面三个季度全是负增长，到年末下跌了12.4%（见图16）。

从不同用途房地产开发投资占比来看，商品住宅投资占比62.0%，商业营业用房占比为4.7%，办公楼占比为22.4%，分月看，商业营业用房在年初占比比较多，到年末又急剧下跌，办公楼在1~10月占比比较稳定，在最后两个月上升到22.4%（见图17）。

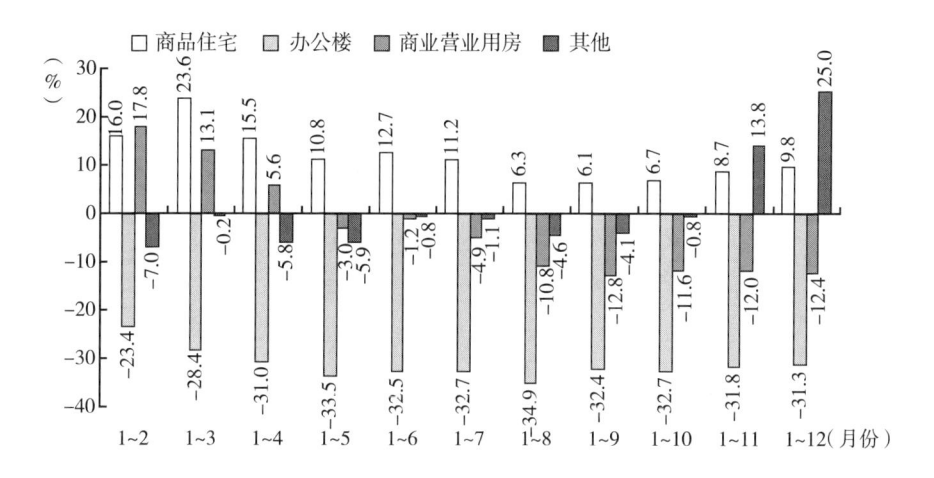

图 16　2017 年贵州省不同用途房地产开发投资增速

资料来源：贵州省统计局。

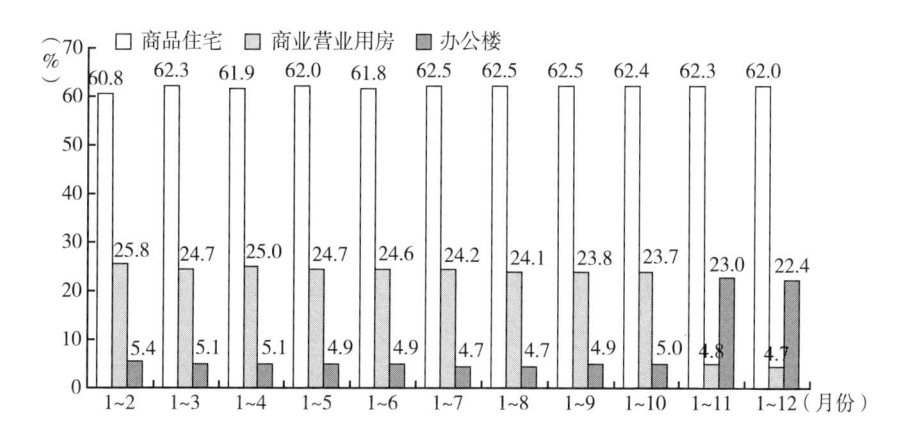

图 17　2017 年贵州省房地产开发商品住宅投资、
商业营业用房投资、办公楼投资占比

资料来源：贵州省统计局，笔者计算整理。

（2）纵向比较，2017年房地产开发投资增速由2016年的负增长转为正增长

2001～2017年贵州房地产开发投资的平均增速为26.8%。2016

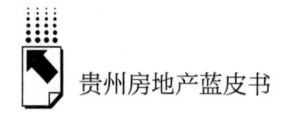

年首次出现负增长，2017年增速又上升到2.4%，但还是远远低于增速平均水平（见图18）。

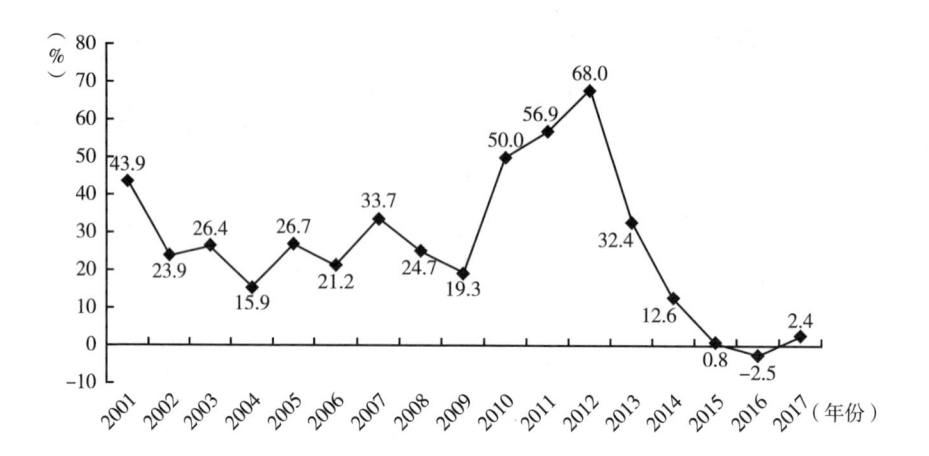

图18 2001~2017年贵州省房地产开发投资增速

资料来源：国家统计局网站，笔者计算整理。

（3）纵向比较，不同用途房地产投资增速波动较大

2001~2017年，贵州不同用途房地产投资平均增速分别为：商品住宅27.4%、商业营业用房33.8%、办公楼33.82%。平均增速较前两年呈现下降趋势（见图19）。

（4）纵向比较，办公楼和商业营业用房开发投资占比均下降

2001~2017年，贵州不同用途房地产开发投资占比平均值分别为商品住宅60.2%、商业营业用房15.3%、办公楼4.3%，2017年办公楼与商业营业用房占比较2016年均下降，商品住宅占比增加，增加了4.13个百分点（见图20）。

（5）2017年贵州房地产开发对经济增长的贡献率为负值，投资率连续下跌

2017年贵州房地产开发对经济增长的贡献率为-7.7%，连续两

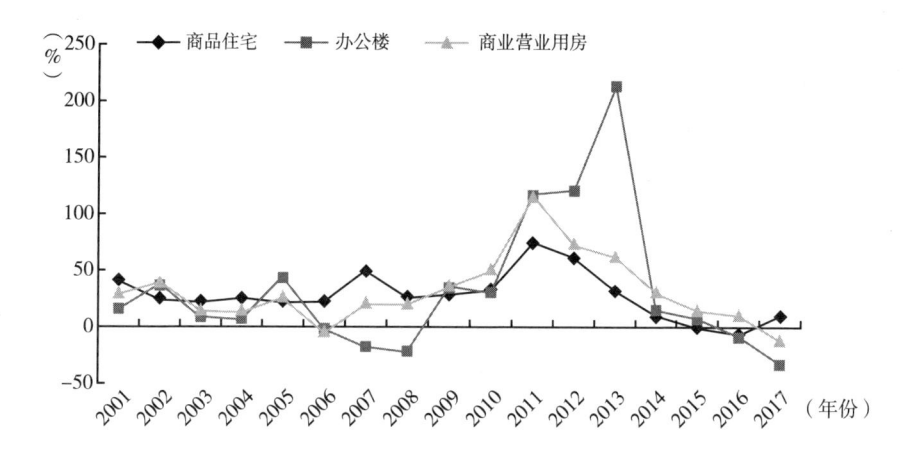

图19　2001~2017年贵州不同用途房地产开发投资增速

资料来源：国家统计局网站。

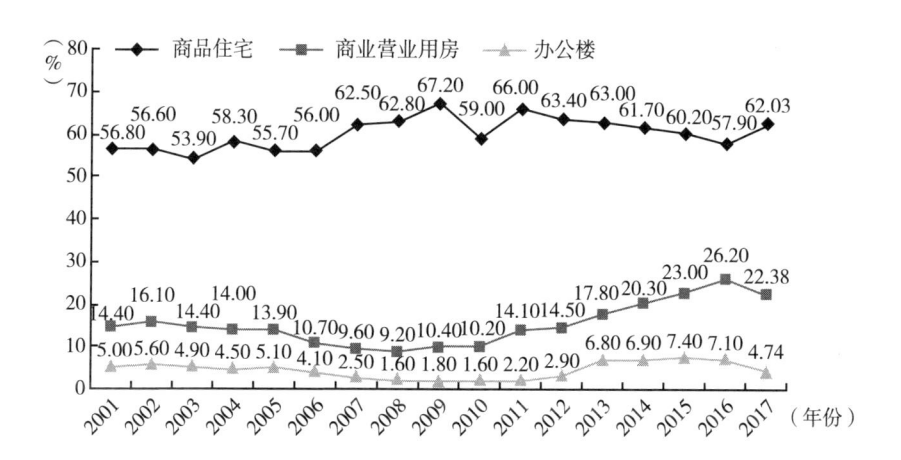

图20　2001~2017年贵州不同用途房地产开发投资占比

资料来源：贵州省统计局，笔者计算整理。

年出现负值，说明房地产投资对经济增长已经没有贡献了，反而在拉低经济增长。房地产开发投资的投资率为16.0%，在2013年达到峰值25.0%之后，之后几年每年小幅度下降（见图21）。

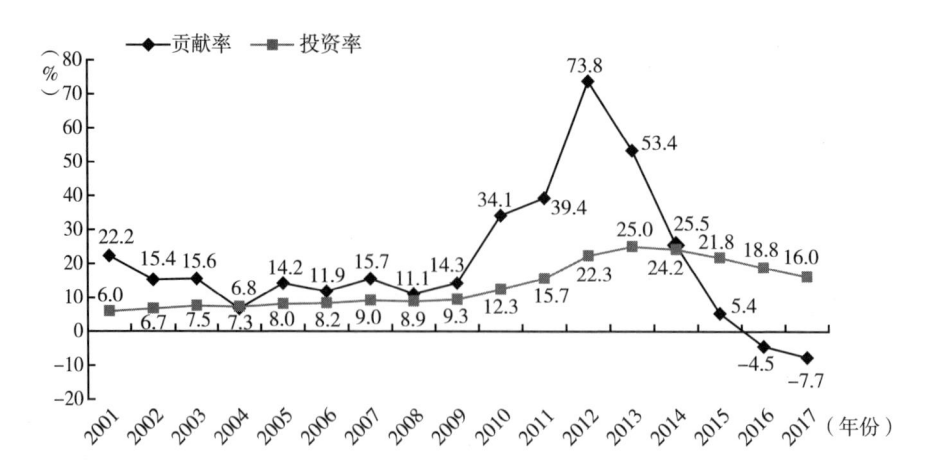

图 21　2001~2017 年贵州省房地产开发投资贡献率和投资率

资料来源：国家统计局，笔者计算整理。

贵州省各地区房地产开发投资比较，2017 年房地产开发投资最多的是贵阳（1026.43 亿元），其次是遵义（563.2 亿元），投资最少的是六盘水地区（77.96 亿元）（见图 22）。

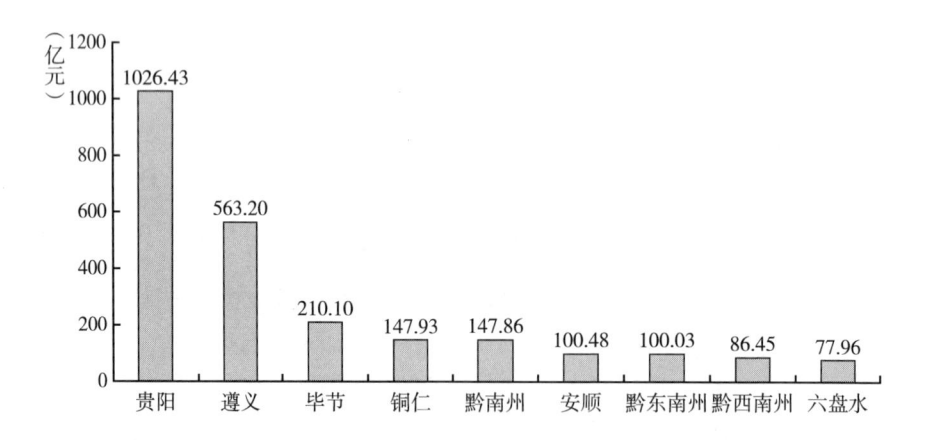

图 22　2017 年贵州省九个市（州）房地产开发投资

资料来源：贵州省统计局。

（6）横向比较，2017年贵州房地产开发投资增速列全国第23位，低于全国平均水平

2017年，全国房地产投资增速为7.7%，23个省份在增长，8个省份下跌，增速最大的是安徽（21.9%），其次是广东（17.2%），下跌最大的是内蒙古（-21.5%），其次是西藏（-16.8%）（见图23）。

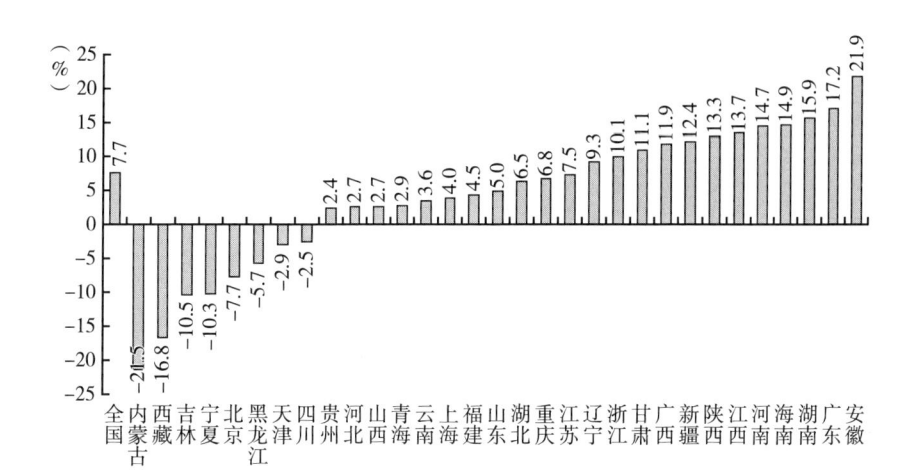

图23 2017年中国全国及各省份房地产开发投资增速排序

资料来源：国家统计局网站。

（7）横向比较，贵州商品住宅投资占比居全国倒数第3位，商业营业用房投资占比居全国第3位

2001~2016年，全国不同省份房地产开发企业商品住宅投资占房地产开发投资比重平均值排序见图24。全国平均为69.1%，即2001~2016年，每年商品住宅投资占房地产开发投资比重的平均值为69.1%。排名第1位的是海南（79.2%），其次是陕西（76.8%）、吉林（75.0%）；大于全国平均水平的有17个省份，另外14个省份小于全国平均水平。最低为北京（50.2%），其次是上海（61.0%）、贵州（61.3%）。

019

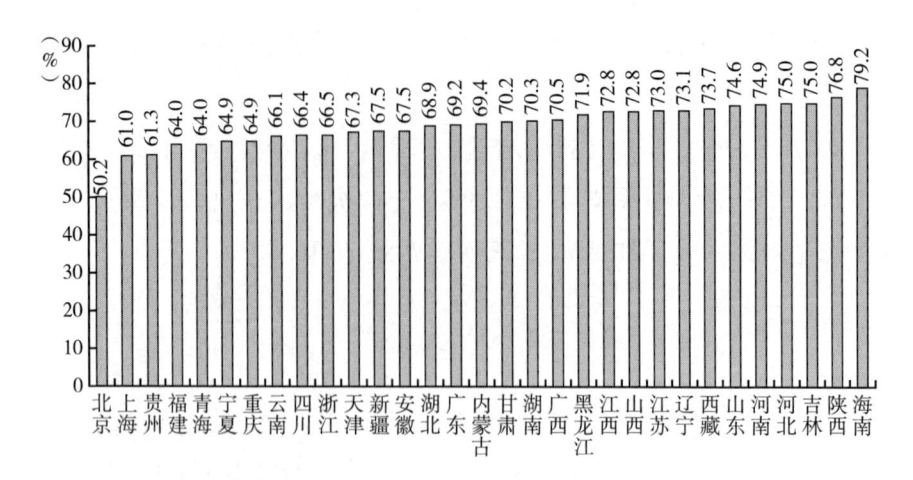

[图24 2001~2016年全国商品住宅投资占比排序]

图24 2001~2016年全国商品住宅投资占比排序

资料来源：国家统计局网站，笔者计算整理。

2000~2016年全国办公楼投资占比排序见图25。全国平均为4.7%，最突出的是北京、上海，分别为14.0%、13.1%，远远高于排第3位的青海（6.7%），有23个省份的占比均低于全国平均水平，最低为海南（1.5%），其次为黑龙江（2.0%）。贵州为5.5%，从高

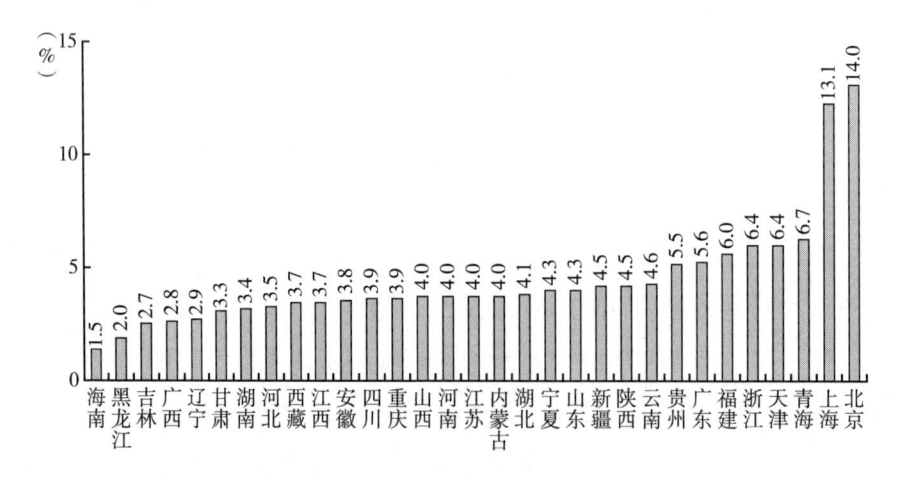

[图25 2000~2016年全国商品办公楼投资占比排序]

图25 2000~2016年全国商品办公楼投资占比排序

资料来源：国家统计局网站。

到低排第 8 位，高于全国平均水平。

2000~2016 年全国商业营业用房投资占比排序见图 26。全国平均为 14.3%，有 13 个省份大于全国平均水平，其中新疆最高，为 20.9%，其次为宁夏（19.8%）、贵州（18.7%），贵州排第 3 位。小于全国平均水平的有 18 个省份，其中最低的为海南（7.7%），其次是北京（10.0%）、广东（11.3%），陕西、广西与广东占比相同，都为 11.3%。

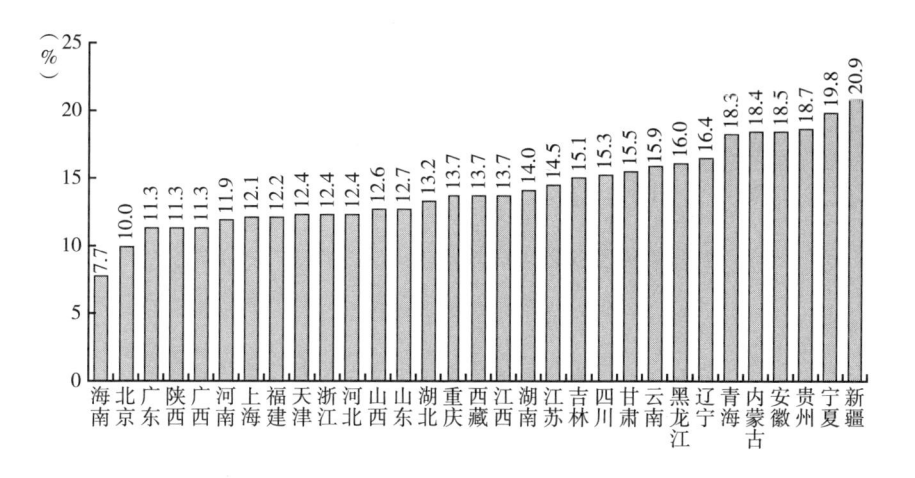

图 26　2000~2016 年全国商业营业用房投资占比排序

资料来源：国家统计局网站，笔者计算整理。

4. 房地产开发到位资金增速由负转正

（1）基本情况

2017 年贵州房地产开发到位资金 2296.50 亿元（见图 27），上半年同比增长全是负增长，下半年情况有所好转，到年末同比增长 5.4%。平均月度到位资金 191.37 亿元，11 月到位资金最多，为 310.21 亿元。

（2）纵向比较，2017 年贵州房地产开发到位资金增速在连续两年下跌后上升

2017 年贵州房地产开发投资到位资金增速为 5.4%，比全国水平低 2.8 个百分点（见图 28）。

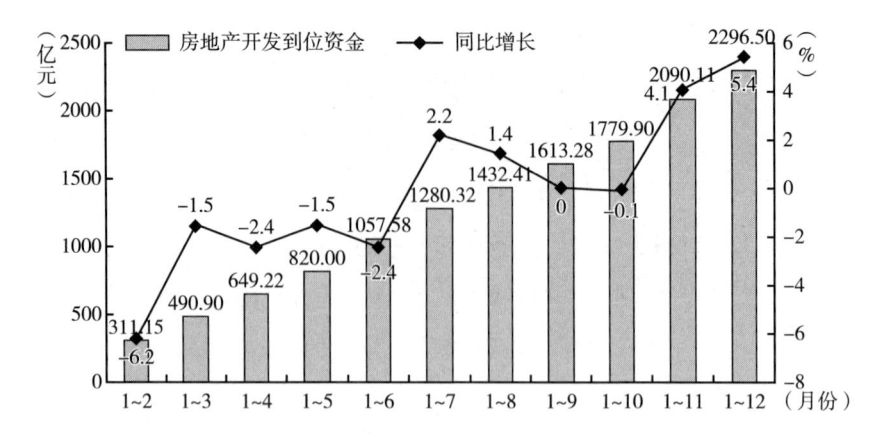

图27 2017年贵州省房地产开发到位资金及同比增长

资料来源：贵州省统计局。

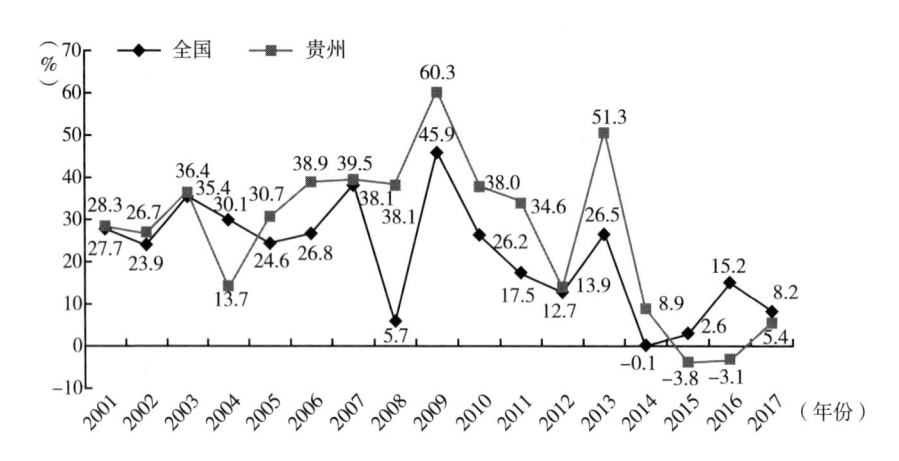

图28 2001～2017年贵州和全国房地产开发到位资金增速比较

资料来源：国家统计局网站，笔者计算整理。

(3) 贵州房地产开发到位资金结构与全国到位资金结构基本一致

2017年全国国内贷款占比为20%，比2016年增加了5.1个百分点，贵州国内贷款占比为6.5%，比2016年下降了2.7个百分点。自筹资金方面，全国与贵州都比2016年有所下降，全国自筹资金占比为30%，比2016年下降4.1个百分点，贵州自筹资金占比为33.9%，比2016年下降4.4个百分点。贵州其他资金占比最多，全国其他资金占比为50%，贵州其他资金占比为60%（见图29）。

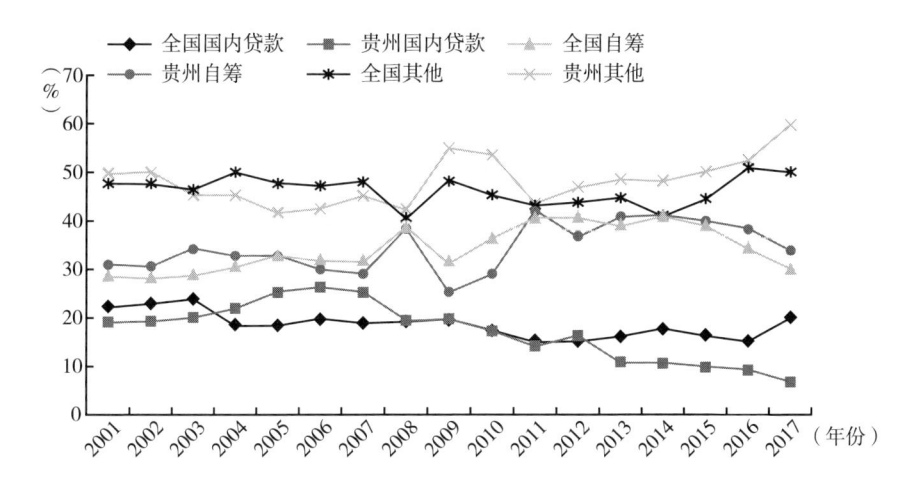

图29 2001～2017年贵州和全国房地产开发到位资金结构比较

资料来源：国家统计局网站，作者计算整理。

（4）横向比较，2001～2016年不同资金来源占比平均水平排序，贵州国内贷款、其他资金占比处于较高水平

国内贷款占比越大，说明银行对房地产开发企业资金支持力度越大。国内贷款占比排序（见图30），全国为18.4%，大于全国占比的仅8个省份，贵州（17.7%）排名第9位，低于全国占比，最大的是北京（27.1%），其次是天津（26.3）、上海（24.3%），占比最低的是内蒙古（7.4%），其次是吉林（8.7%）、黑龙江（9.1%）。在30个省份中，22个省份国内贷款占比小于全国占比，说明国内贷款集中度较高，主要集中在直辖市（北京、上海、天津、重庆）和发达省份（浙江、江苏、广东）。

自筹资金占比排序见图31。2001～2016年全国平均值为34.5%，

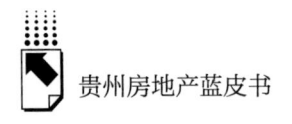

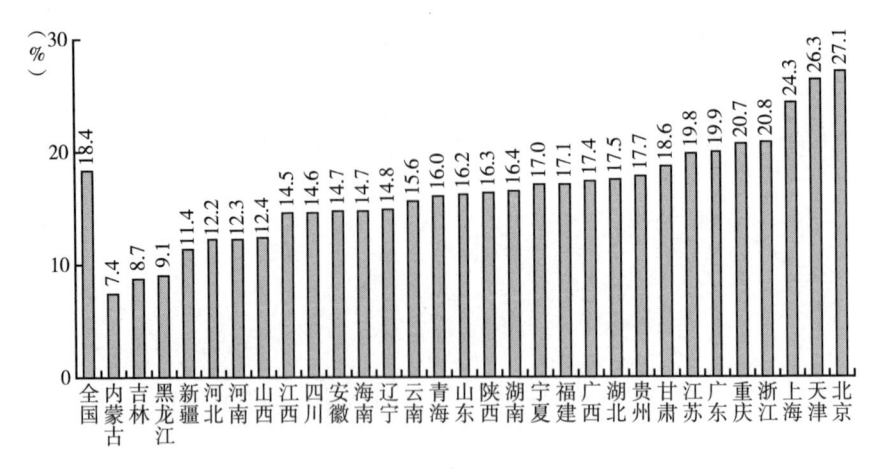

图30　2001～2016年我国国内贷款占比排序

注：西藏数据缺失。
资料来源：国家统计局网站，笔者计算整理。

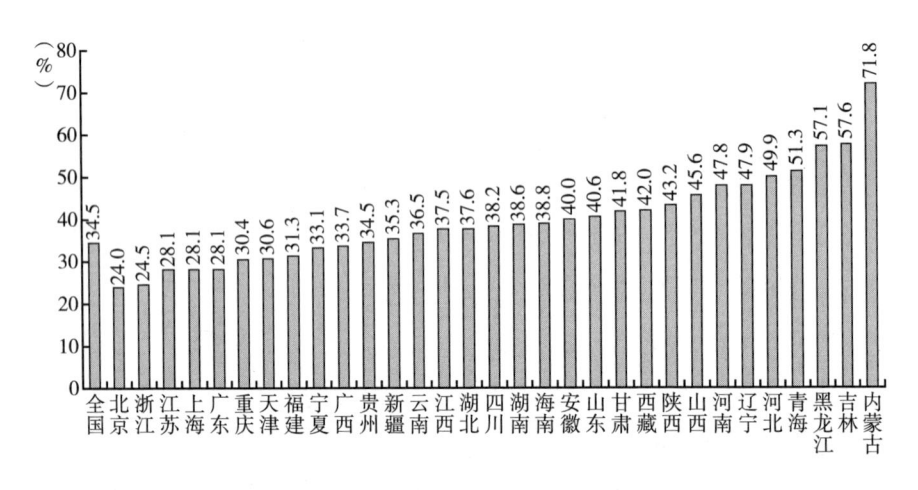

图31　2001～2016年我国自筹资金占比排序

资料来源：国家统计局网站，笔者计算整理。

20个省份大于全国水平，内蒙古占比最大，为71.8%，其次是吉林（57.6%）、黑龙江（57.1%）、青海（51.3%）。占比最小的为北京（24.0%），其次是浙江（24.5%）、江苏（28.1%）。按从高到低顺序贵州排第21位，与全国平均水平持平。

其他资金占比排序见图32。2001～2016年全国平均水平为46.0%，大于全国平均占比的有15个省份，最大的为浙江（54.2%），其次为新疆（51.3%）、江苏（51.0%）；16个省份低于全国平均占比，最低是内蒙古（20.8%），其次是辽宁（31.5%）、青海（32.1%）。从高到低排序，贵州排第10位，高于全国平均水平。

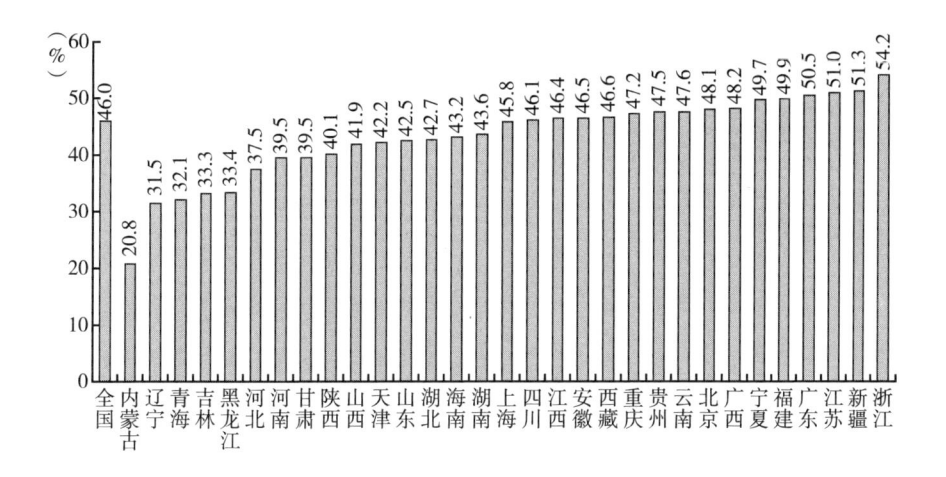

图32 2001～2016年我国其他资金占比排序

资料来源：国家统计局，笔者计算整理。

5. 土地购置面积大幅度增长

（1）基本情况

2017年贵州房地产开发企业土地购置面积为438.87万平方米，月平均购置面积为36.57万平方米。最大为11月，购置面积为167.27万平方米。分月度看，1～9月每月购置面积同比增速到9月下跌了7.6%，11月购置面积增速扩大，到年末增幅为38.4%（见图33）。

（2）纵向比较

2001～2017年，贵州房地产开发企业土地购置面积增速平均值

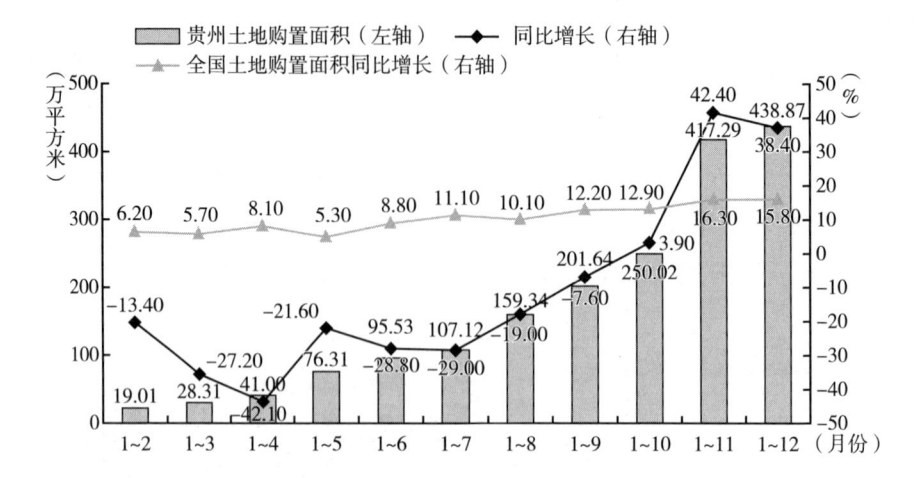

图33　2017年贵州房地产开发企业土地购置面积及同比增长

资料来源：贵州数据来自贵州省统计局，全国数据来自国家统计局网站。

为16.3%，全国平均增速为4.2%，贵州平均增速远远高于全国平均增速，分年看贵州增速波动幅度远大于全国增速（见图34）。

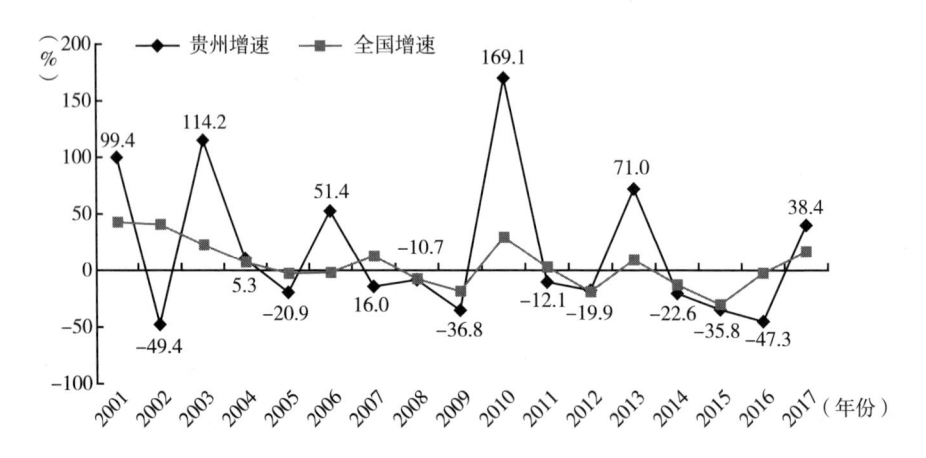

图34　2001~2017年房地产开发企业土地购置面积增速比较

资料来源：贵州数据来自贵州省统计局，全国数据来自国家统计局网站，笔者计算整理。

6. 房地产开发企业房屋新开工面积同比跌幅较大，增速低于全国平均水平

（1）基本情况

2017年贵州房地产开发企业房屋新开工面积3310.77万平方米，月平均新开工面积275.9万平方米，11月新开工548万平方米，大于其他月份新开工面积，全年增速呈现明显的下降趋势，前两个月增长10.1%，1~5月保持上涨之后，增速持续下跌，截至8月，累计增速下跌13.3%，之后有所回升，全年下跌4.5%，跌幅比2016年小13.1个百分点。

贵州房地产开发企业房屋新开工面积同比下跌，跌幅高于全国平均水平。2017年，全国房屋新开工面积上涨了7.0%，但比2016年下跌了1.1个百分点（见图35）。

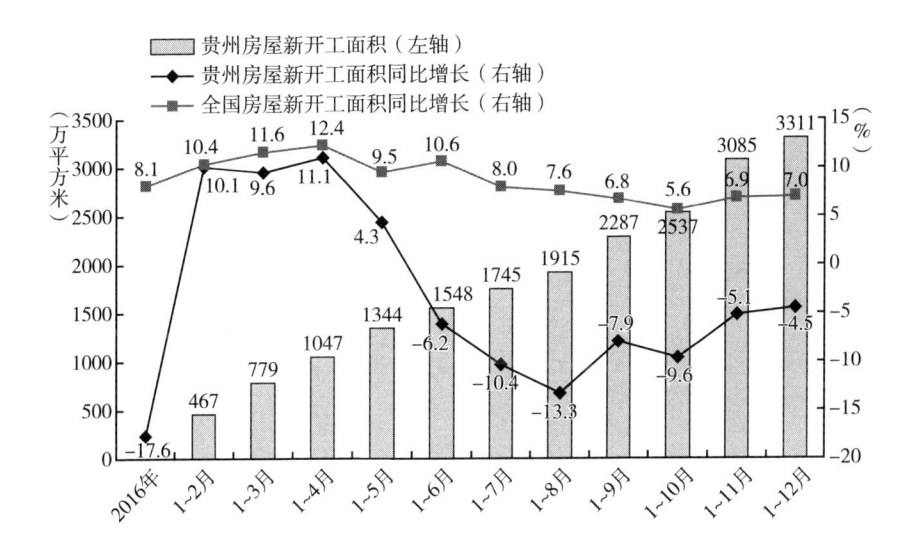

图35 和2017年贵州省房地产开发企业房屋新开工面积及同比增长

资料来源：国家统计局网站。

不同用途房屋新开工面积增速如图36所示。商业营业用房新开工面积增速低于其他类型,全年同比下跌20.3%。商品住宅新开工面积增速高于房屋新开工面积增速,全年增长1.7%。办公楼新开工面积增速在第一季度呈上升趋势,之后有所回落,呈负增长趋势,全年下跌6%,但跌幅比2016年收窄54.8个百分点。

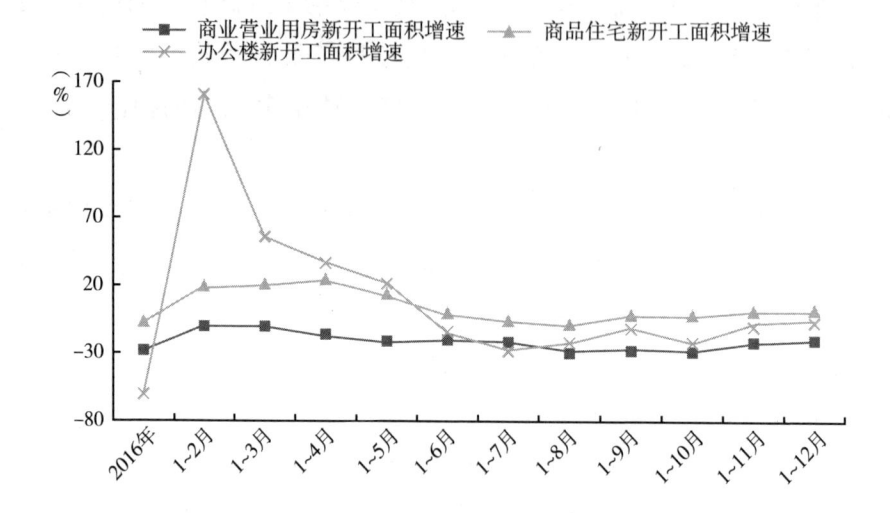

图36 2017年贵州省房地产开发企业商品住宅、办公楼、商业营业用房新开工面积增速比较

资料来源:国家统计局。

不同用途房屋新开工面积占比见图37,商品住宅占比最大,明显高于2016年水平;办公楼占比最小,与2016年水平持平,商业营业用房占比低于2016年,全年低于2016年3.5个百分点。

(2)纵向比较,贵州房地产开发企业商品住宅新开工面积占比从2008年开始呈现总体下降趋势

2013~2015年,贵州房地产开发企业商品住宅新开工面积占比下降14个百分点,但从2016年起显著增加,同期商业营业用房占比增加10个百分点,办公楼占比从2012年起显著增加。

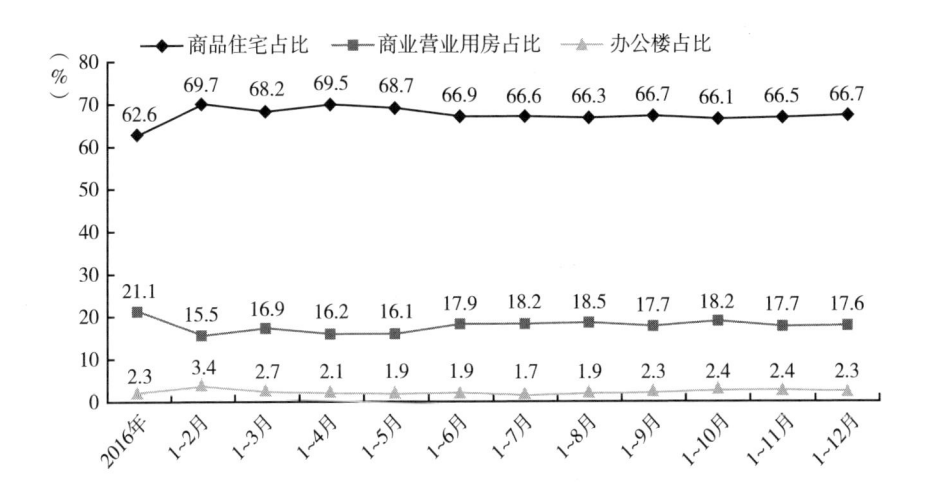

图 37 2017 年贵州省房地产开发企业商品住宅、办公楼、
商业营业用房新开工面积占比

资料来源：国家统计局，笔者计算整理。

由图 38 可见，2015 年商品住宅占比处于历史最低水平，到 2017 年商品住宅占比上升到 66.7%，2015 年商业营业用房和办公楼占比处于历史最高水平，但到 2017 年商业营业用房占比下降到 17.6%，办公楼占比下降到 2.3%。

（3）纵向比较，商品住宅新开工面积增速由负转正

2017 年，贵州商品住宅新开工面积增速 1.7%，小于全国增速 10.5%，但是贵州商品住宅新开工面积增速比 2016 年增加 10.5 个百分点，而全国增速比 2016 年只增加了 1.8 个百分点（见图 39）。

（4）横向比较，贵州省房地产开发企业房屋新开工面积增速全国排第 21 位

2017 年中国不同省份房地产开发企业房屋新开工面积增速排序如图 40 所示。大于全国增速的有 13 个省份，正增长的有 19 个省份，增速大于 15%，明显高于其他省份的有云南、重庆、新疆、江西、

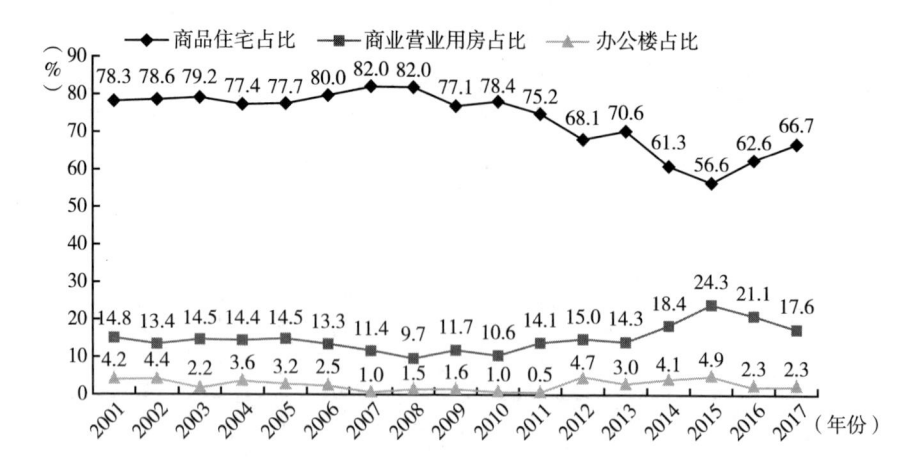

图38 2001～2017年贵州省房地产开发企业商品住宅、办公楼、商业营业用房新开工面积占比

资料来源：国家统计局，笔者计算整理。

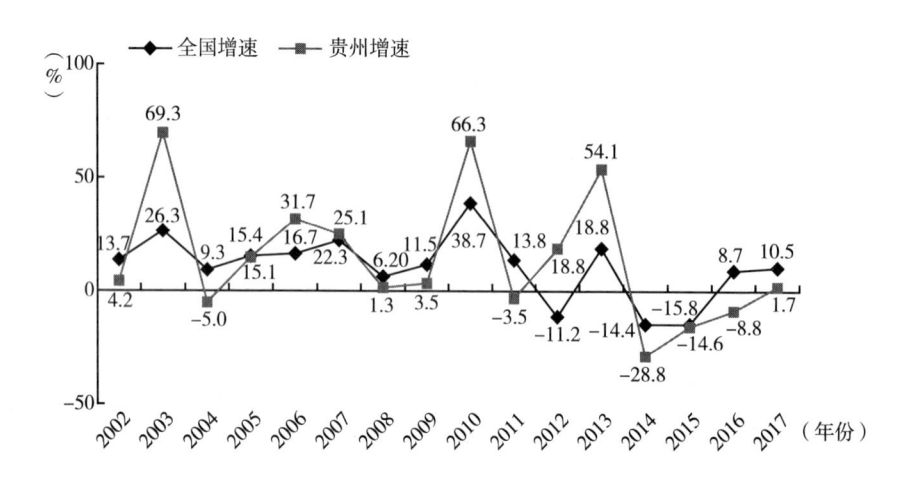

图39 2002～2017年房地产开发企业商品住宅新开工面积增速比较

资料来源：国家统计局网站，笔者计算整理。

安徽、浙江；贵州增速低于全国增速，排第21位。小于全国增速的有18个省份，跌幅较大的有青海、北京、宁夏、山西。

贵州周边省份几乎都呈上涨趋势，涨幅最大的是重庆，增长了

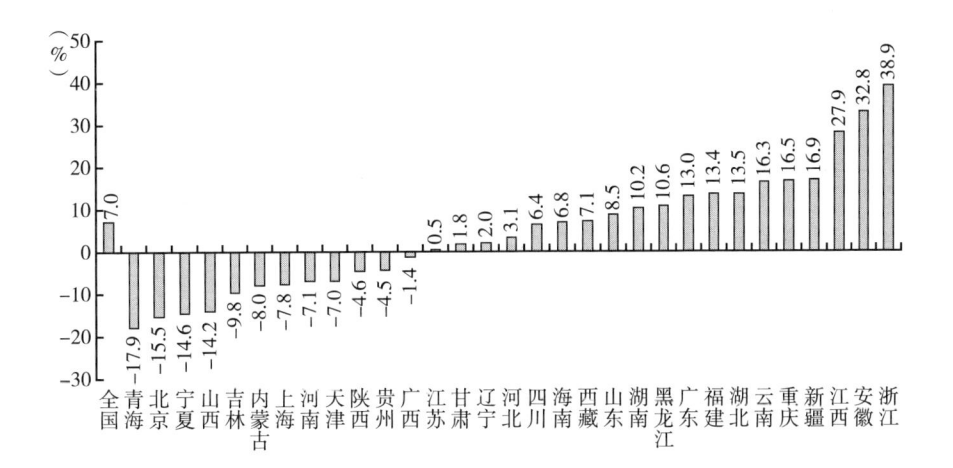

图40　2017年中国不同省份房地产开发企业房屋新开工面积增速排序

资料来源：国家统计局网站。

16.5%，其次是云南，增长了16.3%，涨幅最小的是四川，增长了6.4%，湖南增长了10.2%。不同用途房屋新开工面积增速见图41、图42、图43。

商品住宅新开工面积增速全国平均值为10.5%，有12个省份高于全国平均增速，有18个省份正增长，浙江增速最大为47.3%，其次是安徽43.2%；下跌最大的为青海，下跌27.3%，其次是西藏，下跌了11.1%。贵州增速低于全国增速，排第18位。

贵州周边省份全部上涨，涨幅最小的是广西，涨了2.4%，其次是四川，涨幅为9.5%；重庆涨幅最大，涨了25.4%，其次是云南，涨了19.6%，湖南涨了15.5%（见图41）。

办公楼新开工面积增速最大的为内蒙古（83.9%），其次是甘肃（77.7%），贵州（-6.0%）排第17位，正增长的有14个省份。下跌的有17个省份。跌幅最大的为西藏（-96.9%），全国平均下跌4.3%，大于全国平均增速的有15个省份（见图42）。

商业营业用房新开工面积增速全国平均值为-8.2%，有14个省

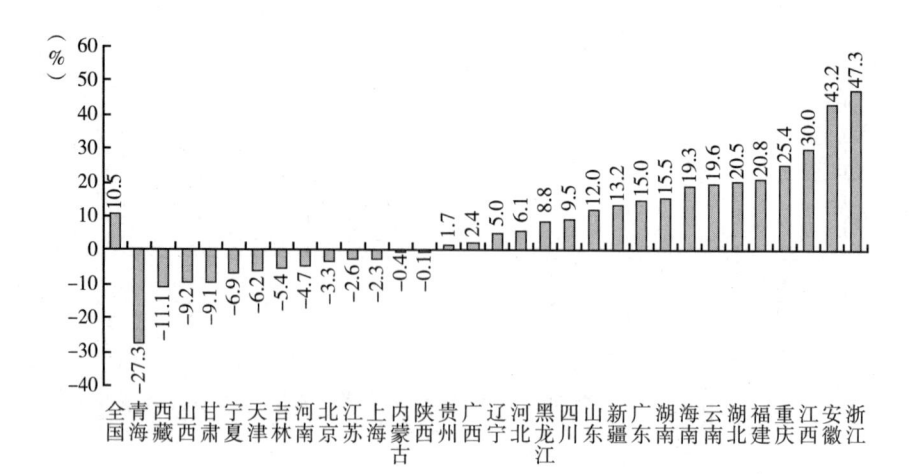

图 41　2017 年中国不同省份房地产开发企业商品住宅新开工面积增速排序

资料来源：国家统计局网站。

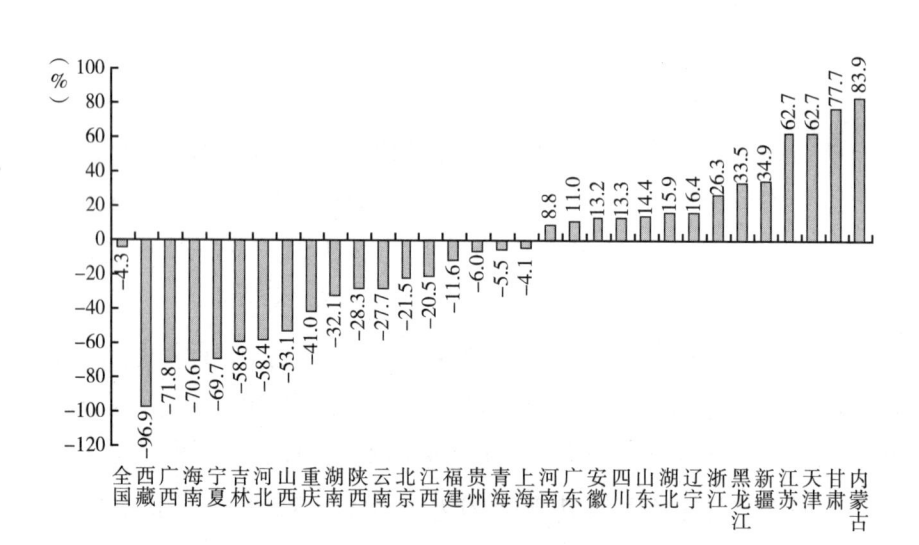

图 42　2017 年中国不同省份房地产开发企业办公楼新开工面积增速排序

资料来源：国家统计局网站。

份大于全国平均增速,其中有8个省份为正的增速。增速最大的为江西(22.3%),其次是新疆(19.0%),贵州排名第23位。跌幅最大的是北京(-43.9%),其次是内蒙古(-36.4%)。

贵州周边省份,增速最高的为云南(12.0%),其次是广西(3.2%),其他均下跌,跌幅最大的为湖南(-15%),其次是重庆(-14.6%)、四川(-1.1%)(见图43)。

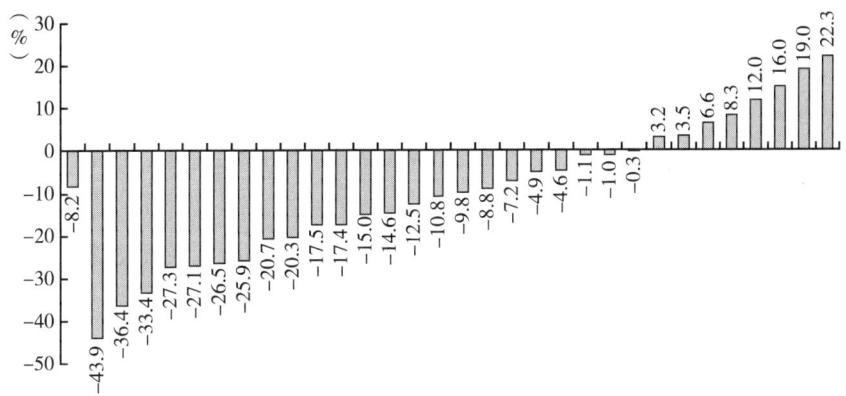

图43 2017年中国不同省份房地产开发企业商业营业用房新开工面积增速排序

资料来源:国家统计局网站。

对比图41、图42、图43,商业营业用房新开工面积同比下跌的省份最多,商品住宅新开工面积同比增长的省份最多,增速差最大的是办公楼(180.8个百分点),最小的是商业营业用房(66.2个百分点)。

7. 房屋竣工面积增速是有史以来最低水平,排全国最后一位

(1)基本情况

2017年贵州房地产开发企业房屋竣工面积为1171.7万平方米,平均月竣工面积97.6万平方米,12月竣工面积最多,为246.4万平

方米，远远高于其他月份。1~8月下跌50.4%，由于12月竣工面积大幅度增加，全年跌幅下降到-38.4%（见图44）。

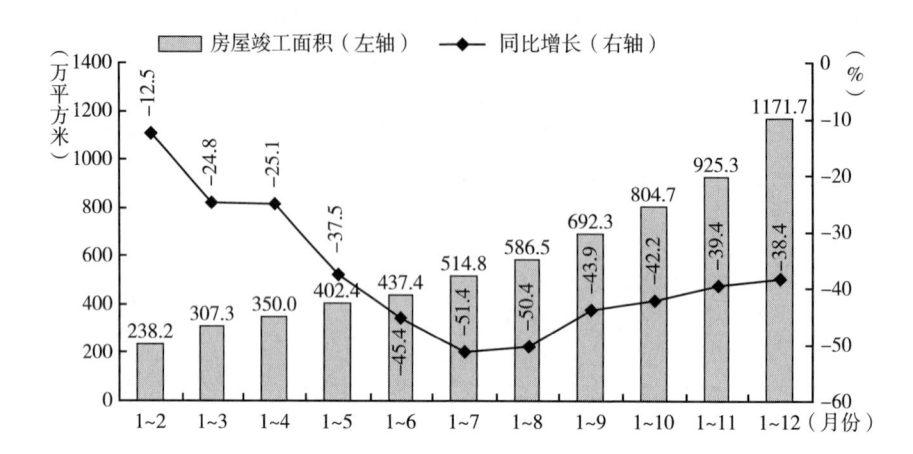

图44　2017年贵州省房地产开发企业房屋竣工面积及同比增长

资料来源：贵州省统计局。

全年商品住宅竣工增速、办公楼竣工增速、商业营业用房竣工增速都呈下跌趋势，跌幅最大的是办公楼，其次是商品住宅、商业营业用房。商业营业用房竣工面积增速波动比较大，从6月到12月呈下跌趋势，全年同比下跌21.8%。商品住宅竣工面积增速全年都呈下跌状态，从年初的下跌18.5%到年底下跌38.8%。办公楼全年的下跌幅度最大，全年都是负增长的状态，到年底下跌73.8%。

从竣工房屋构成来看，商品住宅竣工面积占比远大于办公楼竣工面积、商业营业用房竣工面积占比，办公楼占比最低，全年竣工商品住宅、商业营业用房、办公楼合计占比为86.2%（见图46）。

（2）纵向比较，2017年贵州房地产开发企业房屋竣工面积增速是有史以来最低增速

2015~2017年，贵州房地产开发企业房屋竣工面积增速都是下跌，2017年下跌38.4%。全国增速在2015年下跌后，之后两年又呈

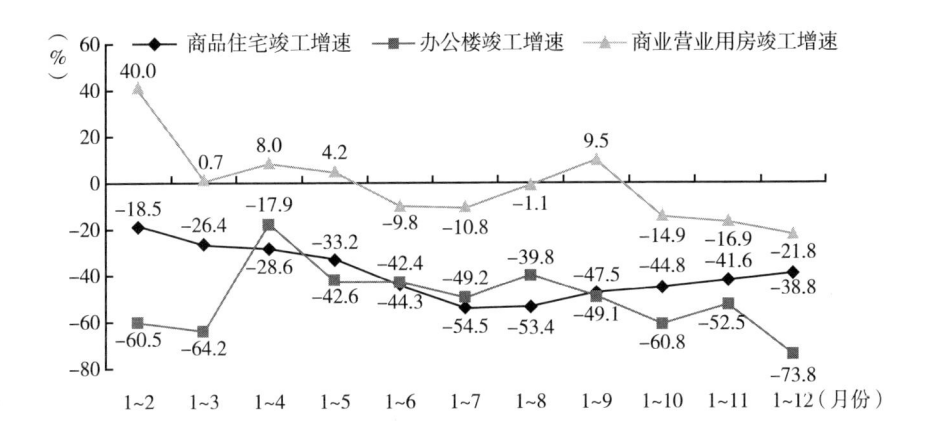

图 45　2017 年贵州省房地产开发企业不同物业竣工面积及同比增长

资料来源：贵州省统计局。

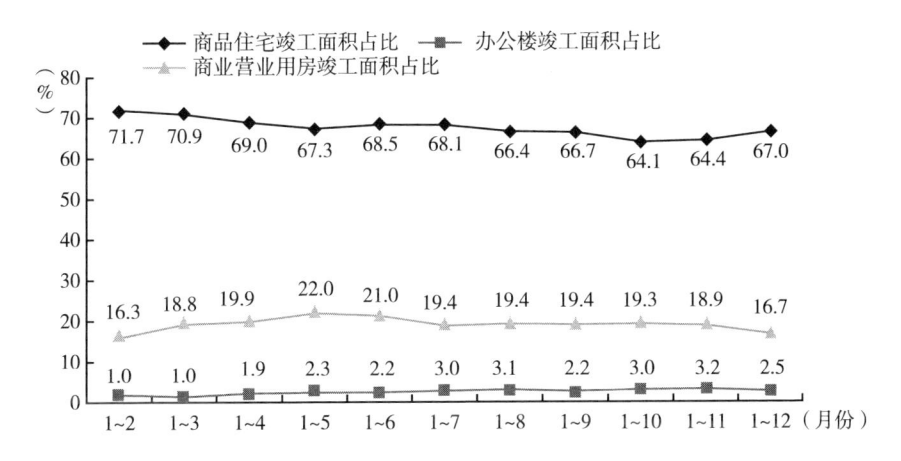

**图 46　2017 年贵州省房地产开发商品住宅、办公楼、
商业营业用房竣工面积占比**

资料来源：贵州省统计局，笔者计算整理。

正增长状态，到 2017 年增长 5.7%（见图 47）。

纵向比较，房地产开发企业房屋竣工面积包括商品住宅竣工面积、办公楼竣工面积、商业营业用房竣工面积及其他面积，2001～

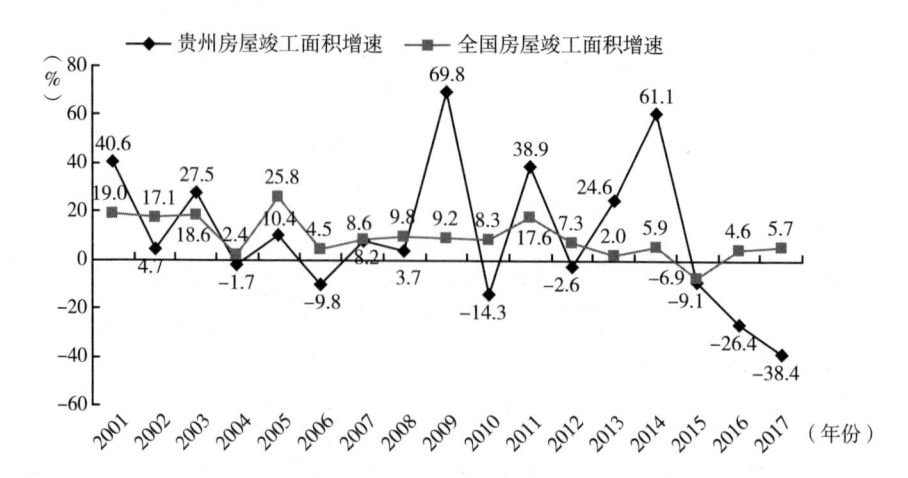

图 47 2001～2017年房地产开发企业房屋竣工面积增速比较

资料来源：国家统计局网站，笔者计算整理。

2017年商品住宅、办公楼、商业营业用房竣工面积占比平均值分别为70.6%、2.3%、11.8%，平均占比合计84.7%。2017年商业营业用房、办公楼竣工面积占比均高于平均水平（见图48）。

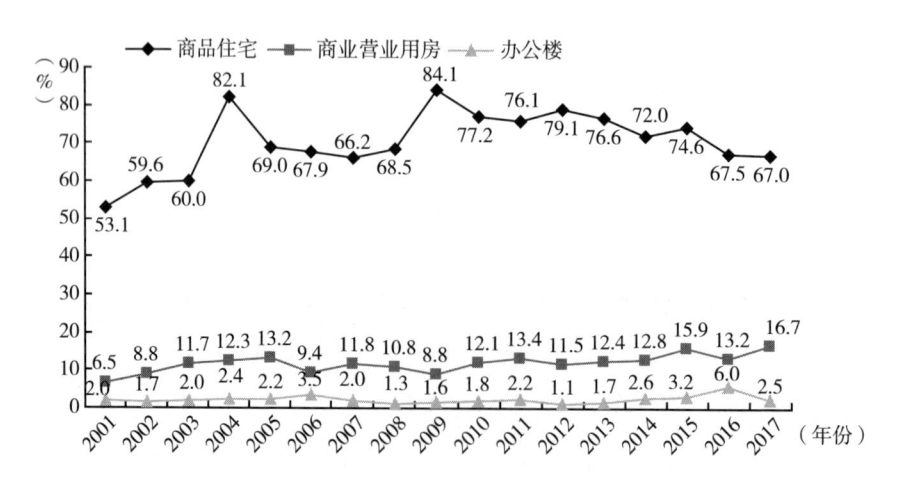

图 48 2001～2017年贵州房地产开发企业房屋竣工面积构成

资料来源：国家统计局网站，笔者计算整理。

横向比较，2017年贵州房地产开发企业房屋竣工面积增速排第31位，增速大于全国平均增速的有18个省份，其中15个省份正增长，增速最大的为西藏（38.2%），其次为上海（32.8%）、广东（24.3%）；跌幅最大的为贵州（-38.4%），其次是北京（-38.1%）（见图49）。

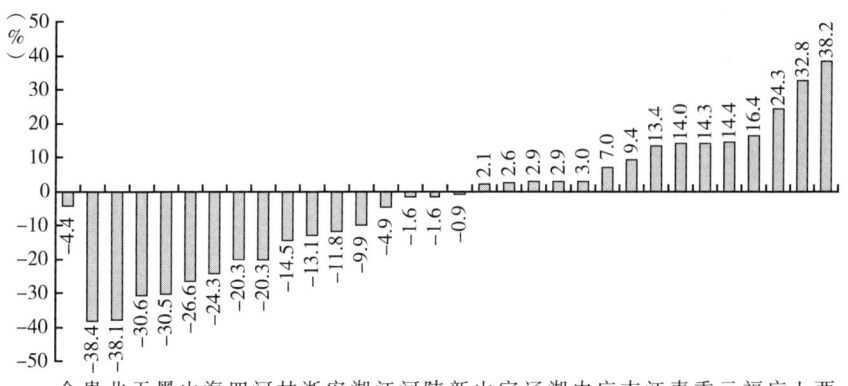

图49 2015年中国不同省份房地产开发企业房屋竣工面积增速排序

资料来源：国家统计局网站。

8. 2017年贵州房地产开发企业房屋施工面积增速比2016年稍有回升，但还是低于全国平均增速，排全国第19位；商业营业用房施工面积占比为历史最高水平

（1）基本情况

2017年末，贵州房地产开发企业房屋施工面积为20385.4万平方米，当年增加的施工面积为2649.4万平方米，月均增加220.8万平方米，月度增加最大为11月的532.5万平方米，其次是9月的372.7万平方米，全年同比增长0.2%（见图50）。

2017年，贵州房地产开发企业不同用途房屋施工面积增速见图51。办公楼施工面积增速与商品住宅施工面积增速均低于房地产施工

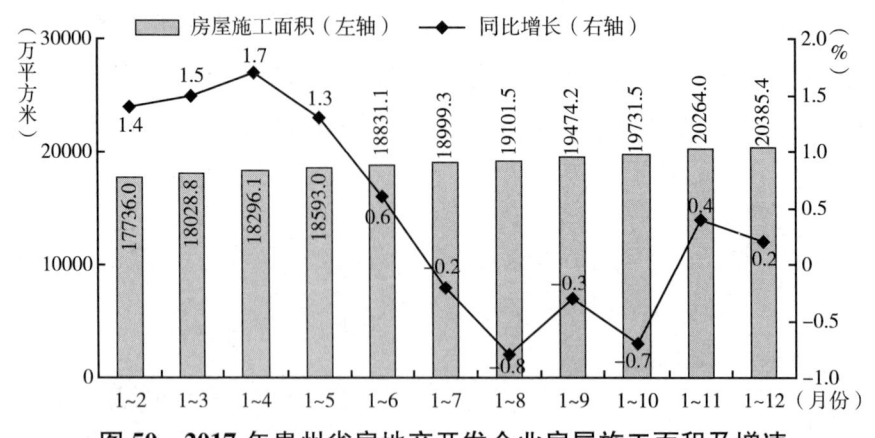

图 50　2017 年贵州省房地产开发企业房屋施工面积及增速

资料来源：贵州省统计局。

面积增速，办公楼施工面积增速最低，全年呈负增长，从年初的 -6.1%下跌到 -7.4%，低于房地产施工面积增速 7.6 个百分点。商品住宅施工面积从 6 月一直呈下跌状态，全年下跌了 0.4%。商业营业用房施工面积增速大于房地产施工面积增速，但是全年呈平稳下降趋势，从年初的 9.5%下降到年底的 4.1%（见图 51）。

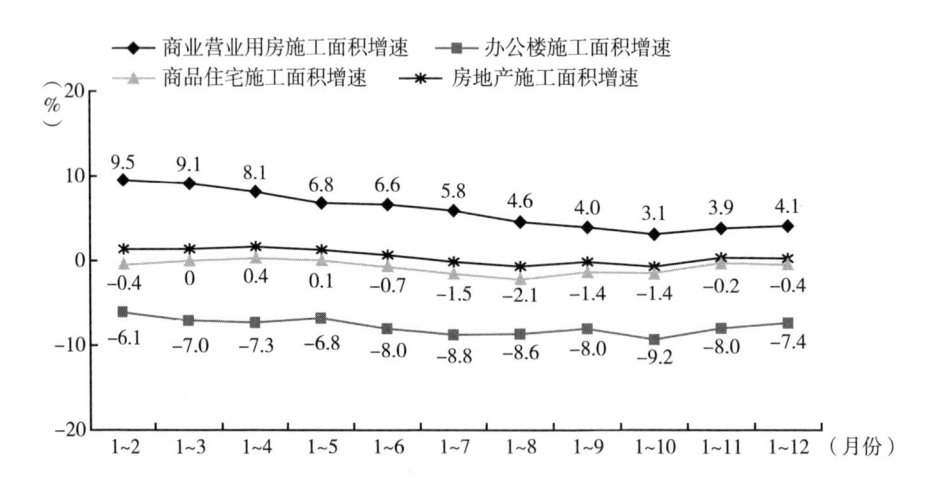

图 51　2017 年贵州房地产开发企业不同用途房屋施工面积增速比较

资料来源：贵州省统计局。

从施工面积构成来看，商品住宅、办公楼、商业营业用房施工面积占比相对比较稳定，三者占比全年合计85.6%，与年初的85.4%基本一致（见图52）。

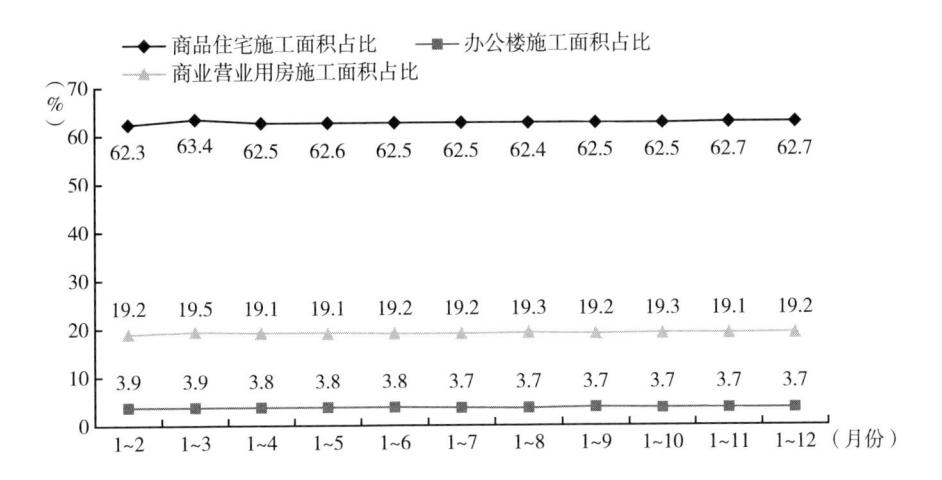

图52　2017年贵州省房地产开发企业房屋施工面积构成

资料来源：贵州统计局，笔者计算整理。

（2）纵向比较，2017年贵州房地产开发企业房屋施工面积增速由2016年负增长转为正增长

2001～2017年，贵州省房地产开发企业房屋施工面积增速平均值为19.8%，同期全国为16.0%。增速从2013年持续放缓，2016年贵州第一次出现负增长，近三年来全国增速比较平稳，相差不大（见图53）。

（3）纵向比较，2017年贵州房地产开发企业办公楼施工面积占比处于历史最低水平

2001～2017年，商品住宅、商业营业用房、办公楼施工面积占比平均值分别为72.2%、14.5%、3.5%。商品住宅施工面积占比从2009年开始持续下滑，到2017年为62.7%，是历史最低水平。商业营业用

039

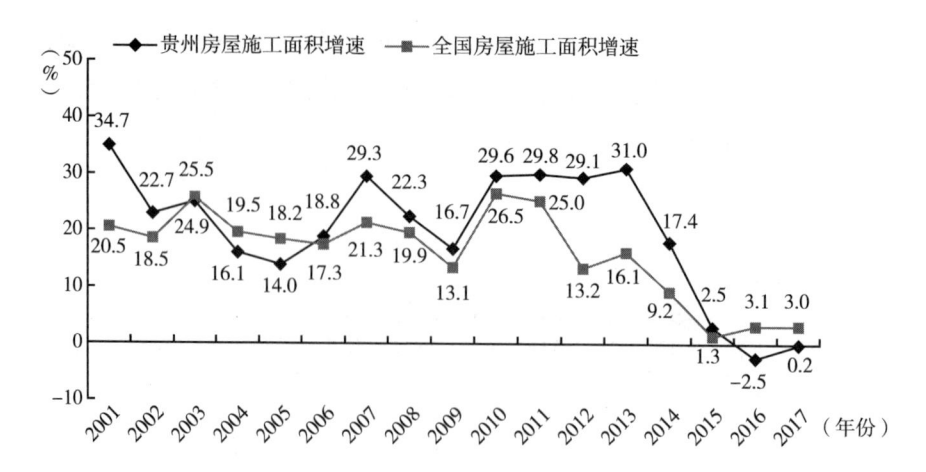

图53 2001~2017年贵州和全国房地产开发企业房屋施工面积增速比较

资料来源：贵州统计局，笔者计算整理。

房施工面积占比从2009年开始每年小幅度上涨，到2017年上涨到19.2%，是历史最高水平。办公楼施工面积占比从2011年后逐年增加，到2017年上涨到3.7%，高于2001~2017年的平均水平（见图54）。

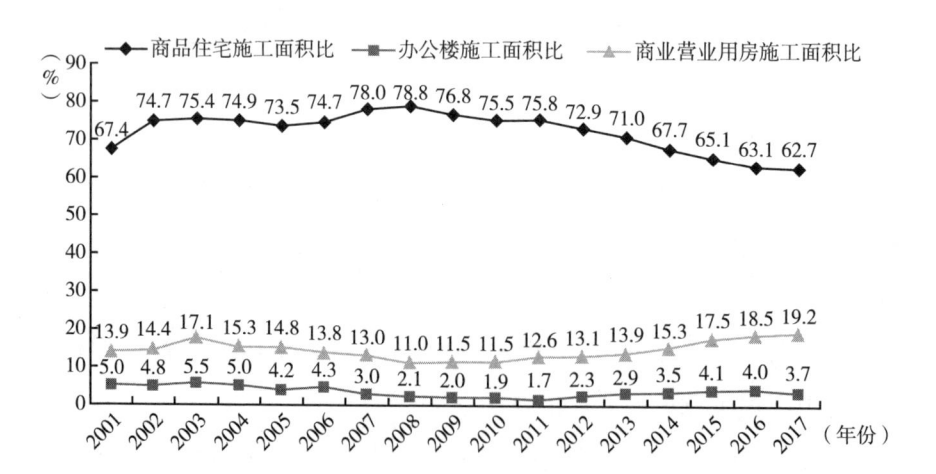

图54 2001~2017年贵州房地产开发企业房屋施工面积构成

资料来源：国家统计局网站，笔者计算整理。

2017年贵州房地产市场分析及2018年预测

(4) 横向比较，2017年贵州房地产开发企业房屋施工面积增速全国排第19位

房屋施工面积增速全国平均水平为3.0%，不小于平均水平的有10个省份。增速最高的是江西（14.5%），其次是广东（12.9%）、安徽（9.9%）；最低的为西藏（-34.1%），其次为内蒙古（-6.5%）、天津（-5.9%）。贵州周边高于贵州的省份有广西（7.4%）、湖南（5.1%）、云南（2.4%），增速低于贵州的有四川（-0.6%）、重庆（-5.1%）（见图55）。

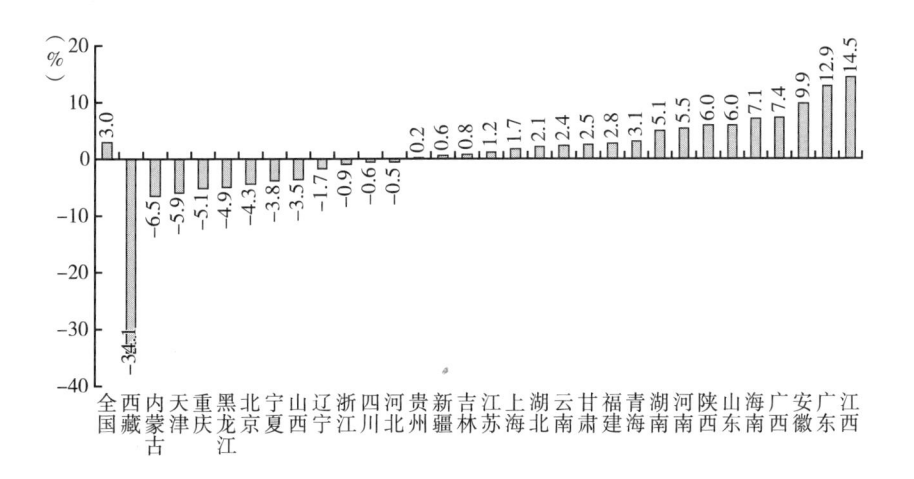

图55 2017年中国不同省份房地产开发企业房屋施工面积增速排序

资料来源：国家统计局网站。

(5) 横向比较，2017年贵州房地产开发企业商业营业用房施工面积占比排第5位

商业营业用房施工面积占比全国平均水平为13.5%，15个省份大于全国平均水平，湖南与全国平均水平持平，最高为新疆（24.5%），其次是青海（21.8%）、西藏（21.3%）；最小的是北京（10.0%），其次是广东（10.5%）。贵州排第5位，高于全国平均水

平5.7个百分点。

与周边省份比较，贵州占比最高，云南为16.3%，重庆为15.4%，四川为15.0%，湖南为13.5%，广西为11.5%（见图56）。

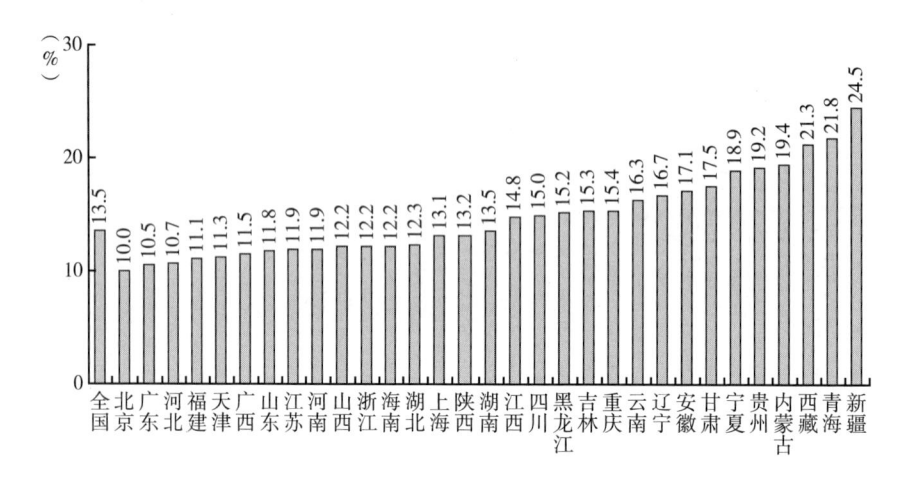

图56　2017年中国不同省份房地产开发企业商业营业用房施工面积占比排序

资料来源：国家统计局网站，笔者计算整理。

9. 连续三年贵州商品房库存指数和商品住宅库存指数均下降，均低于全国平均水平

（1）2017年贵州商品房库存指数低于2016年，低于全国平均水平

无论是从全国还是从贵州的层面看，商品房库存指数在最近三年都连续下降，说明去库存比较明显。1999~2017年贵州商品房库存指数平均值为2.1，全国为2.6。2017年贵州商品房库存指数为2.0，低于全国平均水平（见图57）。

（2）2017年贵州商品住宅库存指数大幅度下降

1999~2017年商品住宅库存指数平均值，全国1.4、贵州1.1；2017年无论是全国层面，还是贵州省，商品住宅库存指数均下降，

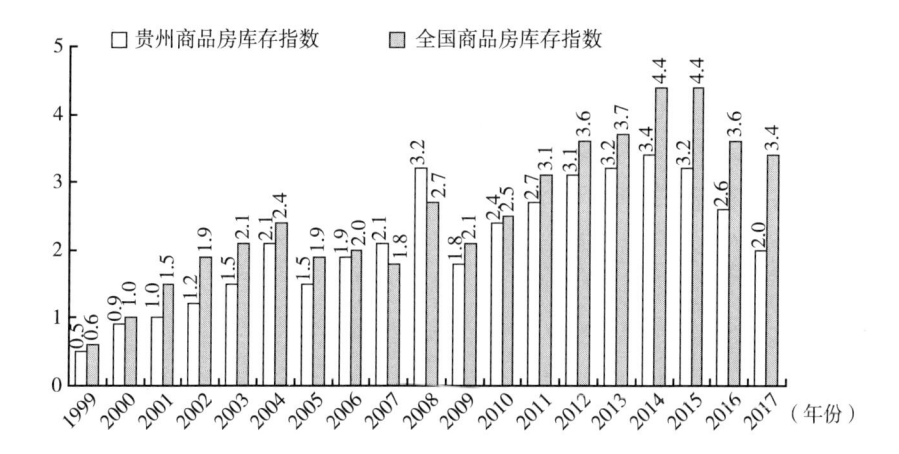

图57　1999～2017年贵州与全国商品房库存指数比较

资料来源：国家统计局网站，笔者计算整理。

贵州省商品住宅库存指数由于近几年连续下跌，到2017为0.3，说明贵州商品住宅去库存在全国来说比较明显（见图58）。

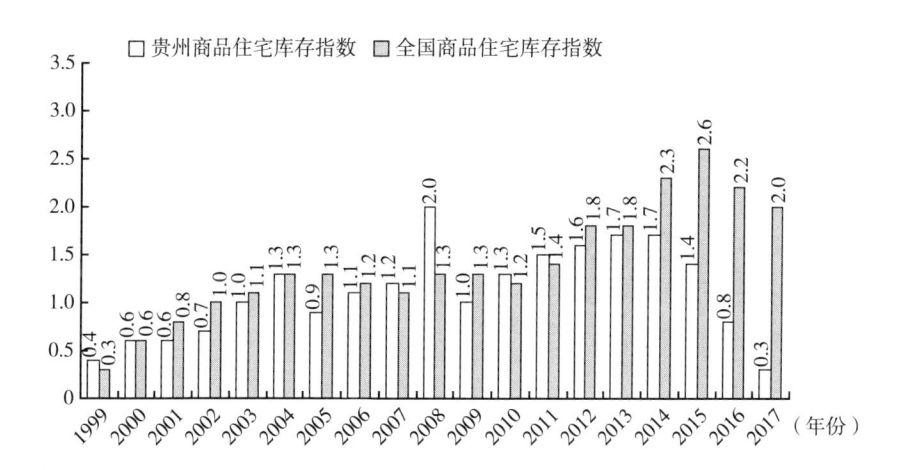

图58　1999～2017年贵州与全国商品住宅库存指数比较

资料来源：国家统计局网站，笔者计算整理。

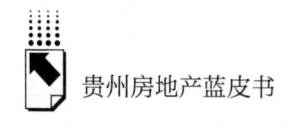

二 2018年贵州房地产市场预测

（一）影响房地产市场的宏观环境分析

1. 房地产政策环境

党的十九大提出"坚持房子是用来住的、不是用来炒的定位，加快建立多主体供给、多渠道保障、租购并举的住房制度，让全体人民住有所居"，首次将住房问题作为社会保障体系建设的重要组成部分，党的十七大、十八大仅将住房保障作为社会保障体系建设的重要组成部分。住房问题不仅是经济问题，更是重要的民生问题，"房住不炒"是十九大后住房政策的主基调；"住有所居"是房地产政策的最终目标，"多主体供给、多渠道保障、租购并举"是实现最终目标的路径。

2018年政府工作报告要求"加大公租房保障力度，对低收入住房困难家庭要应保尽保，将符合条件的新就业无房职工、外来务工人员纳入保障范围。坚持房子是用来住的、不是用来炒的定位，落实地方主体责任，继续实行差别化调控，建立健全长效机制，促进房地产市场平稳健康发展。支持居民自住购房需求，培育住房租赁市场，发展共有产权住房。加快建立多主体供给、多渠道保障、租购并举的住房制度，让广大人民群众早日实现安居宜居"。

2. 区域经济环境

根据2018年贵州省政府工作报告，2018年全省经济社会发展主要预期目标是：地区生产总值增长10%左右；固定资产投资增长17%左右；城镇、农村居民人均可支配收入分别增长9%左右和10%左右；城镇新增就业75万人；城镇化率提高到47.5%。城镇棚户区改造38.5万户。

（二）贵州房地产需求分析

2018年贵州省城镇化率将提高到47.5%，比2017年的46.02%提高1.48个百分点，预期新增加就业75万人，潜在住房需求2000万平方米。新增加就业人口的住房潜在需求与2017年基本持平。

2017年贵州省城镇化率为46.02%，接近于2008年全国平均水平（见图59）。由图59可见，从2006年到2017年，贵州城镇化率与全国的差距逐步减少，从2006年的16.89个百分点减少到2017年的12.5个百分点，表明同期贵州城镇化速度高于全国平均水平。尽管贵州城镇化率与全国差距在缩小，但城镇新增人口人均商品住宅的购置面积与全国差距并未缩小，2011年贵州省城镇常住人口增加37万人，全年商品住宅销售面积1698.52万平方米，人均45.9平方米，同年全国人均也为45.9平方米。2011~2017年，无论是贵州还是全国，该值均存在波动，非常明显的是，2012~2017年，贵州低于全国平均水平（见图60），这说明贵州城镇新增人口对商品住宅的购买

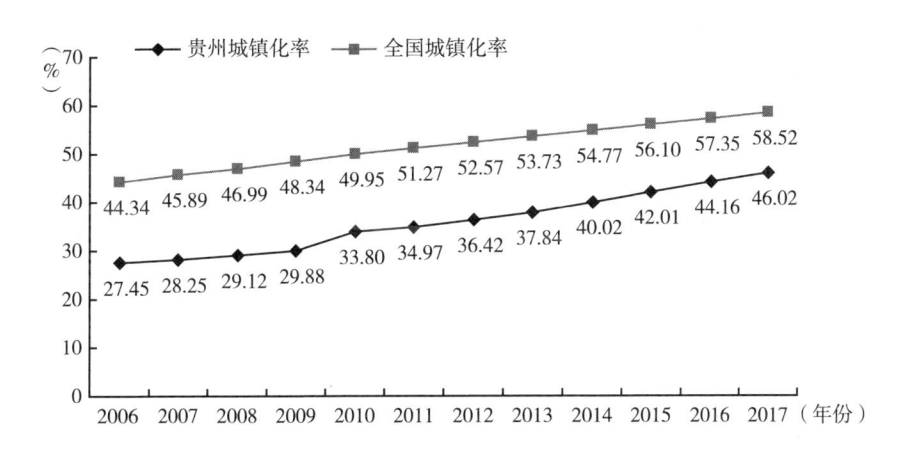

图59　2006~2017年贵州省和全国城镇化率比较

资料来源：2017年贵州数据来自贵州省统计局网站，其他数据来自国家统计局网站。

能力低于全国平均水平，表明随着贵州新型城镇化的推进，城镇新增人口的潜在住房需求尚有较大的空间。2011~2017年，贵州城镇新增人口的商品住宅购置面积平均为41.4平方米，全国平均水平为56.5平方米，如果按全国平均水平计算，2011~2017年贵州商品住宅销售面积将增加36.5%。

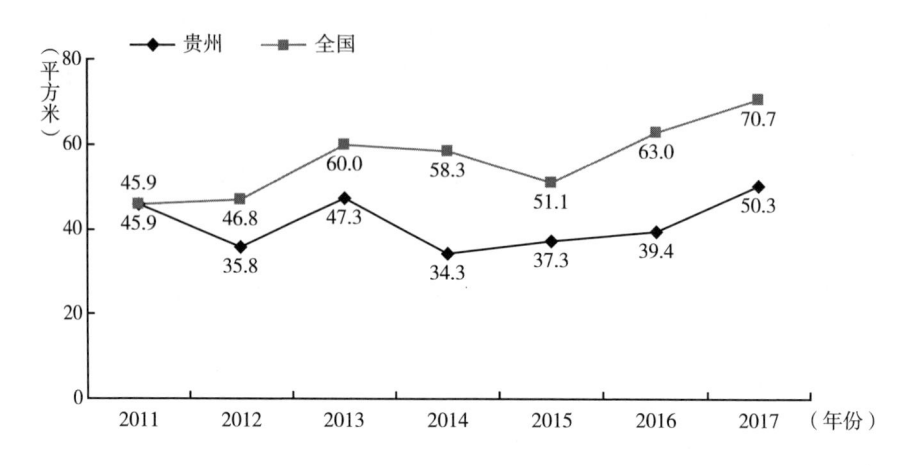

图60 2011~2017年贵州和全国城镇新增人口人均商品住宅购置面积比较

资料来源：2017年贵州数据来自贵州省统计局，其他数据来自国家统计局网站，笔者计算整理。

尽管按城镇新增人口计算，贵州商品住宅销售面积人均指标低于全国平均水平，但按城镇常住人口计算，贵州商品住宅销售面积人均指标则高于全国平均水平。2011年贵州城镇常住人口1213万，全年商品住宅销售面积1698.52万平方米，人均1.40平方米，同年全国平均水平为1.40平方米，2012~2017年贵州人均商品住宅购置面积大于全国平均水平（见图61）。2011~2017年，贵州平均为1.92平方米，全国平均为1.53平方米。如果按全国平均水平计算，2011~2017年贵州商品住宅销售面积将减少20.3%。需要说明的是，由于贵州二手房交易比重比全国平均值低30%左右，如果考虑二手房交易，贵州城镇人口人均住房购置面积低于全国平均水平。

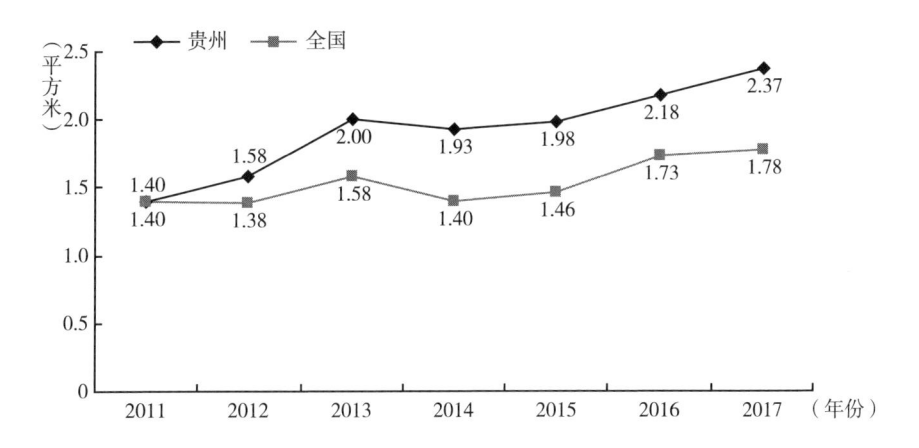

图 61　2011~2017 年贵州和全国城镇常住人口人均商品住宅购置面积比较

资料来源：2017 年贵州数据来自贵州省统计局，其他数据来自国家统计局网站，笔者计算整理。

图 60 与图 61 看似矛盾的结果说明如下问题：对于商品住宅，与全国现有城镇人口的平均需求相比，贵州现有城镇人口需求更大；与全国新增城镇人口的平均需求相比，贵州新增城镇人口需求更小。

上述新增加就业人口是增量需求，从存量需求看，2018 年贵州城镇棚户区改造数量低于 2017 年，棚户区改造导致的刚性需求将低于 2017 年。另外，从经济发展看，基础设施的继续改善以及快速经济增长等将进一步促进住房需求的释放。

（三）贵州房地产供给分析

2017 年贵州商品住宅库存指数处于 1998 年住房市场化改革以来的最低水平，这为 2018 年商品住宅增加供给提供了巨大空间；另外，2017 年贵州房地产开发企业土地购置面积大幅增加，为 2018 年住房

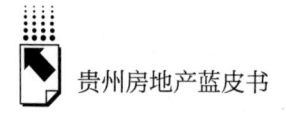

供给增加提供了实现基础。制约供给增加的主要因素是房地产开发企业融资，特别是银行贷款收紧；2017年房地产开发贷款主要来自棚户区改造贷款，2018年棚户区改造规模的缩小将直接影响房地产开发融资规模。

此外，需要注意的是，2017年贵州城镇居民人均住房建筑面积达到37.52平方米，2016年末全国城镇居民人均住房建筑面积为36.6平方米。从量上来说，贵州城镇居民人均住房建筑面积已经超过全国平均水平，如何深化房地产供给侧改革是今后贵州房地产业持续健康发展必须关注的问题。

总之，2018年，预期贵州省房地产供给持续增加，商品房交易趋于稳定。贵阳市2017年商品住宅均价低于周边省会城市20%左右，房价洼地的市场状态将在2018年有较大改变。

土 地 篇

Reports on Land

B.2
贵州土地市场回顾与展望（2017）

夏 刚　贺 琨*

摘　要： 2017年贵州省土地市场出现划拨、出让供应齐头并进的态势，供应总量及宗地数保持稳中有降，土地市场节约集约用地水平、市场化程度逐步走高，土地市场收入主要来源于房地产用地，黔中经济区土地收入成倍增长。

关键词： 贵州　土地市场　房地产开发用地

---

* 夏刚：博士、硕士研究生导师，贵州财经大学贵州省房地产研究院副院长，研究方向为房地产经济管理；贺琨，中国土地估价师与土地登记代理人协会土地估价行业青年专家，中级经济师，测绘工程师，注册土地估价师，土地登记代理人，房地产评估师，房地产经纪人，贵州君安房地产土地资产评估公司总经理。

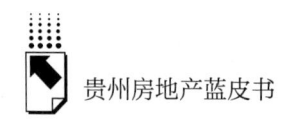

一 贵州土地市场分析

2017年，贵州省土地市场出现划拨、出让供应齐头并进的态势，供应总量及宗地数保持稳中有降，土地市场的市场化程度逐步走高，受全省经济持续加速发展和城市基础设施配套完善带来的城市升值影响，土地出让平均住宅用地供应价格上涨趋势明显，土地出让收入增幅较大。

（一）2017年贵州土地市场运行态势分析回顾

1. 土地供应总量、宗地数保持稳定，略有下降

2017年，贵州土地市场供应总量及宗地数保持稳中有降，2017年第1~4季度全省国有建设用地4403宗，供地面积14673.63932公顷，供应面积和宗地数持续下降，供应面积同比下降4.04%，但贵州土地市场依然适应经济社会高速发展的需要，这体现出努力提升用地效率、提高节约集约用地水平的供应思路。

从季度供应结构来看。全省国有建设用地第四季度供应规模依然最大，为6588.0475公顷，占全年供地总量的45%；其次第二季度为3475.6288公顷，第一季度为2797.4574公顷；第三季度最少，为1812.5056公顷，仅占全年供地总量的12%（见图1）。

2. 房地产开发用地供应保持稳中有降，住宅用地仍占较大供应比重

贵州土地市场房地产开发用地供应保持稳中有降，2014~2017年房地产开发用地供应总量均出现下滑，2017年减少到4540.747796公顷，其中，商服用地供应838宗，面积1659.8969公顷，占房地产开发用地供应总量的37%，比上年下降3个百分点；住宅用地供应1517宗，面积2880.8509公顷，占房地产开发用地供应总量的63%，仍占较大供应比重（见图2）。

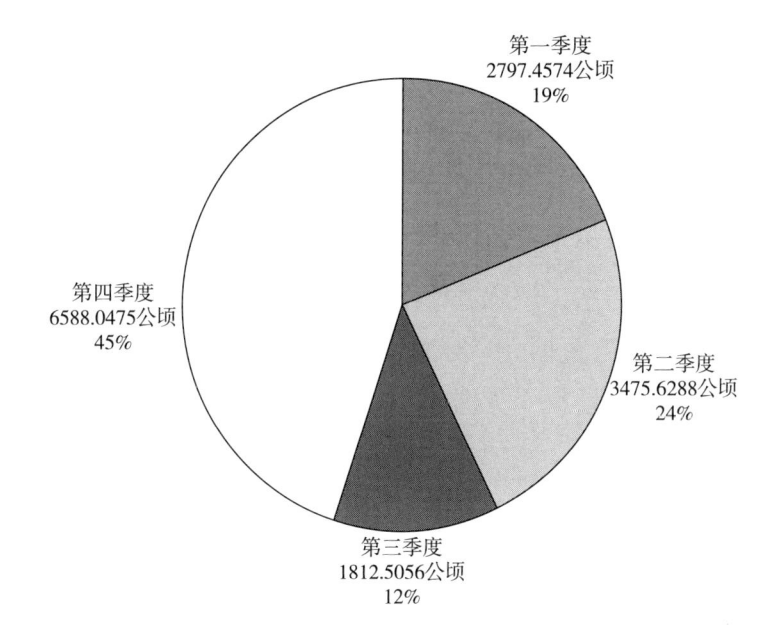

图1 2017年贵州国有建设用地供应季度变化

资料来源：国土资源部土地市场动态监测监管系统、贵州省国土资源厅网站。

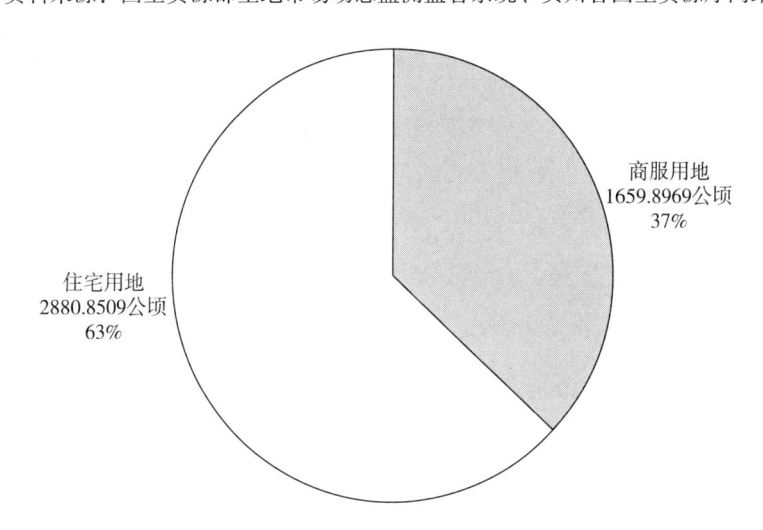

图2 2017年贵州房地产开发用地供应结构

资料来源：国土资源部土地市场动态监测监管系统、贵州省国土资源厅网站。

2017年住宅用地供应内部结构显示,各类住房用地供应规模扩大,普通商品住房用地供应有所回落,总体上仍然以中低价位、中小套型住房供应为主,出现了高档住宅用地供应。普通商品住房用地供应面积2181.3752公顷,同比下降9.4%,占住宅供应总量的76%,其中,中低价位、中小套型住房供应面积1350.3345公顷。高档住宅用地、公共租赁住房、经济适用住房及廉租住房等保障性住房用地供应量分别为9.1585公顷、158.0131公顷、381.3890公顷、150.9151公顷,同比均有所增长(见图3)。

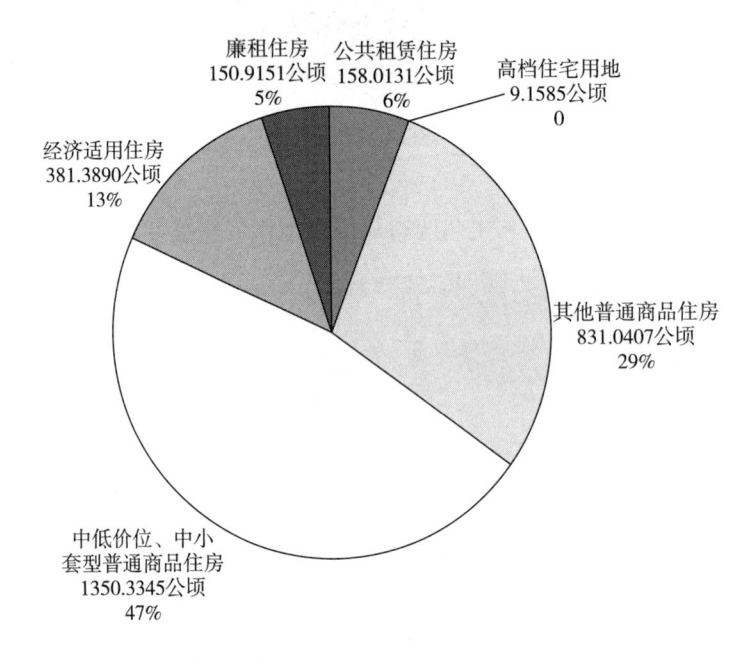

图3 2017年贵州土地市场住宅用地供应内部结构

资料来源：国土资源部土地市场动态监测监管系统、贵州省国土资源厅网站。

3.除住宅用地外,各类用地供应有所回调

2017年贵州土地市场其他用地(包括公用设施、公共建筑、基础设施、交通运输、水利设施、特殊用地等)供应量持续回落,但仍达到7466.82公顷，占供地总量的51%；工矿仓储用地2666.07顷，占供地总量的18%；商服用地1659.90公顷，占供地总量的11%。住宅用地2880.85公顷，占供地总量的20%，供应规模稳中有升（见图4）。

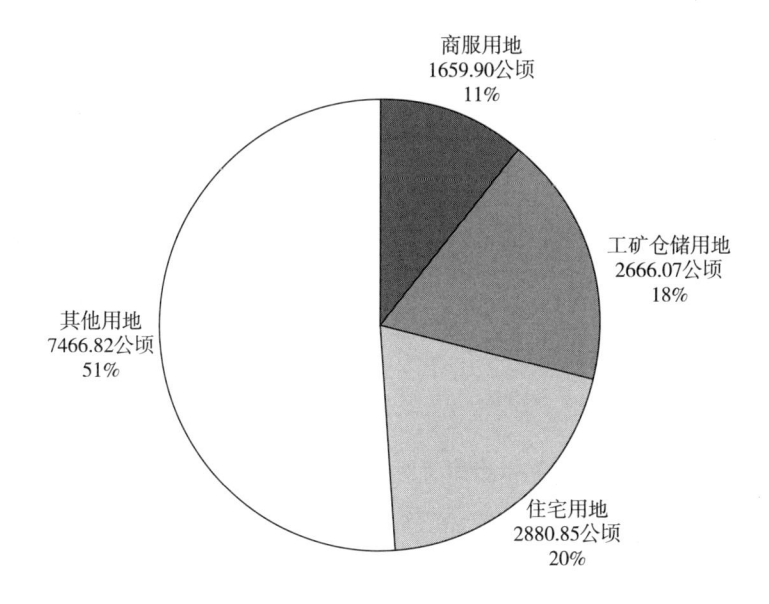

图4　2017年贵州土地市场土地供应结构

资料来源：国土资源部土地市场动态监测监管系统、贵州省国土资源厅网站。

4. 划拨、出让供应齐头并进

2017年贵州省土地市场出现划拨、出让供应齐头并进的态势。划拨供应仍然是主要供应方式，供应比例与上年基本保持一致，占供地总量的55%，供应面积达8111.70公顷，有所回落。出让方式供应量为5689.46公顷，其中招拍挂出让5577.79公顷、协议出让111.68公顷，供应比例占供地总量的39%。租赁供应面积达872.47公顷，虽仅占供应总量比例的6%，但延续了上年供应活跃的势头（见图5）。

租赁等
872.47公顷
6%

招拍挂出让
5577.79公顷
38%

划拨
8111.70公顷
55%

协议出让
111.68公顷
1%

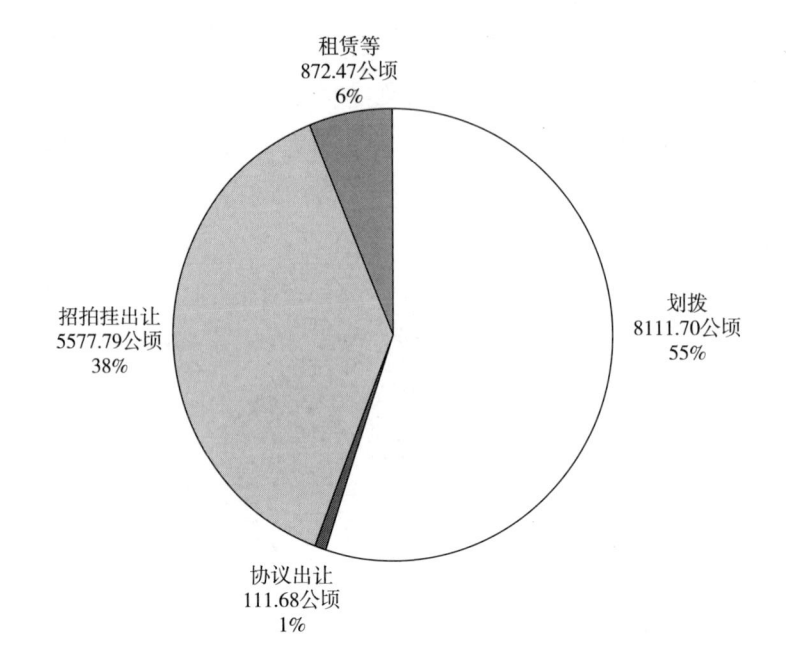

图5　2017年贵州土地市场土地供应方式变化

资料来源：国土资源部土地市场动态监测监管系统、贵州省国土资源厅网站。

5. 土地出让平均住宅用地供应价格上涨趋势明显

贵州省土地出让平均供应单价总体呈逐年上涨趋势，2017年各类用地供应价格除商服用地外均有所提升，其中住宅用地平均供应价格上涨为1975元/平方米，同比增长达71.6%，工矿仓储用地平均供应价格248元/平方米，同比增长21.96个百分点；商服用地平均供应价格小幅下降到1190元/平方米，同比下降6.46个百分点（见图6）。

6. 土地出让收入增幅较大，住宅用地收入占总比最大

2017年贵州土地市场供应收入增幅较大，达6732490.8294万元，其中招拍挂出让收入6592193.7896万元，占供应收入的97.92%；协议出让收入109364.5856万元，占供应收入的1.62%，租赁供应收入30932.4542万元，占供应收入的0.46%（见图7）。

图6　2008~2017年贵州土地市场土地出让收入平均单价变化

资料来源：国土资源部土地市场动态监测监管系统、贵州省国土资源厅网站。

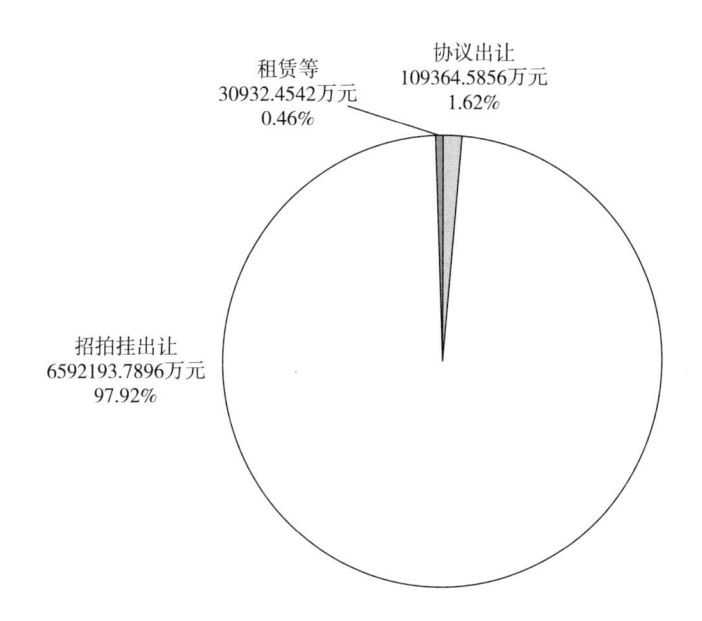

图7　2017年贵州土地市场土地供应收入

资料来源：国土资源部土地市场动态监测监管系统、贵州省国土资源厅网站。

2017年贵州土地市场收入主要来源于房地产用地。住宅用地供应收入4002379.3044万元，占供应收入的59.45%；商服用地供应收入1974914.7662万元，占供应收入的29.33%（见图8）。

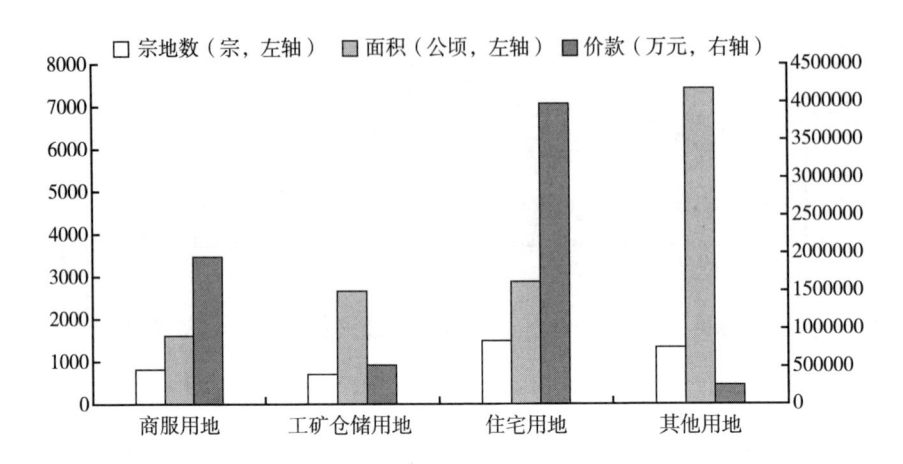

图8 2017年贵州土地市场土地供应结构情况

资料来源：国土资源部土地市场动态监测监管系统、贵州省国土资源厅网站。

（二）2017年贵州各地区土地市场运行态势分析回顾

1. 土地年度供应分析

从2017年各市（州）供应量来看，供应土地总量为14673.64公顷，其中遵义市供应量依然居首，供应量达2607.1655公顷，占供应总量的18%；其次黔南州供应量为2161.3748公顷，占供应总量的15%。同比发生增长的是贵阳市、铜仁市、安顺市。安顺市供应最少，只有755.3547公顷（见图9）。

2. 土地收入分析

从2017年各市（州）土地收入来看，贵阳市作为黔中经济区建设的中心，依旧延续多年高收入趋势，供应收入列第1位。2017年贵阳市供应收入2451106.2556万元，占全省供应收入的36%，同比成倍

	贵阳市	六盘水市	遵义市	安顺市	铜仁市	黔西南州	毕节市	黔东南州	黔南州
2017年	2082.1184	1051.6115	2607.1655	755.3547	1571.3322	1224.8713	1606.7153	1613.0955	2161.3748
2016年	2014.4700	1423.3200	3312.7900	753.8000	1479.5100	1391.3800	1612.0600	1641.6900	1661.9100
2015年	2163.2700	815.9700	2604.8400	1321.6600	2317.3000	1732.6300	1298.8000	2089.0200	1545.9800
2014年	2545.9396	743.8220	3980.4205	931.7222	2723.9812	1367.9467	2322.5862	2572.1847	2351.6634
2013年	3598.2801	905.5834	4160.6361	187.4976	5522.8699	2258.5689	4283.3638	1878.5177	2463.8318
2012年	5166.6249	4346.9424	5523.8703	4335.0491	5782.3923	6708.9802	4888.1709	4677.6511	2684.1525
2011年	2839.1429	913.3174	1888.1931	549.9615	693.6453	1075.1686	2437.3928	1556.5988	1113.7908
2010年	2576.5797	514.4236	2941.9398	345.6270	2421.2746	6289.3490	671.1173	1093.3909	1995.9805
2009年	1397.9716	1382.2624	661.5161	141.1975	458.3529	177.6809	877.4132	3648.6744	1358.9205
2008年	906.4400	267.2600	458.0600	130.6600	265.8600	278.1800	104.8300	730.1900	195.7000
2007年	985.2100	175.2300	347.2400	129.3800	525.0900	192.5100	9509.5800	4628.1900	466.8900

图9 2007~2017年贵州省各市（州）土地供应量变化

资料来源：国土资源部土地市场动态监测监管系统、贵州省国土资源厅网站。

增长；遵义市供应收入1447019.2859万元，占全省供应收入的22%，也出现同比成倍增长，黔南州供应收入750457.1016万元，占全省供应收入的11%（见图10）。

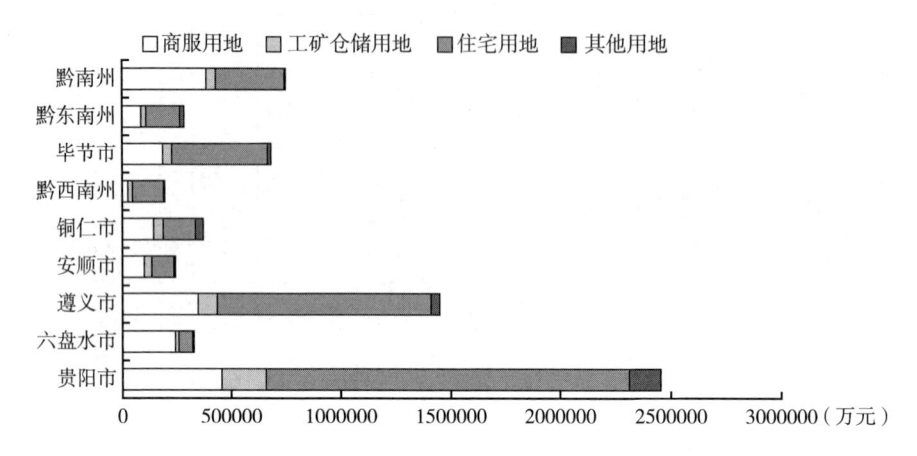

图10　2017年贵州省各市（州）土地供应收入变化

资料来源：国土资源部土地市场动态监测监管系统、贵州省国土资源厅网站。

从2017年各市（州）房地产开发用地出让收入来看，黔南州、遵义市、贵阳市宗地数、供应面积、出让收入仍列全省前三（见图11）。

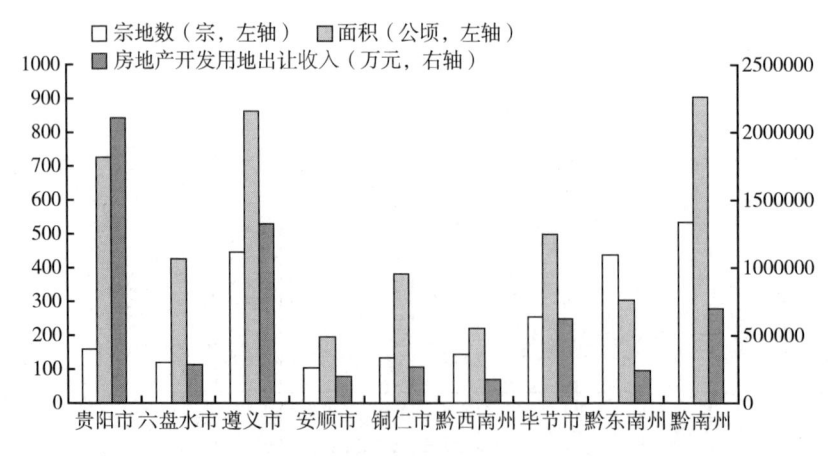

图11　2017年贵州省各市（州）房地产用地供应情况

资料来源：国土资源部土地市场动态监测监管系统、贵州省国土资源厅网站。

（三）2017年贵阳市房地产市场土地供应分析

2017年，贵阳市始终坚持新发展理念，强力推进创新驱动发展战略，深化供给侧结构性改革，不断发展壮大实体经济，做大经济总量，优化经济结构，经济发展质量与效益实现双提升。做好土地供应服务于各行各业的建设需求，保障各项重大民生项目的推进和完善，促进贵阳市经济稳定快速发展。

1. 土地供应规模和供应总量基本保持平稳

2017年供应国有建设用地324宗，供应总量为2082.1184公顷，供应总量相比上一年增长3.36%，比2015年下降11.39%（见图12）。可见，随着贵阳市经济的持续增长、城市基础设施建设的不断推进和完善、房地产市场的回暖及房地产去库存周期的减小等，贵阳市土地供应规模和供应总量基本保持平稳。

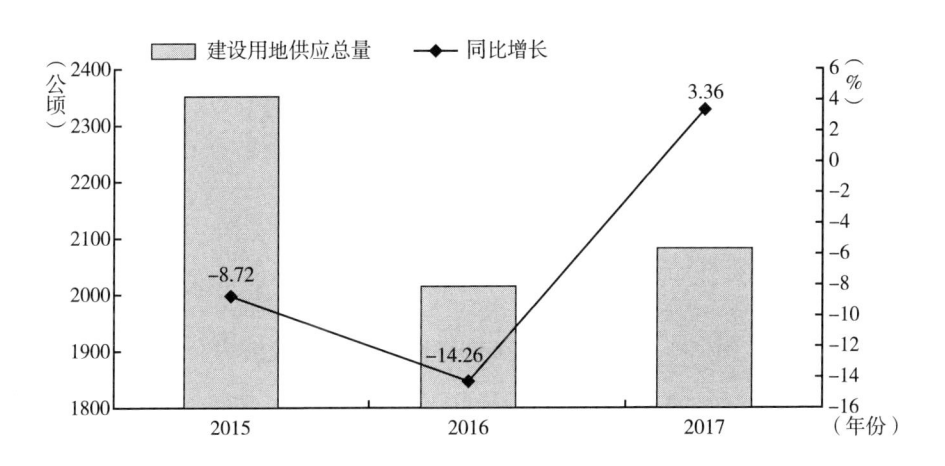

图12　2015~2017年贵阳市国有建设用地供应总量

资料来源：贵阳市土地市场动态监测与监管系统、贵州省国土资源厅网站。

2017年贵阳市供应其他用地（公共管理与公共服务用地、特殊用地、交通运输用地、水域及水利设施用地、其他土地）达

892.6114公顷，占全年国有建设用地供应总量的42.87%；供应住宅用地572.0817公顷，占全年国有建设用地供应总量的27.48%；供应工矿仓储用地457.9867公顷，占全年国有建设用地供应总量的22.00%；供应商服用地159.4386公顷，占全年国有建设用地供应总量的7.66%（见图13）。可见，由于公共管理与公共服务用地和交通运输用地量供应较大，其他用地（公共管理与公共服务用地、特殊用地、交通运输用地、水域及水利设施用地、其他土地）占据了贵阳市2017年全年土地供应的半壁江山，反映了贵阳市积极推进基础设施建设的力度。

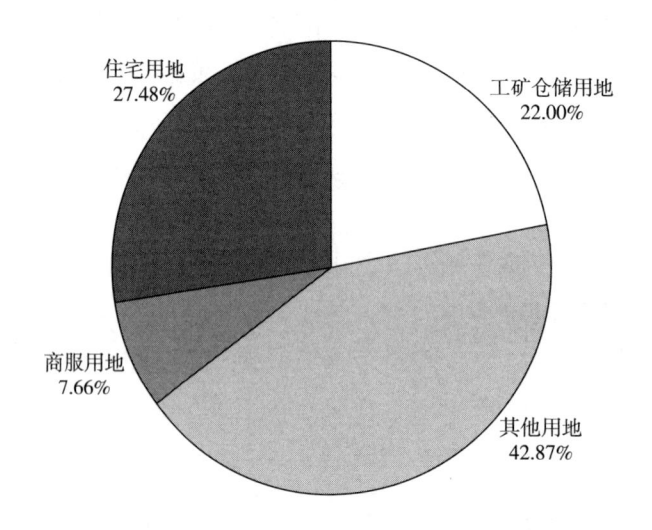

图13 2017年贵阳市国有建设用地供应结构

资料来源：贵阳市土地市场动态监测与监管系统、贵州省国土资源厅网站。

2.房地产开发用地供应总量增长达三成，住宅用地落实超额完成

2017年贵阳市房地产开发用地（商服用地和住宅用地）供应量为731.5203公顷，比上年增长31.52%，占土地供应总量的比例为35.13%。其中商服用地供应159.4386公顷，同比减少31.08%，占

到房地产开发用地供应量的21.80%；住宅用地供应572.0817公顷，同比增长76.10%，占到房地产开发用地供应量的78.20%（见图14、图15）。

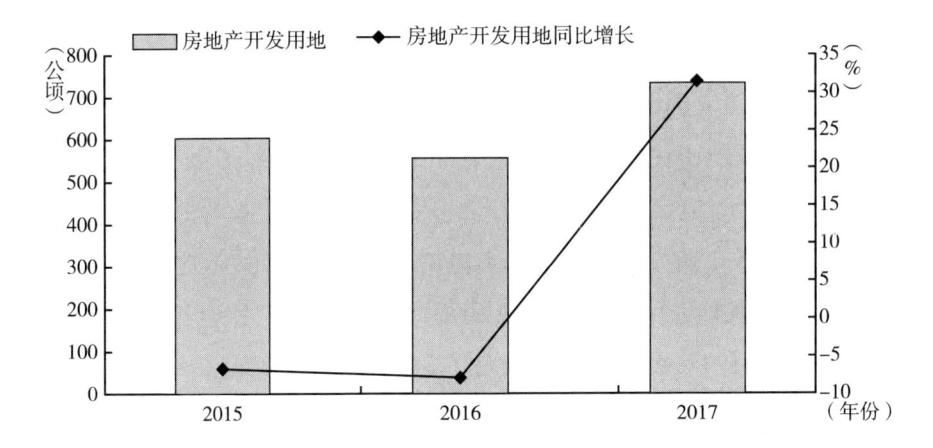

图14　2015~2017年贵阳市房地产开发用地供应来源分析

资料来源：贵阳市土地市场动态监测与监管系统、贵州省国土资源厅网站。

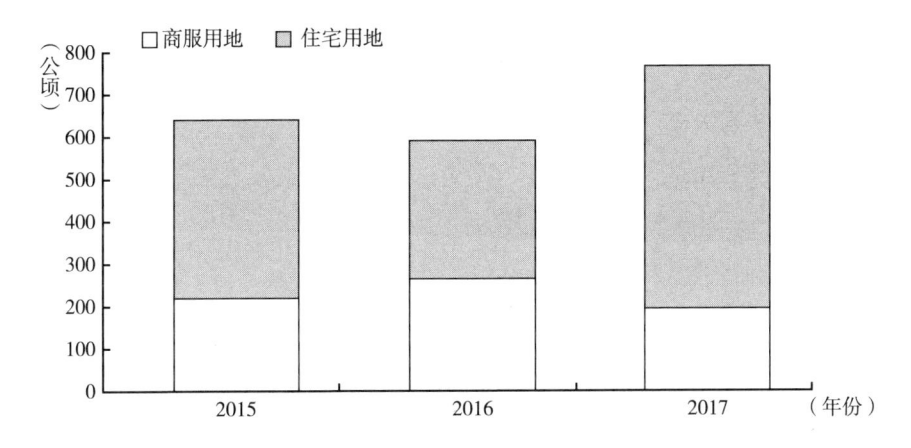

图15　2015~2017年贵阳市房地产开发用地内部结构分析

资料来源：贵阳市土地市场动态监测与监管系统、贵州省国土资源厅网站。

根据贵阳市2017年住宅用地计划供应量和实际供应情况分析得到，2017年贵阳市的住宅用地供应计划落实率为155.46%，比2016年的52.18%增加103.28个百分点，比2015年的65.77%增加89.69个百分点。可见，2017年贵阳市的住宅用地供应计划落实超额完成。

3.住宅用地中仍以保障性住房用地（经济适用房用地、廉租房用地、公共租赁住房用地及中低价位、中小套型普通商品住房）供应为主

2017年贵阳市住宅用地供应中中低价位、中小套型普通商品住房用地供应比例最大，为67.64%；其次为其他普通商品住房用地，供应比例为15.23%；再次为公共租赁住房用地，供应比例7.82%。经济适用房用地供应比例为7.61%；高档住宅用地供应比例为1.47%；廉租住房用地供应比例为0.24%（见图16）。

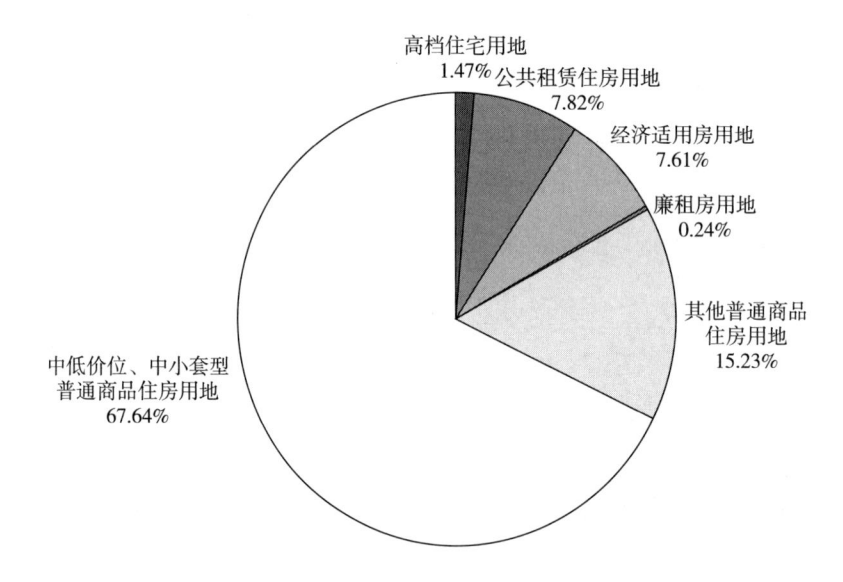

图16 2017年贵阳市住宅用地土地供应类型

资料来源：贵阳市土地市场动态监测与监管系统、贵州省国土资源厅网站。

从住宅用地内部供应结构对比来看，除廉租房用地供应同比下降外，其余各类住宅用地均增长。其中廉租房用地供应同比减少

74.65%，中低价位、中小套型普通商品住房用地供应同比增长60.46%，公共租赁住房用地供应同比增长1257.29%，经济适用房用地供应同比增长260.80%，其他普通商品住房用地供应同比增长38.48%。

从2015~2017年住宅用地区域分布对比来看，贵阳市本级仍为主要供应区域，受贵安新区发展建设的带动，花溪区（包含贵安新区）和清镇市后发优势明显（见图17）。

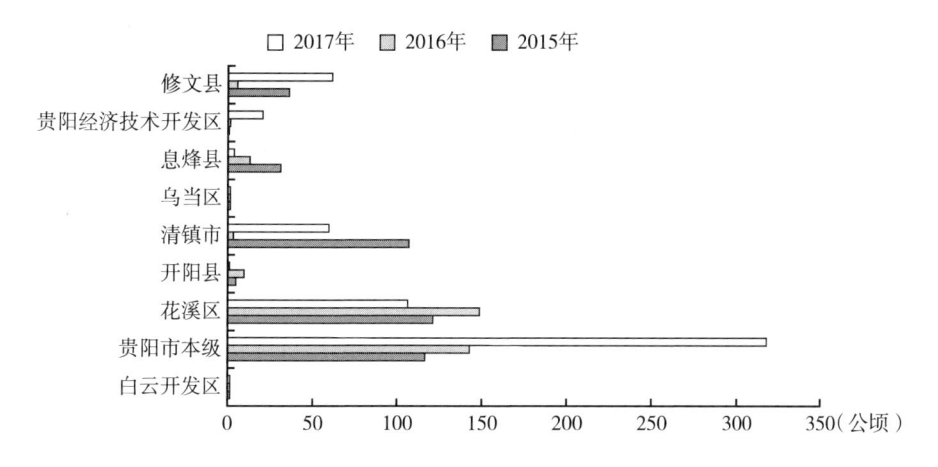

图17 2015~2017年贵阳市各地区住宅用地供应情况

资料来源：贵阳市土地市场动态监测与监管系统、贵州省国土资源厅网站。

4. 房地产开发用地出让单价出现较强上扬

2017年房地产开发用地以出让方式供应土地571.9761公顷，出让价款为2106842.5876万元，平均出让单价为3683元/平方米，平均出让土地单价同比增长106.79%。其中，商服用地平均出让单价为2863元/平方米，同比增长65.24%；住宅用地平均出让单价为4001元/平方米，同比增长119.82%（见图18和图19）。

2017年房地产开发用地总出让价款为2106842.5876万元，以出让方式供应土地的规划建筑面积为1344.6840万平方米，平均出

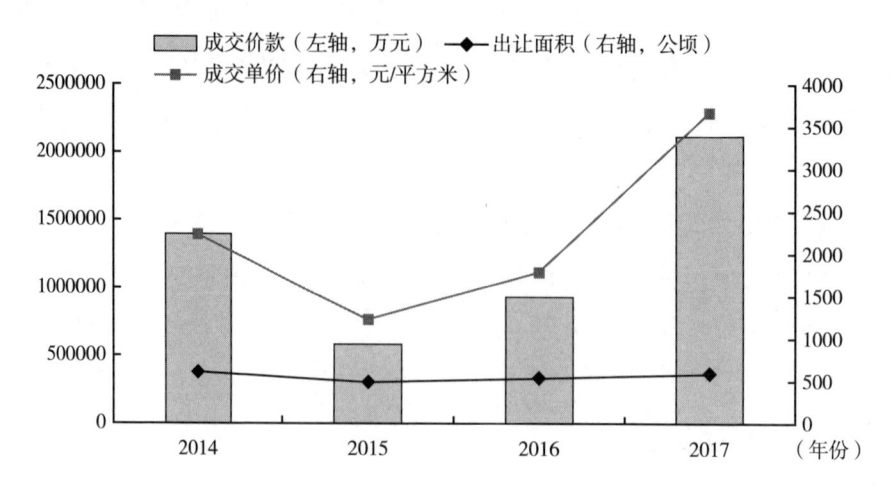

图 18　2014～2017 年贵阳市房地产开发用地供应年度变化

资料来源：贵阳市土地市场动态监测与监管系统、贵州省国土资源厅网站。

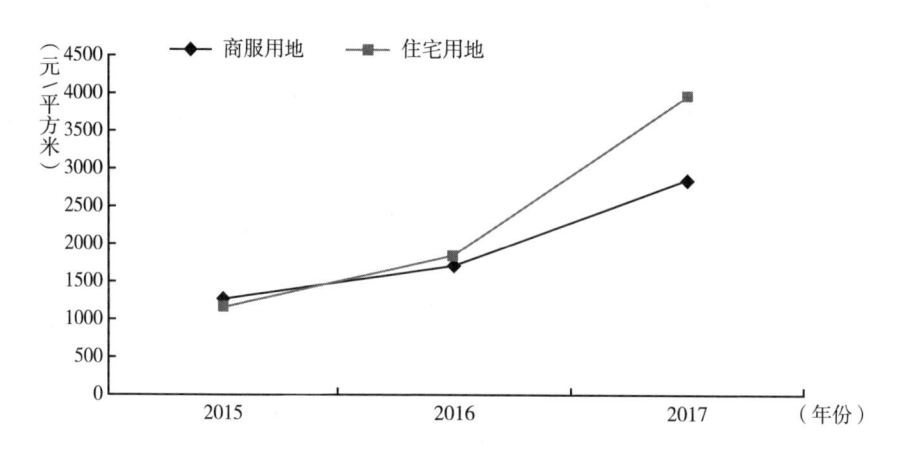

**图 19　2015～2017 年贵阳市房地产开发用地
内部结构单价年度变化**

资料来源：贵阳市土地市场动态监测与监管系统、贵州省国土资源厅网站。

让楼面单价为 1567 元/平方米，平均出让单价同比增长 70.70%（见图 20）。

综上所述，随着贵阳市 2017 年房地产市场的回暖、房地产去库

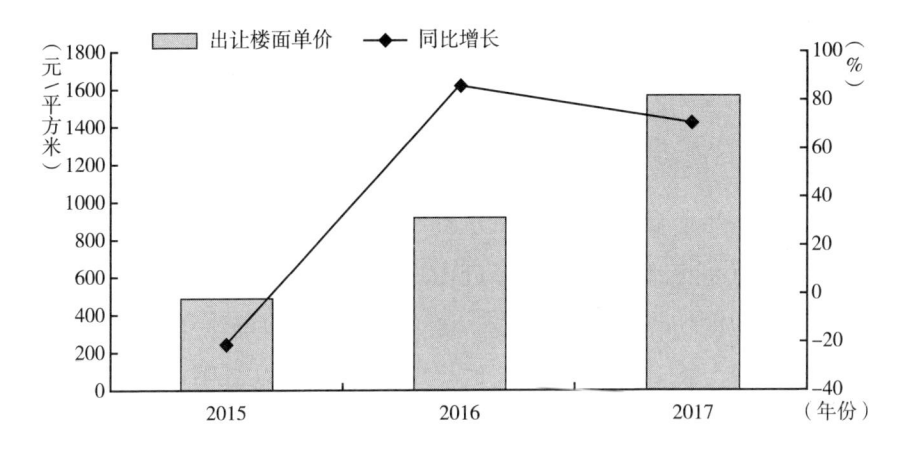

图 20　2015～2017 年贵阳市房地产开发用地楼面单价年度变化

资料来源：贵阳市土地市场动态监测与监管系统、贵州省国土资源厅网站。

存周期的缩短、地铁 1 号线等各项重大基础设施建设的不断推进和完成等，房地产开发用地出现量价齐升，住宅用地落实超额完成。

二　2017 年贵州土地供应市场体制建设基本情况

2017 年贵州土地供应市场从严核定每宗建设用地规模，优化建设用地布局，减少占用优质耕地及水田，严禁占用永久基本农田，扎实推进国土资源节约集约利用行动，加强建设用地批后监管，积极推进城镇低效用地再开发，加大存量土地处置盘活力度，清理核实 2014～2015 年全省疑似闲置土地 762 宗 9.6 万亩，全省 2012～2016 年农转征项目供地率 74.7%，居全国前列。利用土地市场动态监测与监管系统，对照闲置土地督察问题清单开展自查清理，分解下达单位 GDP 建设用地使用面积下降年度目标，开展土地出让金迟缴清查。

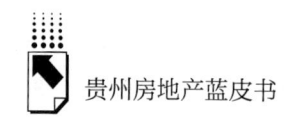

三 贵州土地市场展望

2017年，贵州省坚决贯彻落实中央和省委决策部署，经济社会发展呈现稳中有进、转型加快、质量提升、民生改善的良好态势。未来五年，贵州省将更加奋发有为推进山地特色新型城镇化，实现统筹城乡区域民族地区协调发展新跨越。全面推进以人为核心的城镇化，提升城镇化质量。构建布局合理的城乡空间格局。以贵阳市和贵安新区为龙头，以中心城市为核心、周边中小城市为支撑，提高黔中城市群发展质量。推进贵阳—贵安—安顺、都匀—凯里等一体化，推动六盘水、遵义、毕节、铜仁、兴义等中心城市组群发展壮大，做强县城、做优新区，构建统筹协调的区域发展格局。现对贵州省土地市场做如下展望。

（一）基础设施性其他用地仍将保持较大供应

在发展城市快速交通、立体交通，推进地下综合管廊、海绵城市建设，构建特色鲜明的城镇风貌格局的大背景下，未来的贵州土地市场仍将持续推进城市基础设施建设，公共管理与公共服务用地、交通运输用地、水域及水利设施用地等基础设施性其他用地仍将保持较大供应，为打好精准脱贫攻坚战、发展实体经济提供支持。

（二）房地产开发用地市场供应区域性差别将呈现

贵州房地产市场仍将优先保障中低价位、中小套型普通商品住房用地供应，加快推进"住有所居"民生工程，平抑房价，使城乡群众尤其是低收入群体"住房难"问题得到改善，坚持房子"只住不炒"的调控目标。另外由于城镇化步伐的进一步加快、中心城市组群发展壮大和"首位度"的进一步提高，以及对于人口聚集功能的进一步加强，区域性房地产开发用地供应差别将呈现。

（三）改进和优化用地审查报批管理，提高用地保障

贵州省土地市场供应将严格按照国土资源部"两令一通知"的新规定和新要求，进一步规范建设用地预审和用地审查报批管理，项目用地预审批准后，主动与项目建设单位联系沟通，了解项目建设用地申报所需前置手续办理情况，对难以协调解决的问题，及时报告政府协调解决，实现既有质量又有速度的审查报批，不断提升国土资源管理水平和服务效能。

B.3
贵阳2017年土地招拍挂报告

武廷方　胡蝶云*

摘　要： 2017年，贵阳市房地产市场总体运行平稳，投资结构逐渐趋于合理。随着供给侧结构性改革的深入、房地产去库存政策效应的持续发力，贵阳全年投资和销售均实现恢复性增长，呈稳中有升态势，房地产市场前景看好。

关键词： 供给侧改革　恢复性增长　去库存

一　2017年贵阳房地产市场总体发展状况

（一）房地产市场实现恢复性增长

2017年，贵阳市房地产完成投资额1026.43亿元，同比增长10.7%，增速与上年同期相比提升了18.4个百分点。其中，住宅完成投资额596.39亿元，同比增长20.9%，增速与上年同期相比提升了36.8个百分点；办公楼完成投资额79.85亿元，同比下降35.0%；商业营业用房完成投资额200.69亿元，同比下降5.3%（见图1）。

---

* 武廷方，贵州财经大学贵州省房地产研究院院长、教授、硕士生导师；胡蝶云，贵州财经大学贵州省房地产研究院副秘书长，助理研究员。

办公楼、商业营业用房投资的回落说明房地产市场投资结构逐渐合理化，有利于房地产存量更快得到消化。从2013~2017年全国、贵州省及贵阳市房地产开发投资的投资增速来看，贵阳市2017年投资增速十分明显（见图2）。

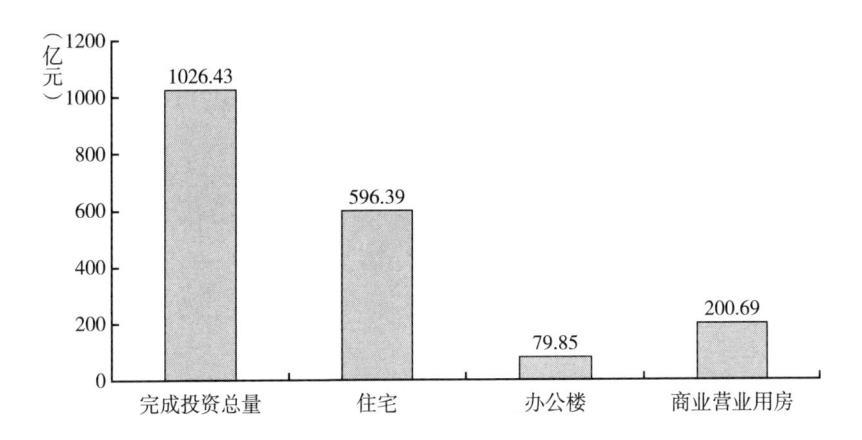

图1　贵阳市2017年房地产投资情况

资料来源：国家统计局、贵州省房地产研究院。

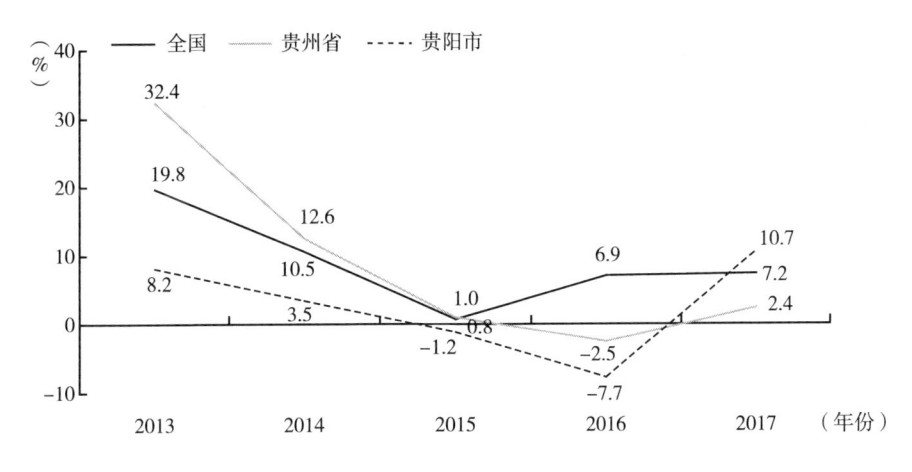

图2　全国、贵州省、贵阳市2013~2017年房地产开发投资增速

资料来源：国家统计局、贵州省房地产研究院。

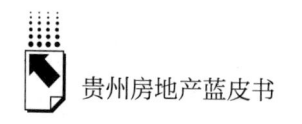

（二）资金来源大幅扩张

2017年，贵阳市房地产市场实际到位资金952.21亿元，同比增长7.1%，增速与上年同期相比提升了14.9个百分点。其中，国内贷款69.31亿元，同比下降43.7%；自筹资金233.13亿元，同比增长14.1%，增速与上年同期相比提升了11.7个百分点；其他资金来源（定金及预收款、个人按揭贷款）649.76亿元，同比增长15.7%，增速与上年同期相比提升了27个百分点。国内贷款增速的回落与自筹资金、其他资金来源的扩张正是社会对房地产市场前景看好的表现，社会资金的大幅增加能进一步活跃房地产市场。

（三）土地购置面积、土地成交价款迅猛增加

2017年，贵阳市房地产市场土地购置面积221.71万平方米，同比增长570%；土地成交款93.35亿元，同比增长1120%；待开发土地面积213.48万平方米，同比下降了24.5%。土地购置面积与土地成交款的大幅增加体现了房地产企业强烈的拿地意愿和对自身发展的信心，是房地产市场迅速发展的一大信号（见表1）。

表1 贵阳市2017年土地购置情况一览

项目	数值	同比增长量(%)
土地购置面积(万平方米)	221.71	570
土地成交款(亿元)	93.35	1120
待开发土地面积(万平方米)	213.48	-24.5

（四）销售面积平稳增长

2017年，贵阳市房地产销售面积1077.88万平方米，同比增长

9.0%，增速与上年同期相比提升了6.9个百分点。其中，住宅销售面积877.61万平方米，同比增长5.4%，增速与上年同期相比提升了1.1个百分点；办公楼销售面积86.41万平方米，同比增长46.5%，增速与上年同期相比提升了26.7个百分点；商业营业用房销售面积87.92万平方米，同比增长13.1%，增速与上年同期相比提升了34.7个百分点。房地产销售面积的增加体现了房地产市场的繁荣，同时，办公楼、商业营业用房"去库存"效果明显（见图3）。

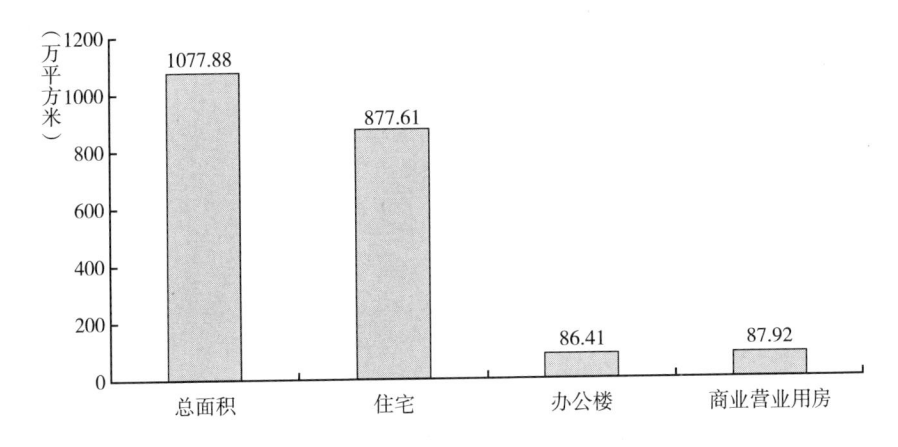

图3 贵阳市2017年房地产销售面积情况

资料来源：国家统计局、贵州省房地产研究院。

二 2017年贵阳土地招拍挂情况

（一）贵阳土地市场成交涨幅明显，实现量价同增态势

2017年贵阳土地市场热度持续上升，贵阳市公共资源交易监管网上公布的土地成交数据显示，2017年的土地市场热度同比2016年有质的飞跃。2017年贵阳市（含三县一市）出让土地成交总面积达

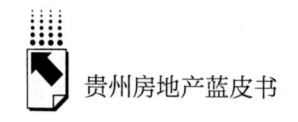

826.69万平方米，成交总价达211.46亿元，相较2016年成交总价76.8亿元，增长36.3%，挂牌总数为167块（见表2）。

表2 2017年贵阳市土地成交情况汇总

区域	成交块数（块）	成交面积（平方米）	成交总价（万元）	成交单价（元/平方米）
云岩区	2	49926.64	14539.8	2912
南明区	7	650600	536836.8	8251
观山湖区	13	1370202	333933	2437
乌当区	7	283414	44653.94	1576
花溪区	35	2478017	565291.4	2281
白云区	17	606108.7	332952.5	5493
高新区	1	75257.19	2613	347
经开区	1	204304	38521.5192	1886
航空经济区	1	133160.1	11326	851
城区总计	84	5850989.63	1880667.96	3214
清镇市	50	1944507	196165	1009
息烽县	14	293614.1	19360.4	659
修文县	2	103527.1	16757	1618
开阳县	2	74268	1644.2	221
三县一市总计	68	2415916.2	233926.6	968
总计	152	8266906	2114595	2558

截至2017年12月31日贵阳市土地挂牌成交152块，成交率为91%。相比2016年成交的134块，增长13.4%。从地区的成交率来看，花溪区、经开区、清镇市、息烽县都达到了100%，云岩区、开阳县为67%，南明区为70%，观山湖区为93%，乌当区和白云区分别是88%、85%，高新区、修文县、航空经济区分别为25%、15%和20%（见图4）。

从各月的挂牌并成交的土地面积来看，2017年1~12月各月挂

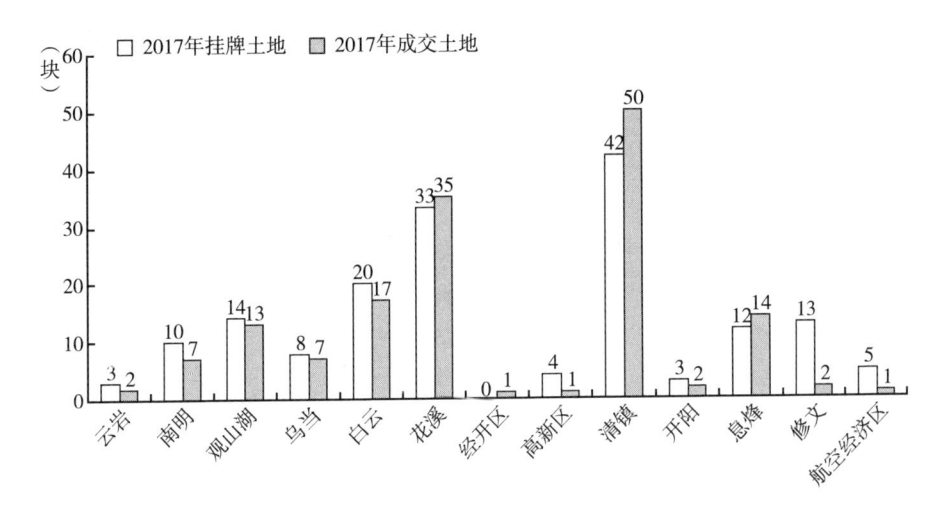

图 4 2017年贵阳市各地区土地挂牌总数以及成交数

注：此数据成交土地大于挂牌土地数量是因为有2016年12月挂牌未售出地块。
资料来源：贵阳市国土资源市场网。

牌土地面积均超过10万平方米，其中2月土地挂牌面积最多，达225.65万平方米；10月土地成交面积最少，仅5.83万平方米。从成交金额来看，突破10亿元的有3月、7月、9月、12月，土地成交金额最高的3月达93.07亿元（见图5）。

（二）花溪区、清镇市成为2017年贵阳土地市场最热区域

从区域上来看，2017年贵阳六大城区土地市场最热的是花溪区，共成交土地35块，成交面积247.8万平方米，成交金额为56.5亿元。清镇市异军突起，成交块数50块，成交总面积194.45万平方米。相比起大热的花溪区与清镇市，寸土寸金的老城区云岩区2017年表现仍旧不佳，一年仅有3块土地挂牌，成交2块。出让面积不足5万平方米，成交金额1.4亿元，基本与2016年持平。

三县一市方面，清镇市成为"领头羊"，2017年共成交50块土地，成交面积194.45万平方米，成交金额19.62亿元。

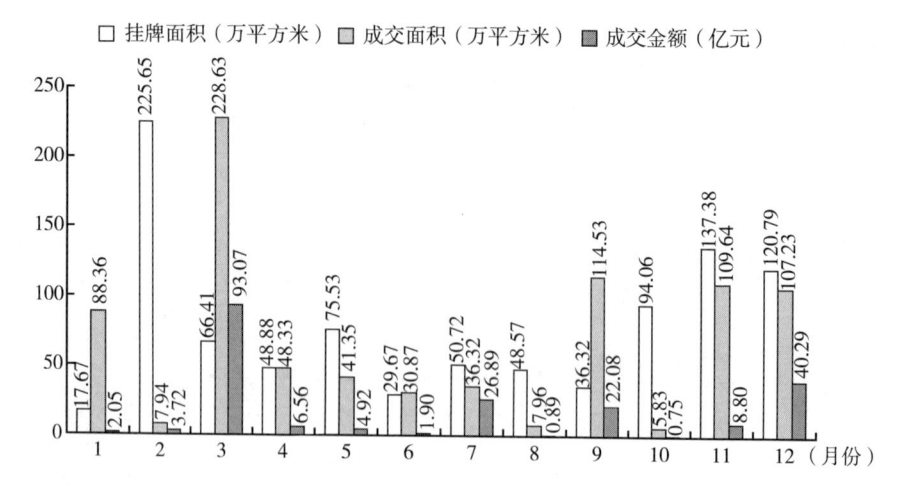

图5　2017年1~12月贵阳市土地挂牌面积、成交面积及成交金额

资料来源：贵阳市国土资源市场网。

对比2016年各地区土地实际成交情况，2017年贵阳郊区热现象继续强劲领跑。2016年主城区南明、乌当二区挂牌3块，成交3块，近郊区挂牌出让土地85块，成交43块，成交率为50%，三县一市挂牌土地114块，成交率为60.5%（见图6）。

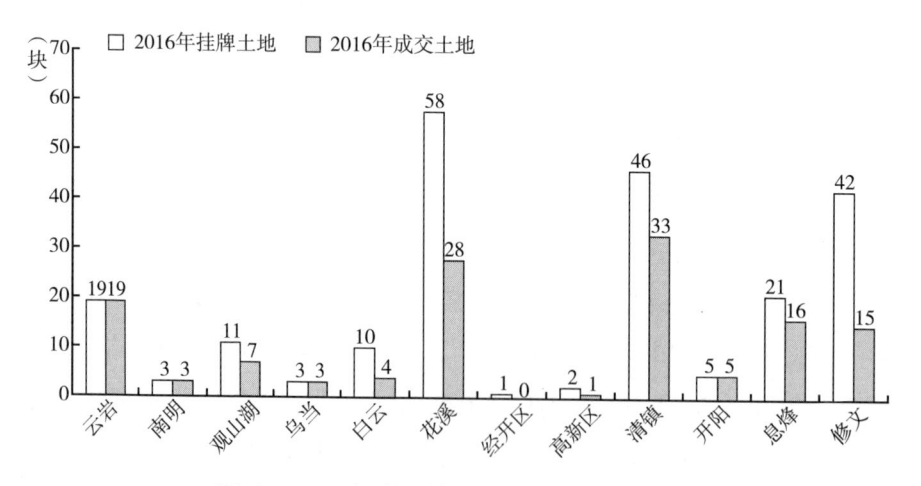

图6　2016年贵阳市各地区土地成交情况

资料来源：贵阳市国土资源市场网。

（三）挂牌土地的用地性质变化

2017年，房地产行业整体来看稳中有增，土地市场成交量持续正增长。2017年商办物业库存压力较大，工业类用地比例下降明显，住宅类（含商业住宅）用地比例上升，住宅潜在供求出现大幅度增长，成为用地的主力军。2017年，住宅类（含商业住宅）挂牌面积共计463.93万平方米，商业类用地77.93万平方米，而工业类用地挂牌面积为168.97万平方米（见图7）。

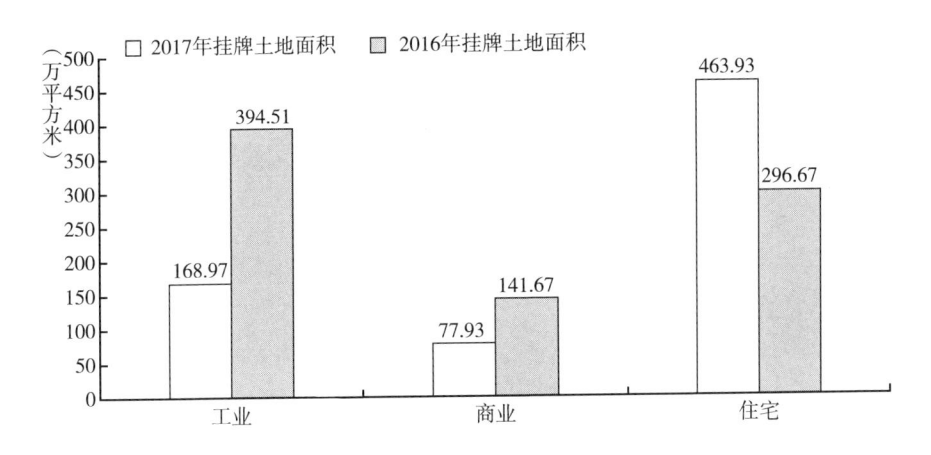

图7　2016~2017年贵阳市挂牌土地面积情况

资料来源：贵阳市国土资源市场网。

对比2016年，2017年挂牌土地用途中，住宅类（含商业住宅）与工业类用地的差距十分明显，2017年工业用地仅占18%，而2016年占比为41%，降低了23个百分点，2017年住宅（含商业住宅）的比例为49%，比2016年的住宅（含商业住宅）的比例31%增长了18个百分点，2017年其他类用地比例为25%，2016年其他类用地比例为13%，2017年比2016年提高了12个百分点，土地用途类型更加丰富（见图8、图9）。

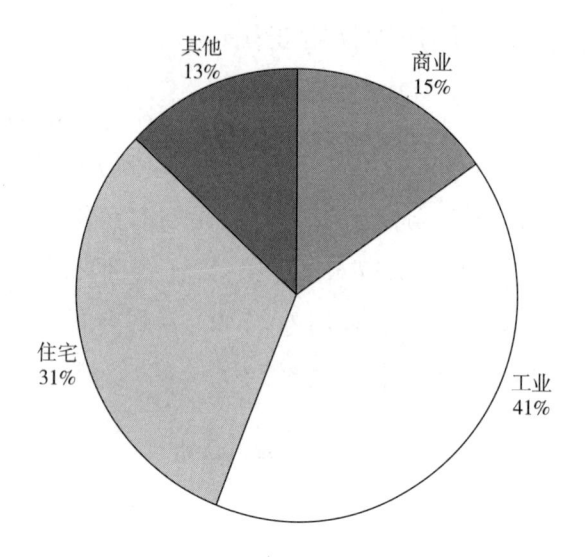

图 8　2016 年贵阳市挂牌土地用途占比

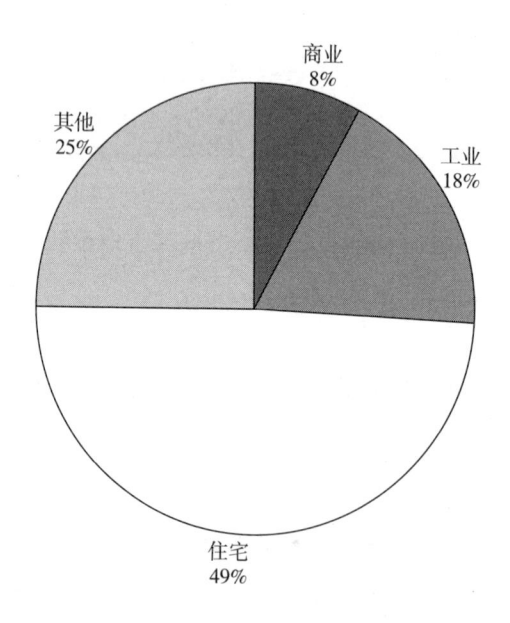

图 9　2017 年贵阳市挂牌土地用途占比

从2017年贵阳市各地区挂牌土地的用地性质细分情况来看，主城区商业2块、住宅6块，近郊区商业5块、工业16块、住宅30块；工业用地集中供应区域修文县11块，替代2016年的清镇市成为工业用地榜首；住宅用地方面，清镇市以30块成为住宅用地第1名，花溪区22块紧随其后；住宅用地供应主要集中在清镇市及花溪区（见图10）。

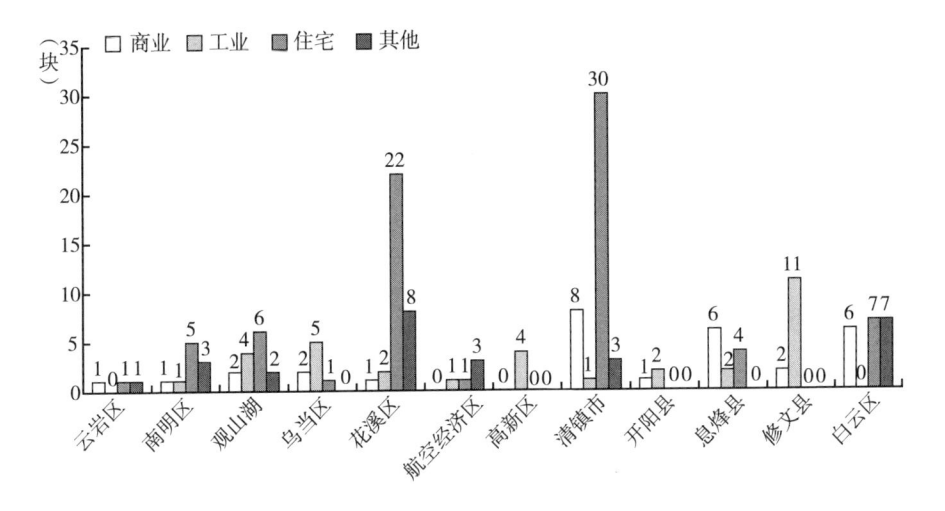

图10 2017年贵阳市各地区挂牌土地数量

2017年郊区土地依然成为最为活跃的交易市场，主要表现在挂牌比主城区数量多、面积大，而实际成交的土地面积也大于主城区。2017年主城区住宅用地挂牌成交面积为87.37万平方米，近郊住宅用地挂牌成交面积为90.61万平方米，高于主城区3万多平方米，主城区商业用地为3.31万平方米，近郊区商业用地为28.29万平方米，高出7倍多，远郊区商业用地达44.84万平方米，高出近13倍；工业用地方面，远郊的土地用地为86.59万平方米，是主城区的近4倍，近郊土地用地76.36万平方米，是主城区的近3倍，而主城区的工业用地为26.63万平方米（见图11）。

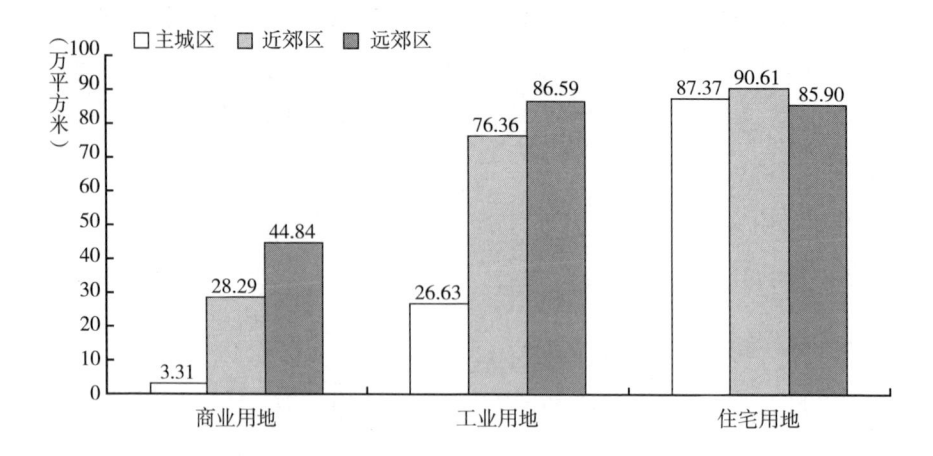

图 11　2017 年贵阳市各地区土地挂牌成交面积情况

无论是土地成交情况还是商品房交易表现，2017年花溪再次成为贵阳房地产行业无可争议的热点，这与花溪近年来区域发展提速及全域旅游示范区建设的带动作用有密切联系。

经开区纳入花溪区使花溪区形成了两核齐发的发展趋势，依托良好的生态环境和孔学堂、大学城、贵州大学、青岩古镇等，花溪区着力布局文化、旅游、休闲、养老、体育等文化旅游产业，为花溪房地产市场注入源源动力。

（四）土地出让收入差异化明显

2017年贵阳市土地挂牌成交152块，贵阳市云岩区、南明区、乌当区、花溪区、观山湖五区共成交64块，总面积483.22万平方米，成交价款149.53亿元，亩均价格309.44万元。

其中近郊区土地的成交金额以123.39亿元居于榜首；而主城区土地的成交金额为52.38亿元，大幅高于2016年的3.33亿元，居第二位，远郊区土地的成交金额为21.32亿元，排第三位（见图12）。

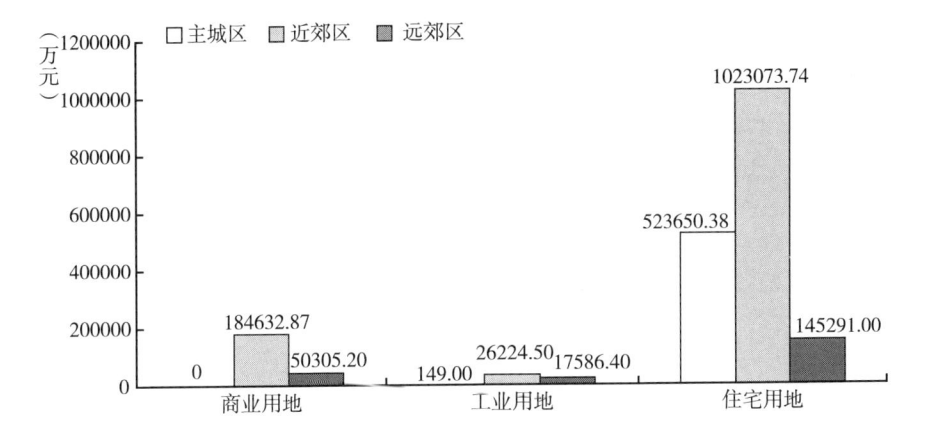

图12　2017年贵阳各地区土地成交金额

三　2017年贵阳土地市场分析

（一）2017年贵阳土地市场的特点

1. 土地成交面积与成交数量实现"量价双升"，土地市场将继续稳健发展

2017年，国家总的土地利用政策延续了统筹产业发展、区域发展、城乡发展的总体工作路径。住宅土地利用计划从功能保障和空间优化方面进行了布局，很好地诠释了"因城施策"的原则，使房地产市场得以平稳健康发展。2017年的土地利用计划管理更富弹性，国家政策让地方有了足够的区域统筹空间。

在国家"统筹安排、保障重点"的原则下，贵阳市的土地市场渐入佳境，呈现"量价双升"的局面，大部分房开企业销售数据回暖，现金量稳定增长，再加上金融机构连续的降息降准，并且针对房企的融资环境较前期有所宽松，各种利好因素让房开企业有了拿地深耕市场的信心，尤其是国内品牌地产商的加入为贵土地市场带来了新的惊喜。

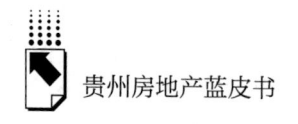

2.近郊花溪区成交多，南明区地价贵

2017年贵阳市南明区红岩村G（17）006、G（17）007、G（17）008号三宗地块公开竞拍，总计拍出50.75亿元高价，其中G（17）008号地块，折合楼面价6008元/平方米，创历史新高。从区域来看，清镇市为2017年土地成交块数最多的区域，成交50块，占全年成交总数的比例为28.3%。2017年土地成交面积最大区域为花溪区，全年成交面积247.8万平方米，占全年总成交面积的比例为29.98%。2017年土地成交金额最高区域为南明区，全年成交金额536836.7724万元，占全年土地市场总成交额的24.6%。

3.外来房企入黔，改变贵阳地产格局

2017年贵阳楼市表现为量价稳中有升；持续火热的土地拍卖，使品牌开发商加速布局贵州，由于贵阳没有受到调控政策的影响，商品房市场量价齐升，市场存量出现回落，销量持续上升，市场需求仍显旺盛。同时"外来军团"的加入使贵阳楼市更加令外界瞩目，外来开发企业及购房者成为贵阳楼市供求双方不可忽视的主力军。

（二）各区域土地市场特点

1. 2017年贵阳主城云岩区共2块土地拍卖创历史新低

2017年云岩区共拍卖2块土地，土地出让用途分别为商业、住宅与其他（见图13），成交面积49926.64平方米，成交总价14539.8万元，成交单价2912元/平方米。

2. 2017年贵阳市南明区土地拍卖创最高成交价格

2017年3月，贵阳市南明区红岩村地块土拍，G（17）006、G（17）007、G（17）008号三宗地块公开竞拍，总计拍出50.75亿元高价，其中G（17）008号地块刷新了贵阳地价历史纪录，以楼面价

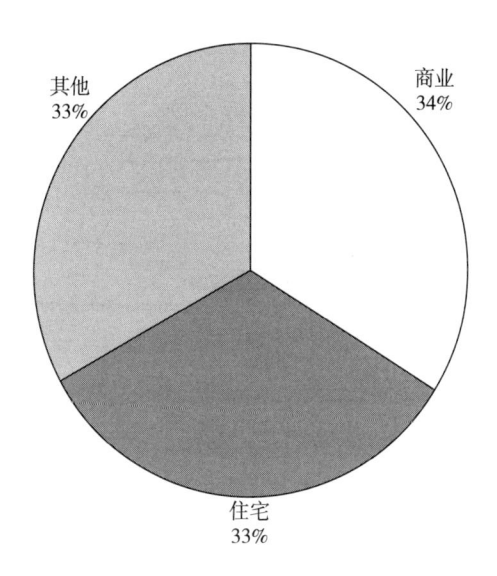

图 13 2017 年云岩区出让土地用途比例

6008元/平方米、溢价率247%被知名房企高价拿下。成为贵阳新"地王"，而G（17）007号地块则拍出全年土地最高成交价格189066.99万元，土地面积165557平方米，土地用途为住宅（兼容10%商业）、教育等（见图14）。此次拍卖直接带动周边房价飙升，也使"地王"所处的城东板块未来前景呈一片涨势。

3. 2017年观山湖区土拍市场"高烧不退"，用途保持多样性

2017年观山湖区土拍市场共成交13块，共成交面积1370202平方米，其中万科集团下属子公司以11.76亿元竞得了观山湖区观山西路南侧、云潭南路西侧的G（17）039号至G（17）042号土地，楼面地价分别为2305元/平方米、1254元/平方米、1243元/平方米、1260元/平方米。其中G（17）039号地块土地用途为商业，其余三宗地块土地用途均为商业（10%）、居住（90%），四宗地块总计出让面积28.8万平方米。观山湖区出让土地用途比例见图15。

081

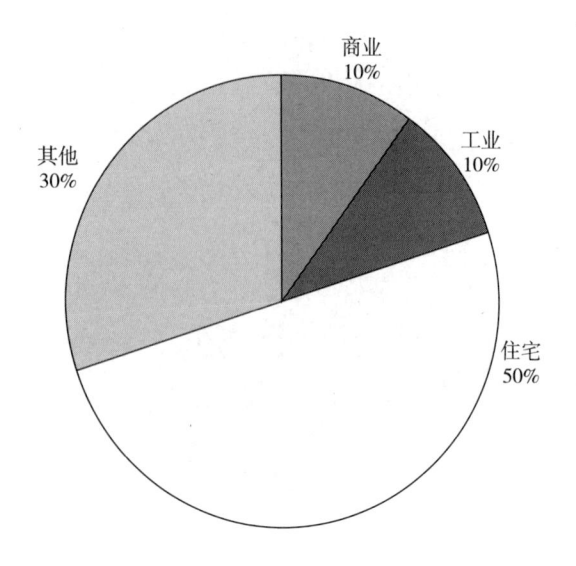

图14　2017年南明区出让土地用途比例

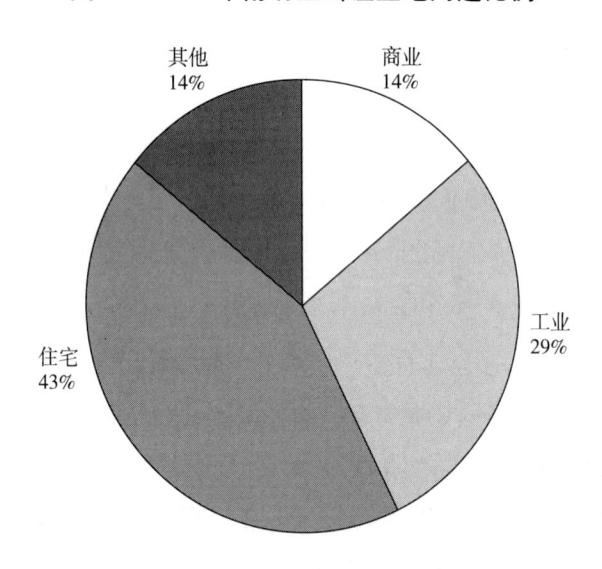

图15　2017年观山湖区出让土地用途比例

4. 花溪区土地出让面积最多，拿地热情持续高涨

2017年土地成交面积最大的区域为花溪区，共拍卖成交35块土地，全年成交面积2478017平方米，占贵阳市全年总成交面积（含三县一市)比例为29.98%,平均地价达到2281元/平方米。

2016年初,保利、万科、美的、恒大、碧桂园、亨特等行业大牌房企纷纷在花溪"跑马圈地",花溪楼市发展渐入佳境,并羽翼渐丰。

在土地用途方面,住宅比例高达67%(见图16),这说明未来花溪区将主打改善型住宅,多以高端产品为主,势必将打造一个完美的品质住宅区。因此其房价或将达到新高度,成为贵阳高收入群体聚集地。从土地市场的动向看楼市风向,近两年来花溪土地成交异常火爆绝非偶然,美的、保利、恒大、万科等大盘的强势进驻,使花溪区将继续成为未来三四年内贵阳房地产的强力市场。

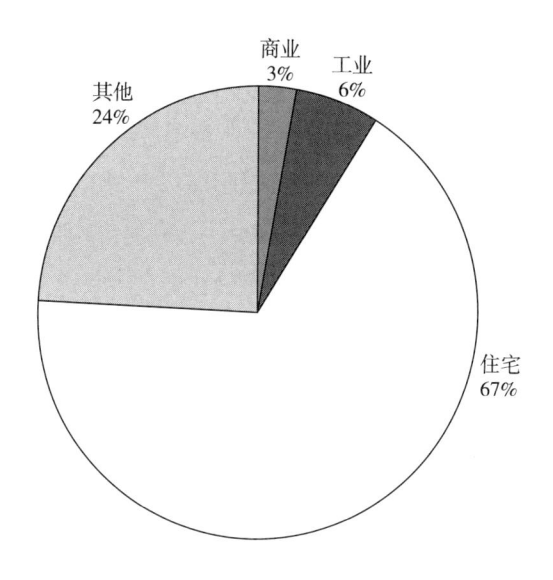

图16　2017年花溪区出让土地用途比例

5. 乌当区土拍市场相对平稳,工业用途占比较大

2017年近郊区中乌当区土地市场相对平稳,共成交土地7块,出让成交面积283414万平方米,成交总价44653.94万元,成交均价为1576元/平方米。土地用途中住宅占比较小,仅占13%,工业占比最大为62%,商业占比25%(见图17)。

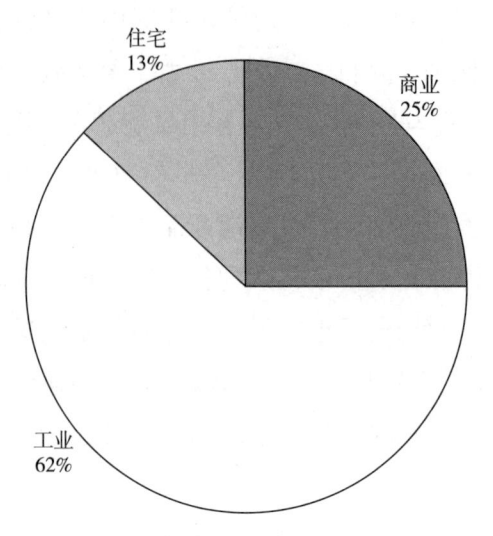

图17 2017年乌当区出让土地用途比例

6. 白云区土拍市场活跃，贵阳市城市发展一路向北

2017年白云区土地市场相对活跃，共拍出17块土地，出让成交面积为606108.7平方米，成交总价332952.5万元，成交均价5493元/平方米。平价地价蝉联贵阳市土拍市场第二名。其中恒大以53217.27万元拿下G（17）035号地块、35352.71万元拿下G（17）036号地块，楼面价分别为3916元/平方米、4055元/平方米，溢价率则分别为179%、192%；G（17）037号地块被绿地集团以总价47640.63万元竞得，楼面价为4238元/平方米，溢价率205%。

土地用途方面，基本较为均衡，其中住宅占比35%，商业占比30%，其他占比35%（见图18）。

7. 三县一市土拍市场整体向好，清镇持续火热

2017年三县一市清镇、息烽、开阳、修文土拍市场整体向好。共成交土地68块，较2016年少1块，成交面积2415916.2平方米，出让金额233926.6万元。平均地价为968元/平方米。

其中清镇市受观山湖区房价"溢出效应"影响，土地市场热度高涨。

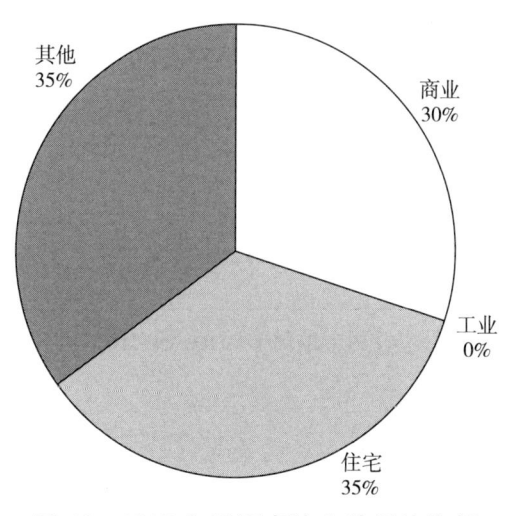

图 18　2017 白云区出让土地用途比例

仅 2017 年 12 月，清镇市出让面积 80831 平方米共 5 块土地，成交金额共计 14372 万元，成为清镇市 2017 年拍卖土地中最大面积的纯商业用地。

在土地用途方面，三县一市占比分别为住宅 49%，商业 24%，工业 23%，其他 4%（见图 19）。

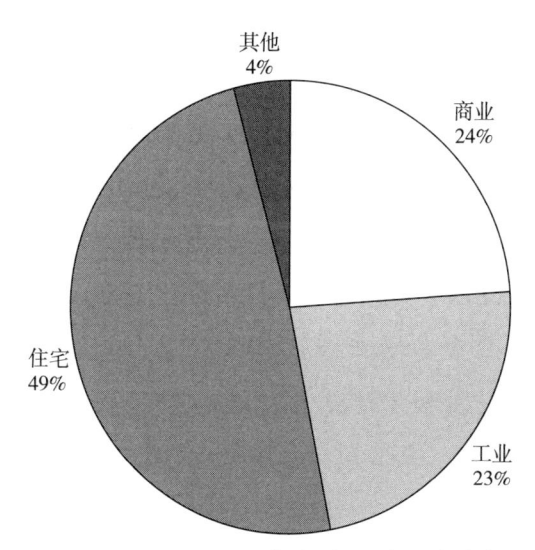

图 19　2017 三县一市出让土地用途比例

住房保障篇

Reports on Housing Security

B.4
2017年贵州省住房公积金运行分析

张世俊[*]

摘　要： 2017年，全省住房公积金继续保持健康稳定的发展态势，缴存覆盖面不断扩大，住房公积金提取、贷款业务平稳推进，资金运作较为规范，风险控制良好，归集额和增值收益再创新高，较好地发挥了住房公积金制度在促进和稳定房地产市场健康发展中的作用，为中低收入职工家庭解决住房问题提供了资金支持。要积极探索支持新市民解决住房问题，开展规范政策执法检查，加强信息化建设，坚持保障公平、适当兼顾效率等。

---

[*] 张世俊，贵州省人民政府参事，高级经济师，曾任贵州省住房资金监督管理办公室副主任，第九届贵州省政协委员。

关键词： 贵州省 住房 公积金

2017年，贵州省委、省政府坚持以习近平新时代中国特色社会主义思想为指导，认真贯彻落实中央的决策部署，统筹推进"五位一体"总体布局、协调推进"四个全面"战略布局，落实新发展理念，守好发展和生态两条底线，大力实施主基调主战略，经济社会发展取得显著成绩。与此同时，全省住房公积金业务发展健康稳定，信息化工作取得较大进展，整体运行情况良好。

一 缴存使用情况

2017年，全省住房公积金缴存和使用都继续保持健康稳定的发展态势，各项指标完成情况较好。主要表现在：制度覆盖面不断扩大，缴存额再创新高；个人贷款发放稳步增长，个贷率进一步提升；等等。

（一）缴存情况

1. 缴存总额

截至2017年12月，全省住房公积金缴存总额为16951469.01万元，较上年同期增长22.91%。各地缴存总额分别为：贵阳市4676747.91万元，较上年同期增长21.01%；遵义市2666244.27万元，较上年同期增长25.24%；安顺市950866.82万元，较上年同期增长21.42%；六盘水市1309464.01万元，较上年同期增长19.90%；黔南州1369703.83万元，较上年同期增长24.70%；黔东南州1509296.15万元，较上年同期增长22.98%；黔西南州1022588.93万元，较上年同期增长23.85%；铜仁市

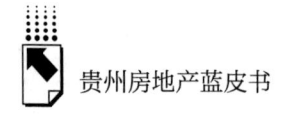

1113775.10万元，较上年同期增长28.38%；毕节市1350420.99万元，较上年同期增长22.64%；省直938547.82万元，较上年同期增长20.79%，贵安新区43813.18万元，较上年同期增长71.33%。

2. 当年归集额

2017年归集额为3159892.66万元，与上年归集额相比增加427017.23万元，增幅为15.63%。各地归集情况为：贵阳市归集811865.58万元，与上年归集额相比增加132302.49万元，增幅为19.47%；遵义市归集537420.68万元，与上年归集额相比增加72379.09万元，增幅为15.56%；安顺市归集167724.56万元，与上年归集额相比增加21376.38万元，增幅为14.61%；六盘水市归集217343.91万元，与上年归集额相比增加53090.44万元，增幅为32.32%；黔南州归集271299.65万元，与上年归集额相比增加42684.69万元，增幅为18.67%；黔东南州归集282034.48万元，与上年归集额相比增加29784.39万元，增幅为11.81%；黔西南州归集196933.66万元，与上年归集额相比增加23987.83万元，增幅为13.87%；铜仁市归集246243.81万元，与上年归集额相比增加29349.10万元，增幅为13.53%；毕节市归集249270.84万元，与上年归集额相比增加10943.68万元，增幅为4.60%；省直归集161514.21万元，与上年归集额相比增加4796.31万元，增幅为3.06%；贵安新区归集18241.28万元，与上年归集额相比增加6322.83万元，增幅为53.05%。

3. 缴存余额

截至2017年12月，全省住房公积金缴存余额为8659096.91万元。其中：贵阳市2102565.66万元；遵义市1346564.00万元；安顺市436233.72万元；六盘水市568286.05万元；黔南州738226.51万元；黔东南州953952.08万元；黔西南州561043.92万元；铜仁市

719615.85万元；毕节市757204.12万元；省直438727.83万元；贵安新区36677.17万元。

4. 实际缴存职工人数

2017年，全省实际缴存职工人数为238.04万人，按照2016年贵州省统计年鉴公布本年度在岗职工人数310.48万人计算，覆盖率为76.67%。各地实际缴存职工人数为：贵阳市77.57万人；遵义市34.32万人；安顺市10.92万人；六盘水市15.90万人；黔南州15.61万人；黔东南州16.37万人；黔西南州13.83万人；铜仁市16.41万人；毕节市23.43万人；贵安新区4.62万人；省中心9.06万人。

（二）提取情况

截至2017年底，全省累计提取住房公积金8292372.10万元，当年提取1746007.75万元，占当年归集的55.26%。各地提取情况为：贵阳市累计提取2574182.25万元，当年提取530825.33万元，占当年归集的65.38%；遵义市累计提取1319680.27万元，当年提取264271.20万元，占当年归集的49.17%；安顺市累计提取514633.10万元，当年提取99554.86万元，占当年归集的59.36%；六盘水市累计提取741177.96万元，当年提取116618.10万元，占当年归集的53.66%；黔南州累计提取631477.32万元，当年提取151734.06万元，占当年归集的55.93%；黔东南州累计提取555344.07万元，当年提取124026.53万元，占当年归集的43.98%；黔西南州累计提取461545.01万元，当年提取84644.45万元，占当年归集的42.98%；铜仁市累计提取394159.25万元，当年提取118490.43万元，占当年归集的48.12%；毕节市累计提取593216.87万元，当年提取143188.26万元，占当年归集的57.44%；省直累计提取499819.99万元，当年提取108417.36万元，占当年归集的67.13%；贵安新区

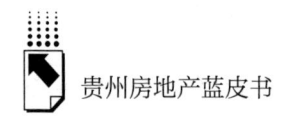

累计提取 7136.01 万元，当年提取 4237.17 万元，占当年归集的 23.23%。

（三）个人住房贷款情况

1. 贷款总额

截至 2017 年 12 月，全省累计向 593088 户职工发放个人住房公积金贷款 12333407.22 万元，比上年同期增长 19.22%。个贷发放户数及总额分别为：贵阳市 125359 户，3132356.16 万元，比上年同期增长 16.25%；遵义市 107623 户，2033398.63 万元，比上年同期增长 21.68%；安顺市 39594 户，677528.28 万元，比上年同期增长 14.57%；六盘水市 39126 户，731971.63 万元，比上年同期增长 15.84%；黔南州 57003 户，1073935.14 万元，比上年同期增长 25.96%；黔东南州 59884 户，1229614.84 万元，比上年同期增长 19.89%；黔西南州 37424 户，821161.29 万元，比上年同期增长 26.11%；铜仁市 48830 户，884076.93 万元，比上年同期增长 16.44%；毕节市 54544 户，1145624.06 万元，比上年同期增长 19.61%；省直 23640 户，600742.66 万元，比上年同期增长 17.99%；贵安新区 61 户，2997.60 万元，比上年同期增长 907.26%。

2. 当年发放情况

2017 年，全省发放住房公积金贷款 64212 户，金额 1988667.30 万元（户均 30.97 万元），与上年发放额相比减少 8.00%。其中：贵阳市发放 12186 户，金额 437940.19 万元（户均 35.94 万元），较上年同期减少 9.86%；遵义市发放 12203 户，金额 362232.70 万元（户均 29.68 万元），较上年减少 6.04%；安顺市发放 3660 户，金额 86168.20 万元（户均 23.54 万元），较上年减少 36.30%；六盘水市发放 3404 户，金额 100084.80 万元（户均 29.40 万元），较上年同期减少29.71%；黔南州发放7850户，金额221336.60万元（户均28.20万元），较上年增长12.25%；黔东南州发放6487户，金额203960.40万元（户均31.44万元），较上年减少5.88%；黔西南州发放4760户，金额170030.86万元（户均35.72万元），较上年增长3.39%；铜仁市发放5099户，金额124803.69万元（户均24.48万元），较上年减少13.86%；毕节市发放6107户，金额187808.26万元（户均30.75万元），较上年增长2.29%；省直发放2406户，金额91601.60万元（户均38.07万元），较上年减少13.47%；贵安新区发放50户，金额2700万元（户均54万元），较上年增长1739.24%。

3. 贷款余额

截至2017年12月，全省个人贷款余额为8407750.08万元。各地余额分别为：贵阳市2124632.19万元、遵义市1428197.93万元、安顺市458991.95万元、六盘水市476578.65万元、黔南州767298.92万元、黔东南州865926.48万元、黔西南州552033.75万元、铜仁市609847.18万元、毕节市695992.58万元、省直425312.52万元、贵安新区2937.93万元。

4. 个贷率

截至2017年12月，全省个人贷款余额占缴存余额的比例为97.10%。各地比例分别为：贵阳市101.05%，遵义市106.06%，安顺市105.22%，六盘水市83.86%，黔南州103.94%，黔东南州90.77%，黔西南州98.39%，铜仁市84.75%，毕节市91.92%，省直96.94%，贵安新区8.01%。

5. 逾期贷款率

截至2017年12月，全省逾期贷款额为2026.77万元，逾期率为0.241‰。各地逾期额和逾期率分别为：贵阳市逾期额226.50万元，逾期率0.107‰；遵义市逾期额279.50万元，逾期率0.196‰；安顺

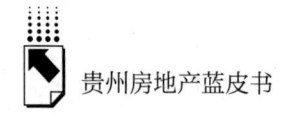

市逾期额17.24万元,逾期率0.038‰;六盘水市逾期额209.32万元,逾期率0.439‰;黔南州逾期额62.82万元,逾期率0.082‰;黔东南州逾期额282.08万元,逾期率0.326‰;铜仁市逾期额312.04万元,逾期率0.512‰;毕节市逾期额488.19万元,逾期率0.701‰;省直逾期额149.08万元,逾期率0.351‰;黔西南州、贵安新区未发生逾期贷款,六盘水市、黔东南州、铜仁市、毕节市逾期率较高,应引起重视,加大催收力度,确保资金安全。

(四)发放项目贷款情况

截至2017年12月,全省利用住房公积金贷款支持保障性住房建设贷款余额27954万元。贵阳市已结清,六盘水市贷款余额27954万元。

(五)资金情况

截至2017年12月,全省住房公积金账面头寸资金223392.83万元(未考虑应收应付)。其中:贵阳市-22066.53万元,遵义市-81633.93万元,安顺市-22758.23万元,六盘水市63753.40万元,黔南州-29072.41万元,黔东南州88025.60万元,黔西南州9010.17万元,铜仁市109768.67万元,毕节市61211.54万元,省直13415.31万元,贵安新区33739.24万元。

(六)增值收益

2017年全省住房公积金增值收益为108522.36万元,相比上年增长15026.78万元,增幅为16.07%,增值收益占月平均缴存余额的比例为13.539‰。各地情况为:贵阳市增值收益25805.76万元,相比上年增长3305.32万元,增幅为14.69%,增值收益占月平均缴存余额的比例为12.936‰;遵义市增值收益17104.39万元,相比上年增长4486.89万元，增幅为35.56%，增值收益占月平均缴存余额的比例为14.069‰；安顺市增值收益6044.82万元，相比上年增长420.26万元，增幅为7.47%，增值收益占月平均缴存余额的比例为14.923‰；六盘水市增值收益7005.28万元，相比上年增加104.65万元，增幅为1.52%，增值收益占月平均缴存余额的比例为13.211‰；黔南州增值收益10590.47万元，相比上年增长3112.42万元，增幅为41.62%，增值收益占月平均缴存余额的比例为15.818‰；黔东南州增值收益12668.23万元，相比上年增长1156.34万元，增幅为10.04%，增值收益占月平均缴存余额的比例为14.492‰；黔西南州增值收益6397.87万元，相比上年减少151.49万元，降幅为2.31%，增值收益占月平均缴存余额的比例为12.539‰；铜仁市增值收益10175.22万元，相比上年增长4357.75万元，增幅为74.91%，增值收益占月平均缴存余额的比例为15.344‰；毕节市增值收益10026.17万元，相比上年增长1596.27万元，增幅为18.94%，增值收益占月平均缴存余额的比例为14.130‰；省直增值收益2652.34万元，相比上年减少3307.50万元，降幅为55.50%，增值收益占月平均缴存余额的比例为6.417‰；贵安新区增值收益51.82万元，相比上年减少54.12万元，降幅为51.09%，增值收益占月平均缴存余额的比例为1.733‰。

二 运行分析

2017年，贵州省认真贯彻执行《住房公积金管理条例》和相关法律法规，围绕"科学决策、规范管理、便捷高效、提升服务"开展工作，住房公积金决策、管理工作逐步规范，住房公积金业务发展健康稳定。

一是缴存扩面工作持续稳定增长。缴存单位和职工不断增加，缴

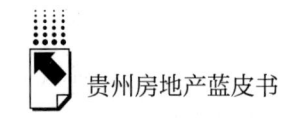

存额稳定增长。2017年，实缴单位38721家，净增单位3441家；实缴职工238.04万人，净增职工21.48万人；缴存额315.99亿元。实缴单位数、实缴职工人数和缴存额增长率分别为9.75%、9.92%和15.63%。

缴存单位中，国家机关和事业单位占52.38%，国有企业占12.98%，城镇集体企业占1.77%，外商投资企业占0.84%，城镇私营企业及其他城镇企业占27.06%，民办非公企业单位和社会团体占2.02%，其他占3.04%。

缴存职工中，国家机关和事业单位占48.36%，国有企业占27.76%，城镇集体企业占1.63%，外商投资企业占1.08%，城镇私营企业及其他城镇企业占14.06%，民办非公企业单位和社会团体占1.45%，其他占5.67%；中、低收入占96.15%，高收入占3.85%。

新开户职工中，国家机关和事业单位占24.69%，国有企业占13.97%，城镇集体企业占2.45%，外商投资企业占1.67%，城镇私营企业及其他城镇企业占46.16%，民办非公企业单位和社会团体占1.62%，其他占9.45%；中、低收入占97.35%，高收入占2.65%。

二是提取额保持了平稳的增长。随着住房公积金决策、管理的不断规范，指导和监督的进一步加强，提取政策和操作办法得到有效完善，使提取更加规范。2017年当年提取额虽然比上年有一定的增长，但是占当年提取额的比重下降了0.24%，提取总额比上年增长26.67%。

提取金额中，住房消费提取占75.29%（购买、建造、翻建、大修自住住房占16.87%，偿还购房贷款本息占52.45%，租赁住房占3.88%，其他占2.08%）；非住房消费提取占24.71%（离休和退休提取占15.07%，完全丧失劳动能力并与单位终止劳动关系提取占5.78%，户口迁出所在市或出境定居占1.01%，其他占2.85%）。

提取职工中，中、低收入占95.81%，高收入占4.19%。

皮书系列

2018年

智库成果出版与传播平台

社会科学文献出版社
SOCIAL SCIENCES ACADEMIC PRESS (CHINA)

社长致辞

蓦然回首，皮书的专业化历程已经走过了二十年。20年来从一个出版社的学术产品名称到媒体热词再到智库成果研创及传播平台，皮书以专业化为主线，进行了系列化、市场化、品牌化、数字化、国际化、平台化的运作，实现了跨越式的发展。特别是在党的十八大以后，以习近平总书记为核心的党中央高度重视新型智库建设，皮书也迎来了长足的发展，总品种达到600余种，经过专业评审机制、淘汰机制遴选，目前，每年稳定出版近400个品种。"皮书"已经成为中国新型智库建设的抓手，成为国际国内社会各界快速、便捷地了解真实中国的最佳窗口。

20年孜孜以求，"皮书"始终将自己的研究视野与经济社会发展中的前沿热点问题紧密相连。600个研究领域，3万多位分布于800余个研究机构的专家学者参与了研创写作。皮书数据库中共收录了15万篇专业报告，50余万张数据图表，合计30亿字，每年报告下载量近80万次。皮书为中国学术与社会发展实践的结合提供了一个激荡智力、传播思想的入口，皮书作者们用学术的话语、客观翔实的数据谱写出了中国故事壮丽的篇章。

20年跨步千里，"皮书"始终将自己的发展与时代赋予的使命与责任紧紧相连。每年百余场新闻发布会，10万余次中外媒体报道，中、英、俄、日、韩等12个语种共同出版。皮书所具有的凝聚力正在形成一种无形的力量，吸引着社会各界关注中国的发展，参与中国的发展，它是我们向世界传递中国声音、总结中国经验、争取中国国际话语权最主要的平台。

皮书这一系列成就的取得，得益于中国改革开放的伟大时代，离不开来自中国社会科学院、新闻出版广电总局、全国哲学社会科学规划办公室等主管部门的大力支持和帮助，也离不开皮书研创者和出版者的共同努力。他们与皮书的故事创造了皮书的历史，他们对皮书的拳拳之心将继续谱写皮书的未来！

现在，"皮书"品牌已经进入了快速成长的青壮年时期。全方位进行规范化管理，树立中国的学术出版标准；不断提升皮书的内容质量和影响力，搭建起中国智库产品和智库建设的交流服务平台和国际传播平台；发布各类皮书指数，并使之成为中国指数，让中国智库的声音响彻世界舞台，为人类的发展做出中国的贡献——这是皮书未来发展的图景。作为"皮书"这个概念的提出者，"皮书"从一般图书到系列图书和品牌图书，最终成为智库研究和社会科学应用对策研究的知识服务和成果推广平台这整个过程的操盘者，我相信，这也是每一位皮书人执着追求的目标。

"当代中国正经历着我国历史上最为广泛而深刻的社会变革，也正在进行着人类历史上最为宏大而独特的实践创新。这种前无古人的伟大实践，必将给理论创造、学术繁荣提供强大动力和广阔空间。"

在这个需要思想而且一定能够产生思想的时代，皮书的研创出版一定能创造出新的更大的辉煌！

社会科学文献出版社社长
中国社会学会秘书长
2017年11月

社会科学文献出版社简介

社会科学文献出版社（以下简称"社科文献出版社"）成立于1985年，是直属于中国社会科学院的人文社会科学学术出版机构。成立至今，社科文献出版社始终依托中国社会科学院和国内外人文社会科学界丰厚的学术出版和专家学者资源，坚持"创社科经典，出传世文献"的出版理念、"权威、前沿、原创"的产品定位以及学术成果和智库成果出版的专业化、数字化、国际化、市场化的经营道路。

社科文献出版社是中国新闻出版业转型与文化体制改革的先行者。积极探索文化体制改革的先进方向和现代企业经营决策机制，社科文献出版社先后荣获"全国文化体制改革工作先进单位"、中国出版政府奖·先进出版单位奖，中国社会科学院先进集体、全国科普工作先进集体等荣誉称号。多人次荣获"第十届韬奋出版奖""全国新闻出版行业领军人才""数字出版先进人物""北京市新闻出版广电行业领军人才"等称号。

社科文献出版社是中国人文社会科学学术出版的大社名社，也是以皮书为代表的智库成果出版的专业强社。年出版图书2000余种，其中皮书400余种，出版新书字数5.5亿字，承印与发行中国社科院院属期刊72种，先后创立了皮书系列、列国志、中国史话、社科文献学术译库、社科文献学术文库、甲骨文书系等一大批既有学术影响又有市场价值的品牌，确立了在社会学、近代史、苏东问题研究等专业学科及领域出版的领先地位。图书多次荣获中国出版政府奖、"三个一百"原创图书出版工程、"五个'一'工程奖"、"大众喜爱的50种图书"等奖项，在中央国家机关"强素质·做表率"读书活动中，入选图书品种数位居各大出版社之首。

社科文献出版社是中国学术出版规范与标准的倡议者与制定者，代表全国50多家出版社发起实施学术著作出版规范的倡议，承担学术著作规范国家标准的起草工作，率先编撰完成《皮书手册》对皮书品牌进行规范化管理，并在此基础上推出中国版芝加哥手册——《社科文献出版社学术出版手册》。

社科文献出版社是中国数字出版的引领者，拥有皮书数据库、列国志数据库、"一带一路"数据库、减贫数据库、集刊数据库等4大产品线11个数据库产品，机构用户达1300余家，海外用户百余家，荣获"数字出版转型示范单位""新闻出版标准化先进单位""专业数字内容资源知识服务模式试点企业标准化示范单位"等称号。

社科文献出版社是中国学术出版走出去的践行者。社科文献出版社海外图书出版与学术合作业务遍及全球40余个国家和地区，并于2016年成立俄罗斯分社，累计输出图书500余种，涉及近20个语种，累计获得国家社科基金中华学术外译项目资助76种、"丝路书香工程"项目资助60种、中国图书对外推广计划项目资助71种以及经典中国国际出版工程资助28种，被五部委联合认定为"2015-2016年度国家文化出口重点企业"。

如今，社科文献出版社完全靠自身积累拥有固定资产3.6亿元，年收入3亿元，设置了七大出版分社、六大专业部门，成立了皮书研究院和博士后科研工作站，培养了一支近400人的高素质与高效率的编辑、出版、营销和国际推广队伍，为未来成为学术出版的大社、名社、强社，成为文化体制改革与文化企业转型发展的排头兵奠定了坚实的基础。

皮书系列重点推荐

宏观经济类

宏观经济类

经济蓝皮书
2018年中国经济形势分析与预测

李平／主编　2017年12月出版　定价：89.00元

◆ 本书为总理基金项目，由著名经济学家李扬领衔，联合中国社会科学院等数十家科研机构、国家部委和高等院校的专家共同撰写，系统分析了2017年的中国经济形势并预测2018年中国经济运行情况。

城市蓝皮书
中国城市发展报告No.11

潘家华　单菁菁／主编　2018年9月出版　估价：99.00元

◆ 本书是由中国社会科学院城市发展与环境研究中心编著的，多角度、全方位地立体展示了中国城市的发展状况，并对中国城市的未来发展提出了许多建议。该书有强烈的时代感，对中国城市发展实践有重要的参考价值。

人口与劳动绿皮书
中国人口与劳动问题报告No.19

张车伟／主编　2018年10月出版　估价：99.00元

◆ 本书为中国社会科学院人口与劳动经济研究所主编的年度报告，对当前中国人口与劳动形势做了比较全面和系统的深入讨论，为研究中国人口与劳动问题提供了一个专业性的视角。

皮书系列
重点推荐

宏观经济类·区域经济类

中国省域竞争力蓝皮书
中国省域经济综合竞争力发展报告（2017~2018）

李建平　李闽榕　高燕京／主编　2018年5月出版　估价：198.00元

◆ 本书融多学科的理论为一体，深入追踪研究了省域经济发展与中国国家竞争力的内在关系，为提升中国省域经济综合竞争力提供有价值的决策依据。

金融蓝皮书
中国金融发展报告（2018）

王国刚／主编　2018年6月出版　估价：99.00元

◆ 本书由中国社会科学院金融研究所组织编写，概括和分析了2017年中国金融发展和运行中的各方面情况，研讨和评论了2017年发生的主要金融事件，有利于读者了解掌握2017年中国的金融状况，把握2018年中国金融的走势。

区域经济类

京津冀蓝皮书
京津冀发展报告（2018）

祝合良　叶堂林　张贵祥／等著　2018年6月出版　估价：99.00元

◆ 本书遵循问题导向与目标导向相结合、统计数据分析与大数据分析相结合、纵向分析和长期监测与结构分析和综合监测相结合等原则，对京津冀协同发展新形势与新进展进行测度与评价。

皮书系列
重点推荐

社会政法类

社会政法类

社会蓝皮书
2018年中国社会形势分析与预测

李培林　陈光金　张翼/主编　2017年12月出版　定价：89.00元

◆ 本书由中国社会科学院社会学研究所组织研究机构专家、高校学者和政府研究人员撰写，聚焦当下社会热点，对2017年中国社会发展的各个方面内容进行了权威解读，同时对2018年社会形势发展趋势进行了预测。

法治蓝皮书
中国法治发展报告 No.16（2018）

李林　田禾/主编　2018年3月出版　定价：128.00元

◆ 本年度法治蓝皮书回顾总结了2017年度中国法治发展取得的成就和存在的不足，对中国政府、司法、检务透明度进行了跟踪调研，并对2018年中国法治发展形势进行了预测和展望。

教育蓝皮书
中国教育发展报告（2018）

杨东平/主编　2018年3月出版　定价：89.00元

◆ 本书重点关注了2017年教育领域的热点，资料翔实，分析有据，既有专题研究，又有实践案例，从多角度对2017年教育改革和实践进行了分析和研究。

皮书系列重点推荐　社会政法类

社会体制蓝皮书

中国社会体制改革报告 No.6（2018）

龚维斌 / 主编　2018 年 3 月出版　定价：98.00 元

◆ 本书由国家行政学院社会治理研究中心和北京师范大学中国社会管理研究院共同组织编写，主要对 2017 年社会体制改革情况进行回顾和总结，对 2018 年的改革走向进行分析，提出相关政策建议。

社会心态蓝皮书

中国社会心态研究报告（2018）

王俊秀　杨宜音 / 主编　2018 年 12 月出版　估价：99.00 元

◆ 本书是中国社会科学院社会学研究所社会心理研究中心"社会心态蓝皮书课题组"的年度研究成果，运用社会心理学、社会学、经济学、传播学等多种学科的方法进行了调查和研究，对于目前中国社会心态状况有较广泛和深入的揭示。

华侨华人蓝皮书

华侨华人研究报告（2018）

贾益民 / 主编　2017 年 12 月出版　估价：139.00 元

◆ 本书关注华侨华人生产与生活的方方面面。华侨华人是中国建设 21 世纪海上丝绸之路的重要中介者、推动者和参与者。本书旨在全面调研华侨华人，提供最新涉侨动态、理论研究成果和政策建议。

民族发展蓝皮书

中国民族发展报告（2018）

王延中 / 主编　2018 年 10 月出版　估价：188.00 元

◆ 本书从民族学人类学视角，研究近年来少数民族和民族地区的发展情况，展示民族地区经济、政治、文化、社会和生态文明"五位一体"建设取得的辉煌成就和面临的困难挑战，为深刻理解中央民族工作会议精神、加快民族地区全面建成小康社会进程提供了实证材料。

皮书系列
重点推荐

产业经济类·行业及其他类

产 业 经 济 类

房地产蓝皮书
中国房地产发展报告 No.15（2018）

李春华　王业强／主编　2018年5月出版　估价：99.00元

◆ 2018年《房地产蓝皮书》持续追踪中国房地产市场最新动态，深度剖析市场热点，展望2018年发展趋势，积极谋划应对策略。对2017年房地产市场的发展态势进行全面、综合的分析。

新能源汽车蓝皮书
中国新能源汽车产业发展报告（2018）

中国汽车技术研究中心　日产（中国）投资有限公司
东风汽车有限公司／编著　2018年8月出版　估价：99.00元

◆ 本书对中国2017年新能源汽车产业发展进行了全面系统的分析，并介绍了国外的发展经验。有助于相关机构、行业和社会公众等了解中国新能源汽车产业发展的最新动态，为政府部门出台新能源汽车产业相关政策法规、企业制定相关战略规划，提供必要的借鉴和参考。

行 业 及 其 他 类

旅游绿皮书
2017～2018年中国旅游发展分析与预测

中国社会科学院旅游研究中心／编　2018年1月出版　定价：99.00元

◆ 本书从政策、产业、市场、社会等多个角度勾画出2017年中国旅游发展全貌，剖析了其中的热点和核心问题，并就未来发展作出预测。

皮书系列　重点推荐　行业及其他类

民营医院蓝皮书
中国民营医院发展报告（2018）

薛晓林 / 主编　2018年11月出版　估价：99.00元

◆ 本书在梳理国家对社会办医的各种利好政策的前提下，对我国民营医疗发展现状、我国民营医院竞争力进行了分析，并结合我国医疗体制改革对民营医院的发展趋势、发展策略、战略规划等方面进行了预估。

会展蓝皮书
中外会展业动态评估研究报告（2018）

张敏 / 主编　2018年12月出版　估价：99.00元

◆ 本书回顾了2017年的会展业发展动态，结合"供给侧改革"、"互联网+"、"绿色经济"的新形势分析了我国展会的行业现状，并介绍了国外的发展经验，有助于行业和社会了解最新的展会业动态。

中国上市公司蓝皮书
中国上市公司发展报告（2018）

张平　王宏淼 / 主编　2018年9月出版　估价：99.00元

◆ 本书由中国社会科学院上市公司研究中心组织编写的，着力于全面、真实、客观反映当前中国上市公司财务状况和价值评估的综合性年度报告。本书详尽分析了2017年中国上市公司情况，特别是现实中暴露出的制度性、基础性问题，并对资本市场改革进行了探讨。

工业和信息化蓝皮书
人工智能发展报告（2017~2018）

尹丽波 / 主编　2018年6月出版　估价：99.00元

◆ 本书国家工业信息安全发展研究中心在对2017年全球人工智能技术和产业进行全面跟踪研究基础上形成的研究报告。该报告内容翔实、视角独特，具有较强的产业发展前瞻性和预测性，可为相关主管部门、行业协会、企业等全面了解人工智能发展形势以及进行科学决策提供参考。

国际问题与全球治理类

世界经济黄皮书
2018年世界经济形势分析与预测

张宇燕 / 主编 2018年1月出版 定价：99.00元

◆ 本书由中国社会科学院世界经济与政治研究所的研究团队撰写，分总论、国别与地区、专题、热点、世界经济统计与预测等五个部分，对2018年世界经济形势进行了分析。

国际城市蓝皮书
国际城市发展报告（2018）

屠启宇 / 主编 2018年2月出版 定价：89.00元

◆ 本书作者以上海社会科学院从事国际城市研究的学者团队为核心，汇集同济大学、华东师范大学、复旦大学、上海交通大学、南京大学、浙江大学相关城市研究专业学者。立足动态跟踪介绍国际城市发展时间中，最新出现的重大战略、重大理念、重大项目、重大报告和最佳案例。

非洲黄皮书
非洲发展报告 No.20（2017～2018）

张宏明 / 主编 2018年7月出版 估价：99.00元

◆ 本书是由中国社会科学院西亚非洲研究所组织编撰的非洲形势年度报告，比较全面、系统地分析了2017年非洲政治形势和热点问题，探讨了非洲经济形势和市场走向，剖析了大国对非洲关系的新动向；此外，还介绍了国内非洲研究的新成果。

皮书系列重点推荐　国别类

国别类

美国蓝皮书

美国研究报告（2018）

郑秉文 黄平 / 主编　2018 年 5 月出版　估价：99.00 元

◆ 本书是由中国社会科学院美国研究所主持完成的研究成果，它回顾了美国 2017 年的经济、政治形势与外交战略，对美国内政外交发生的重大事件及重要政策进行了较为全面的回顾和梳理。

德国蓝皮书

德国发展报告（2018）

郑春荣 / 主编　2018 年 6 月出版　估价：99.00 元

◆ 本报告由同济大学德国研究所组织编撰，由该领域的专家学者对德国的政治、经济、社会文化、外交等方面的形势发展情况，进行全面的阐述与分析。

俄罗斯黄皮书

俄罗斯发展报告（2018）

李永全 / 编著　2018 年 6 月出版　估价：99.00 元

◆ 本书系统介绍了 2017 年俄罗斯经济政治情况，并对 2016 年该地区发生的焦点、热点问题进行了分析与回顾；在此基础上，对该地区 2018 年的发展前景进行了预测。

文化传媒类 | 皮书系列 重点推荐

文化传媒类

新媒体蓝皮书
中国新媒体发展报告 No.9（2018）

唐绪军 / 主编　2018 年 6 月出版　估价：99.00 元

◆ 本书是由中国社会科学院新闻与传播研究所组织编写的关于新媒体发展的最新年度报告，旨在全面分析中国新媒体的发展现状，解读新媒体的发展趋势，探析新媒体的深刻影响。

移动互联网蓝皮书
中国移动互联网发展报告（2018）

余清楚 / 主编　2018 年 6 月出版　估价：99.00 元

◆ 本书着眼于对 2017 年度中国移动互联网的发展情况做深入解析，对未来发展趋势进行预测，力求从不同视角、不同层面全面剖析中国移动互联网发展的现状、年度突破及热点趋势等。

文化蓝皮书
中国文化消费需求景气评价报告（2018）

王亚南 / 主编　2018 年 3 月出版　定价：99.00 元

◆ 本书首创全国文化发展量化检测评价体系，也是至今全国唯一的文化民生量化检测评价体系，对于检验全国及各地"以人民为中心"的文化发展具有首创意义。

皮书系列重点推荐　地方发展类

地方发展类

北京蓝皮书
北京经济发展报告（2017~2018）

杨松/主编　2018年6月出版　估价：99.00元

◆ 本书对2017年北京市经济发展的整体形势进行了系统性的分析与回顾，并对2018年经济形势走势进行了预测与研判，聚焦北京市经济社会发展中的全局性、战略性和关键领域的重点问题，运用定量和定性分析相结合的方法，对北京市经济社会发展的现状、问题、成因进行了深入分析，提出了可操作性的对策建议。

温州蓝皮书
2018年温州经济社会形势分析与预测

蒋儒标　王春光　金浩/主编　2018年6月出版　估价：99.00元

◆ 本书是中共温州市委党校和中国社会科学院社会学研究所合作推出的第十一本温州蓝皮书，由来自党校、政府部门、科研机构、高校的专家、学者共同撰写的2017年温州区域发展形势的最新研究成果。

黑龙江蓝皮书
黑龙江社会发展报告（2018）

王爱丽/主编　2018年1月出版　定价：89.00元

◆ 本书以千份随机抽样问卷调查和专题研究为依据，运用社会学理论框架和分析方法，从专家和学者的独特视角，对2017年黑龙江省关系民生的问题进行广泛的调研与分析，并对2017年黑龙江省诸多社会热点和焦点问题进行了有益的探索。这些研究不仅可以为政府部门更加全面深入了解省情、科学制定决策提供智力支持，同时也可以为广大读者认识、了解、关注黑龙江社会发展提供理性思考。

宏观经济类

皮书系列 2018全品种

宏观经济类

城市蓝皮书
中国城市发展报告（No.11）
著（编）者：潘家华 单菁菁
2018年9月出版 / 估价：99.00元
PSN B-2007-091-1/1

城乡一体化蓝皮书
中国城乡一体化发展报告（2018）
著（编）者：付崇兰
2018年9月出版 / 估价：99.00元
PSN B-2011-226-1/2

城镇化蓝皮书
中国新型城镇化健康发展报告（2018）
著（编）者：张占斌
2018年8月出版 / 估价：99.00元
PSN B-2014-396-1/1

创新蓝皮书
创新型国家建设报告（2018~2019）
著（编）者：詹正茂
2018年12月出版 / 估价：99.00元
PSN B-2009-140-1/1

低碳发展蓝皮书
中国低碳发展报告（2018）
著（编）者：张希良 齐晔
2018年6月出版 / 估价：99.00元
PSN B-2011-223-1/1

低碳经济蓝皮书
中国低碳经济发展报告（2018）
著（编）者：薛进军 赵忠秀
2018年11月出版 / 估价：99.00元
PSN B-2011-194-1/1

发展和改革蓝皮书
中国经济发展和体制改革报告No.9
著（编）者：邹东涛 王再文
2018年1月出版 / 估价：99.00元
PSN B-2008-122-1/1

国家创新蓝皮书
中国创新发展报告（2017）
著（编）者：陈劲 2018年5月出版 / 估价：99.00元
PSN B-2014-370-1/1

金融蓝皮书
中国金融发展报告（2018）
著（编）者：王国刚
2018年6月出版 / 估价：99.00元
PSN B-2004-031-1/7

经济蓝皮书
2018年中国经济形势分析与预测
著（编）者：李平 2017年12月出版 / 定价：89.00元
PSN B-1996-001-1/1

经济蓝皮书春季号
2018年中国经济前景分析
著（编）者：李扬 2018年5月出版 / 估价：99.00元
PSN B-1999-008-1/1

经济蓝皮书夏季号
中国经济增长报告（2017~2018）
著（编）者：李扬 2018年9月出版 / 估价：99.00元
PSN B-2010-176-1/1

农村绿皮书
中国农村经济形势分析与预测（2017~2018）
著（编）者：魏后凯 黄秉信
2018年4月出版 / 定价：99.00元
PSN G-1998-003-1/1

人口与劳动绿皮书
中国人口与劳动问题报告No.19
著（编）者：张车伟 2018年11月出版 / 估价：99.00元
PSN G-2000-012-1/1

新型城镇化蓝皮书
新型城镇化发展报告（2017）
著（编）者：李伟 宋敏
2018年3月出版 / 定价：98.00元
PSN B-2005-038-1/1

中国省域竞争力蓝皮书
中国省域经济综合竞争力发展报告（2016~2017）
著（编）者：李建平 李闽榕
2018年2月出版 / 定价：198.00元
PSN B-2007-088-1/1

中小城市绿皮书
中国中小城市发展报告（2018）
著（编）者：中国城市经济学会中小城市经济发展委员会
中国城镇化促进会中小城市发展委员会
《中国中小城市发展报告》编纂委员会
中小城市发展战略研究院
2018年11月出版 / 估价：128.00元
PSN G-2010-161-1/1

皮书系列 2018全品种
区域经济类·社会政法类

区域经济类

东北蓝皮书
中国东北地区发展报告（2018）
著(编)者：姜晓秋　2018年11月出版 / 估价：99.00元
PSN B-2006-067-1/1

金融蓝皮书
中国金融中心发展报告（2017~2018）
著(编)者：王力 黄育华　2018年11月出版 / 估价：99.00元
PSN B-2011-186-6/7

京津冀蓝皮书
京津冀发展报告（2018）
著(编)者：祝合良 叶堂林 张贵祥
2018年6月出版 / 估价：99.00元
PSN B-2012-262-1/1

西北蓝皮书
中国西北发展报告（2018）
著(编)者：王福生 马廷旭 董秋生
2018年1月出版 / 定价：99.00元
PSN B-2012-261-1/1

西部蓝皮书
中国西部发展报告（2018）
著(编)者：璋勇 任保平　2018年8月出版 / 估价：99.00元
PSN B-2005-039-1/1

长江经济带产业蓝皮书
长江经济带产业发展报告（2018）
著(编)者：吴传清　2018年11月出版 / 估价：128.00元
PSN B-2017-666-1/1

长江经济带蓝皮书
长江经济带发展报告（2017~2018）
著(编)者：王振　2018年11月出版 / 估价：99.00元
PSN B-2016-575-1/1

长江中游城市群蓝皮书
长江中游城市群新型城镇化与产业协同发展报告（2018）
著(编)者：杨刚强　2018年11月出版 / 估价：99.00元
PSN B-2016-578-1/1

长三角蓝皮书
2017年创新融合发展的长三角
著(编)者：刘飞跃　2018年5月出版 / 估价：99.00元
PSN B-2005-038-1/1

长株潭城市群蓝皮书
长株潭城市群发展报告（2017）
著(编)者：张萍 朱有志　2018年6月出版 / 估价：99.00元
PSN B-2008-109-1/1

特色小镇蓝皮书
特色小镇智慧运营报告（2018）：顶层设计与智慧架构标准
著(编)者：陈劲　2018年1月出版 / 定价：79.00元
PSN B-2018-692-1/1

中部竞争力蓝皮书
中国中部经济社会竞争力报告（2018）
著(编)者：教育部人文社会科学重点研究基地南昌大学中国中部经济社会发展研究中心
2018年12月出版 / 估价：99.00元
PSN B-2012-276-1/1

中部蓝皮书
中国中部地区发展报告（2018）
著(编)者：宋亚平　2018年12月出版 / 估价：99.00元
PSN B-2007-089-1/1

区域蓝皮书
中国区域经济发展报告（2017~2018）
著(编)者：赵弘　2018年5月出版 / 估价：99.00元
PSN B-2004-034-1/1

中三角蓝皮书
长江中游城市群发展报告（2018）
著(编)者：秦尊文　2018年9月出版 / 估价：99.00元
PSN B-2014-417-1/1

中原蓝皮书
中原经济区发展报告（2018）
著(编)者：李英杰　2018年6月出版 / 估价：99.00元
PSN B-2011-192-1/1

珠三角流通蓝皮书
珠三角商圈发展研究报告（2018）
著(编)者：王先庆 林至颖　2018年7月出版 / 估价：99.00元
PSN B-2012-292-1/1

社会政法类

北京蓝皮书
中国社区发展报告（2017~2018）
著(编)者：于燕燕　2018年9月出版 / 估价：99.00元
PSN B-2007-083-5/8

殡葬绿皮书
中国殡葬事业发展报告（2017~2018）
著(编)者：李伯森　2018年6月出版 / 估价：158.00元
PSN G-2010-180-1/1

城市管理蓝皮书
中国城市管理报告（2017-2018）
著(编)者：刘林 刘承水　2018年5月出版 / 估价：158.00元
PSN B-2013-336-1/1

城市生活质量蓝皮书
中国城市生活质量报告（2017）
著(编)者：张连城 张平 杨春学 郎丽华
2017年12月出版 / 定价：89.00元
PSN B-2013-326-1/1

社会政法类

皮书系列 2018全品种

城市政府能力蓝皮书
中国城市政府公共服务能力评估报告（2018）
著(编)者：何艳玲　2018年5月出版 / 估价：99.00元
PSN B-2013-338-1/1

创业蓝皮书
中国创业发展研究报告（2017~2018）
著(编)者：黄群慧　赵卫星　钟宏武
2018年11月出版 / 估价：99.00元
PSN B-2016-577-1/1

慈善蓝皮书
中国慈善发展报告（2018）
著(编)者：杨团　2018年6月出版 / 估价：99.00元
PSN B-2009-142-1/1

党建蓝皮书
党的建设研究报告No.2（2018）
著(编)者：崔建民　陈东平　2018年6月出版 / 估价：99.00元
PSN B-2016-523-1/1

地方法治蓝皮书
中国地方法治发展报告No.3（2018）
著(编)者：李林　田禾　2018年6月出版 / 估价：118.00元
PSN B-2015-442-1/1

电子政务蓝皮书
中国电子政务发展报告（2018）
著(编)者：李季　2018年8月出版 / 估价：99.00元
PSN B-2003-022-1/1

儿童蓝皮书
中国儿童参与状况报告（2017）
著(编)者：苑立新　2017年12月出版 / 定价：89.00元
PSN B-2017-682-1/1

法治蓝皮书
中国法治发展报告No.16（2018）
著(编)者：李林　田禾　2018年3月出版 / 定价：128.00元
PSN B-2004-027-1/3

法治蓝皮书
中国法院信息化发展报告No.2（2018）
著(编)者：李林　田禾　2018年2月出版 / 估价：118.00元
PSN B-2017-604-3/3

法治政府蓝皮书
中国法治政府发展报告（2017）
著(编)者：中国政法大学法治政府研究院
2018年3月出版 / 定价：158.00元
PSN B-2015-502-1/2

法治政府蓝皮书
中国法治政府评估报告（2018）
著(编)者：中国政法大学法治政府研究院
2018年9月出版 / 估价：168.00元
PSN B-2016-576-2/2

反腐倡廉蓝皮书
中国反腐倡廉建设报告No.8
著(编)者：张英伟　2018年12月出版 / 估价：99.00元
PSN B-2012-259-1/1

扶贫蓝皮书
中国扶贫开发报告（2018）
著(编)者：李培林　魏后凯　2018年12月出版 / 估价：128.00元
PSN B-2016-599-1/1

妇女发展蓝皮书
中国妇女发展报告No.6
著(编)者：王金玲　2018年9月出版 / 估价：158.00元
PSN B-2006-069-1/1

妇女教育蓝皮书
中国妇女教育发展报告No.3
著(编)者：张李玺　2018年10月出版 / 估价：99.00元
PSN B-2008-121-1/1

妇女绿皮书
2018年：中国性别平等与妇女发展报告
著(编)者：谭琳　2018年12月出版 / 估价：99.00元
PSN G-2006-073-1/1

公共安全蓝皮书
中国城市公共安全发展报告（2017~2018）
著(编)者：黄育华　杨文明　赵建辉
2018年6月出版 / 估价：99.00元
PSN B-2017-628-1/1

公共服务蓝皮书
中国城市基本公共服务力评价（2018）
著(编)者：钟君　刘志昌　吴正杲
2018年12月出版 / 估价：99.00元
PSN B-2011-214-1/1

公民科学素质蓝皮书
中国公民科学素质报告（2017~2018）
著(编)者：李群　陈雄　马宗文
2017年12月出版 / 定价：89.00元
PSN B-2014-379-1/1

公益蓝皮书
中国公益慈善发展报告（2016）
著(编)者：朱健刚　胡小军　2018年6月出版 / 估价：99.00元
PSN B-2012-283-1/1

国际人才蓝皮书
中国国际移民报告（2018）
著(编)者：王辉耀　2018年6月出版 / 估价：99.00元
PSN B-2012-304-3/4

国际人才蓝皮书
中国留学发展报告（2018）No.7
著(编)者：王辉耀　苗绿　2018年12月出版 / 估价：99.00元
PSN B-2012-244-2/4

海洋社会蓝皮书
中国海洋社会发展报告（2017）
著(编)者：崔凤　宋宁而　2018年3月出版 / 定价：99.00元
PSN B-2015-478-1/1

行政改革蓝皮书
中国行政体制改革报告No.7（2018）
著(编)者：魏礼群　2018年6月出版 / 估价：99.00元
PSN B-2011-231-1/1

皮书系列 2018全品种
社会政法类

华侨华人蓝皮书
华侨华人研究报告（2017）
著(编)者：张禹东 庄国土　　2017年12月出版 / 定价：148.00元
PSN B-2011-204-1/1

互联网与国家治理蓝皮书
互联网与国家治理发展报告（2017）
著(编)者：张志安　　2018年1月出版 / 定价：98.00元
PSN B-2017-671-1/1

环境管理蓝皮书
中国环境管理发展报告（2017）
著(编)者：李金惠　　2017年12月出版 / 定价：98.00元
PSN B-2017-678-1/1

环境竞争力绿皮书
中国省域环境竞争力发展报告（2018）
著(编)者：李建平 李闽榕 王金南
2018年11月出版 / 定价：198.00元
PSN G-2010-165-1/1

环境绿皮书
中国环境发展报告（2017~2018）
著(编)者：李波　　2018年6月出版 / 估价：99.00元
PSN G-2006-048-1/1

家庭蓝皮书
中国"创建幸福家庭活动"评估报告（2018）
著(编)者：国务院发展研究中心"创建幸福家庭活动评估"课题组
2018年12月出版 / 定价：99.00元
PSN B-2015-508-1/1

健康城市蓝皮书
中国健康城市建设研究报告（2018）
著(编)者：王鸿春 盛继洪　　2018年12月出版 / 估价：99.00元
PSN B-2016-564-2/2

健康中国蓝皮书
社区首诊与健康中国分析报告（2018）
著(编)者：高和荣 杨叔禹 姜杰
2018年6月出版 / 定价：99.00元
PSN B-2017-611-1/1

教师蓝皮书
中国中小学教师发展报告（2017）
著(编)者：曾晓东 鱼霞
2018年6月出版 / 定价：99.00元
PSN B-2012-289-1/1

教育扶贫蓝皮书
中国教育扶贫报告（2018）
著(编)者：司树杰 王文静 李兴洲
2018年12月出版 / 定价：99.00元
PSN B-2016-590-1/1

教育蓝皮书
中国教育发展报告（2018）
著(编)者：杨东平　　2018年3月出版 / 定价：89.00元
PSN B-2006-047-1/1

金融法治建设蓝皮书
中国金融法治建设年度报告（2015~2016）
著(编)者：朱小黄　　2018年6月出版 / 估价：99.00元
PSN B-2017-633-1/1

京津冀教育蓝皮书
京津冀教育发展研究报告（2017~2018）
著(编)者：方中雄　　2018年6月出版 / 估价：99.00元
PSN B-2017-608-1/1

就业蓝皮书
2018年中国本科生就业报告
著(编)者：麦可思研究院　　2018年6月出版 / 估价：99.00元
PSN B-2009-146-1/2

就业蓝皮书
2018年中国高职高专生就业报告
著(编)者：麦可思研究院　　2018年6月出版 / 估价：99.00元
PSN B-2015-472-2/2

科学教育蓝皮书
中国科学教育发展报告（2018）
著(编)者：王康友　　2018年10月出版 / 估价：99.00元
PSN B-2015-487-1/1

劳动保障蓝皮书
中国劳动保障发展报告（2018）
著(编)者：刘燕斌　　2018年9月出版 / 估价：158.00元
PSN B-2014-415-1/1

老龄蓝皮书
中国老年宜居环境发展报告（2017）
著(编)者：党俊武 周燕珉　　2018年6月出版 / 估价：99.00元
PSN B-2013-320-1/1

连片特困区蓝皮书
中国连片特困区发展报告（2017~2018）
著(编)者：游俊 冷志明 丁建军
2018年6月出版 / 估价：99.00元
PSN B-2013-321-1/1

流动儿童蓝皮书
中国流动儿童教育发展报告（2017）
著(编)者：杨东平　　2018年6月出版 / 估价：99.00元
PSN B-2017-600-1/1

民调蓝皮书
中国民生调查报告（2018）
著(编)者：谢耘耕　　2018年12月出版 / 估价：99.00元
PSN B-2014-398-1/1

民族发展蓝皮书
中国民族发展报告（2018）
著(编)者：王延中　　2018年10月出版 / 定价：188.00元
PSN B-2006-070-1/1

女性生活蓝皮书
中国女性生活状况报告No.12（2018）
著(编)者：高博燕　　2018年7月出版 / 估价：99.00元
PSN B-2006-071-1/1

社会政法类

皮书系列
2018全品种

汽车社会蓝皮书
中国汽车社会发展报告（2017~2018）
著(编)者：王俊秀　2018年6月出版／估价：99.00元
PSN B-2011-224-1/1

青年蓝皮书
中国青年发展报告（2018）No.3
著(编)者：廉思　2018年6月出版／估价：99.00元
PSN B-2013-333-1/1

青少年蓝皮书
中国未成年人互联网运用报告（2017~2018）
著(编)者：李为民　李文革　沈杰
2018年11月出版／估价：99.00元
PSN B-2010-156-1/1

人权蓝皮书
中国人权事业发展报告No.8（2018）
著(编)者：李君如　2018年9月出版／估价：99.00元
PSN B-2011-215-1/1

社会保障绿皮书
中国社会保障发展报告No.9（2018）
著(编)者：王延中　2018年6月出版／估价：99.00元
PSN G-2001-014-1/1

社会风险评估蓝皮书
风险评估与危机预警报告（2017~2018）
著(编)者：唐钧　2018年8月出版／估价：99.00元
PSN B-2012-293-1/1

社会工作蓝皮书
中国社会工作发展报告（2016~2017）
著(编)者：民政部社会工作研究中心
2018年8月出版／估价：99.00元
PSN B-2009-141-1/1

社会管理蓝皮书
中国社会管理创新报告No.6
著(编)者：连玉明　2018年11月出版／估价：99.00元
PSN B-2012-300-1/1

社会蓝皮书
2018年中国社会形势分析与预测
著(编)者：李培林　陈光金　张翼
2017年12月出版／定价：89.00元
PSN B-1998-002-1/1

社会体制蓝皮书
中国社会体制改革报告No.6（2018）
著(编)者：龚维斌　2018年3月出版／定价：98.00元
PSN B-2013-330-1/1

社会心态蓝皮书
中国社会心态研究报告（2018）
著(编)者：王俊秀　2018年12月出版／估价：99.00元
PSN B-2011-199-1/1

社会组织蓝皮书
中国社会组织报告（2017-2018）
著(编)者：黄晓勇　2018年6月出版／估价：99.00元
PSN B-2008-118-1/2

社会组织蓝皮书
中国社会组织评估发展报告（2018）
著(编)者：徐家良　2018年12月出版／估价：99.00元
PSN B-2013-366-2/2

生态城市绿皮书
中国生态城市建设发展报告（2018）
著(编)者：刘举科　孙伟平　胡文臻
2018年9月出版／估价：158.00元
PSN B-2012-269-1/1

生态文明绿皮书
中国省域生态文明建设评价报告（ECI 2018）
著(编)者：严耕　2018年12月出版／估价：99.00元
PSN G-2010-170-1/1

退休生活蓝皮书
中国城市居民退休生活质量指数报告（2017）
著(编)者：杨一帆　2018年6月出版／估价：99.00元
PSN B-2017-618-1/1

危机管理蓝皮书
中国危机管理报告（2018）
著(编)者：文学国　范正青
2018年8月出版／估价：99.00元
PSN B-2010-171-1/1

学会蓝皮书
2018年中国学会发展报告
著(编)者：麦可思研究院　2018年12月出版／估价：99.00元
PSN B-2016-597-1/1

医改蓝皮书
中国医药卫生体制改革报告（2017~2018）
著(编)者：文学国　房志武
2018年11月出版／估价：99.00元
PSN B-2014-432-1/1

应急管理蓝皮书
中国应急管理报告（2018）
著(编)者：宋英华　2018年9月出版／估价：99.00元
PSN B-2016-562-1/1

政府绩效评估蓝皮书
中国地方政府绩效评估报告 No.2
著(编)者：贠杰　2018年12月出版／估价：99.00元
PSN B-2017-672-1/1

政治参与蓝皮书
中国政治参与报告（2018）
著(编)者：房宁　2018年8月出版／估价：128.00元
PSN B-2011-200-1/1

政治文化蓝皮书
中国政治文化报告（2018）
著(编)者：邢乐敏　魏大鹏　龚克
2018年8月出版／估价：128.00元
PSN B-2017-615-1/1

中国传统村落蓝皮书
中国传统村落保护现状报告（2018）
著(编)者：胡彬彬　李向军　王晓波
2018年12月出版／估价：99.00元
PSN B-2017-663-1/1

皮书系列 2018全品种　社会政法类·产业经济类

中国农村妇女发展蓝皮书
农村流动女性城市生活发展报告（2018）
著(编)者：谢丽华　2018年12月出版 / 估价：99.00元
PSN B-2014-434-1/1

宗教蓝皮书
中国宗教报告（2017）
著(编)者：邱永辉　2018年8月出版 / 估价：99.00元
PSN B-2008-117-1/1

产业经济类

保健蓝皮书
中国保健服务产业发展报告 No.2
著(编)者：中国保健协会　中共中央党校
2018年7月出版 / 估价：198.00元
PSN B-2012-272-3/3

保健蓝皮书
中国保健食品产业发展报告 No.2
著(编)者：中国保健协会
　　　　　中国社会科学院食品药品产业发展与监管研究中心
2018年8月出版 / 估价：198.00元
PSN B-2012-271-2/3

保健蓝皮书
中国保健用品产业发展报告 No.2
著(编)者：中国保健协会
　　　　　国务院国有资产监督管理委员会研究中心
2018年6月出版 / 估价：198.00元
PSN B-2012-270-1/3

保险蓝皮书
中国保险业竞争力报告（2018）
著(编)者：保监会　2018年12月出版 / 估价：99.00元
PSN B-2013-311-1/1

冰雪蓝皮书
中国冰上运动产业发展报告（2018）
著(编)者：孙承华　杨占武　刘戈　张鸿俊
2018年9月出版 / 估价：99.00元
PSN B-2017-648-3/3

冰雪蓝皮书
中国滑雪产业发展报告（2018）
著(编)者：孙承华　伍斌　魏庆华　张鸿俊
2018年9月出版 / 估价：99.00元
PSN B-2016-559-1/3

餐饮产业蓝皮书
中国餐饮产业发展报告（2018）
著(编)者：邢颖
2018年6月出版 / 估价：99.00元
PSN B-2009-151-1/1

茶业蓝皮书
中国茶产业发展报告（2018）
著(编)者：杨江帆　李闽榕
2018年10月出版 / 估价：99.00元
PSN B-2010-164-1/1

产业安全蓝皮书
中国文化产业安全报告（2018）
著(编)者：北京印刷学院文化产业安全研究院
2018年12月出版 / 估价：99.00元
PSN B-2014-378-12/14

产业安全蓝皮书
中国新媒体产业安全报告（2016~2017）
著(编)者：肖丽　2018年6月出版 / 估价：99.00元
PSN B-2015-500-14/14

产业安全蓝皮书
中国出版传媒产业安全报告（2017~2018）
著(编)者：北京印刷学院文化产业安全研究院
2018年6月出版 / 估价：99.00元
PSN B-2014-384-13/14

产业蓝皮书
中国产业竞争力报告（2018）No.8
著(编)者：张其仔　2018年12月出版 / 估价：168.00元
PSN B-2010-175-1/1

动力电池蓝皮书
中国新能源汽车动力电池产业发展报告（2018）
著(编)者：中国汽车技术研究中心
2018年8月出版 / 估价：99.00元
PSN B-2017-639-1/1

杜仲产业绿皮书
中国杜仲橡胶资源与产业发展报告（2017~2018）
著(编)者：杜红岩　胡文臻　俞锐
2018年6月出版 / 估价：99.00元
PSN G-2013-350-1/1

房地产蓝皮书
中国房地产发展报告No.15（2018）
著(编)者：李春华　王业强
2018年5月出版 / 估价：99.00元
PSN B-2004-028-1/1

服务外包蓝皮书
中国服务外包产业发展报告（2017~2018）
著(编)者：王晓红　刘德军
2018年6月出版 / 估价：99.00元
PSN B-2013-331-2/2

服务外包蓝皮书
中国服务外包竞争力报告（2017~2018）
著(编)者：刘春生　王力　黄育华
2018年12月出版 / 估价：99.00元
PSN B-2011-216-1/2

产业经济类

皮书系列 2018全品种

工业和信息化蓝皮书
世界信息技术产业发展报告（2017~2018）
著(编)者：尹丽波　2018年6月出版／估价：99.00元
PSN B-2015-449-2/6

工业和信息化蓝皮书
战略性新兴产业发展报告（2017~2018）
著(编)者：尹丽波　2018年6月出版／估价：99.00元
PSN B-2015-450-3/6

海洋经济蓝皮书
中国海洋经济发展报告（2015~2018）
著(编)者：殷克东　高金田　方胜民
2018年3月出版／定价：128.00元
PSN B-2018-697-1/1

康养蓝皮书
中国康养产业发展报告（2017）
著(编)者：何莽　2017年12月出版／定价：88.00元
PSN B-2017-685-1/1

客车蓝皮书
中国客车产业发展报告（2017~2018）
著(编)者：姚蔚　2018年10月出版／估价：99.00元
PSN B-2013-361-1/1

流通蓝皮书
中国商业发展报告（2018~2019）
著(编)者：王雪峰　林诗慧
2018年7月出版／估价：99.00元
PSN B-2009-152-1/2

能源蓝皮书
中国能源发展报告（2018）
著(编)者：崔民选　王军生　陈义和
2018年12月出版／估价：99.00元
PSN B-2006-049-1/1

农产品流通蓝皮书
中国农产品流通产业发展报告（2017）
著(编)者：贾敬敦　张东科　张玉玺　张鹏毅　周伟
2018年6月出版／估价：99.00元
PSN B-2012-288-1/1

汽车工业蓝皮书
中国汽车工业发展年度报告（2018）
著(编)者：中国汽车工业协会
　　　　　中国汽车技术研究中心
　　　　　丰田汽车公司
2018年5月出版／定价：168.00元
PSN B-2015-463-1/2

汽车工业蓝皮书
中国汽车零部件产业发展报告（2017~2018）
著(编)者：中国汽车工业协会
　　　　　中国汽车工程研究院深圳市沃特玛电池有限公司
2018年9月出版／估价：99.00元
PSN B-2016-515-2/2

汽车蓝皮书
中国汽车产业发展报告（2018）
著(编)者：中国汽车工程学会
　　　　　大众汽车集团（中国）
2018年11月出版／估价：99.00元
PSN B-2008-124-1/1

世界茶业蓝皮书
世界茶业发展报告（2018）
著(编)者：李闽榕　冯廷佺
2018年5月出版／估价：168.00元
PSN B-2017-619-1/1

世界能源蓝皮书
世界能源发展报告（2018）
著(编)者：黄晓勇　2018年6月出版／估价：168.00元
PSN B-2013-349-1/1

石油蓝皮书
中国石油产业发展报告（2018）
著(编)者：中国石油化工集团公司经济技术研究院
　　　　　中国国际石油化工联合有限责任公司
　　　　　中国社会科学院数量经济与技术经济研究所
2018年2月出版／估价：98.00元
PSN B-2018-690-1/1

体育蓝皮书
国家体育产业基地发展报告（2016~2017）
著(编)者：李颖川　2018年6月出版／估价：168.00元
PSN B-2017-609-5/5

体育蓝皮书
中国体育产业发展报告（2018）
著(编)者：阮伟　钟秉枢
2018年12月出版／估价：99.00元
PSN B-2010-179-1/5

文化金融蓝皮书
中国文化金融发展报告（2018）
著(编)者：杨涛　金巍
2018年6月出版／估价：99.00元
PSN B-2017-610-1/1

新能源汽车蓝皮书
中国新能源汽车产业发展报告（2018）
著(编)者：中国汽车技术研究中心
　　　　　日产（中国）投资有限公司
　　　　　东风汽车有限公司
2018年8月出版／估价：99.00元
PSN B-2013-347-1/1

薏仁米产业蓝皮书
中国薏仁米产业发展报告No.2（2018）
著(编)者：李发耀　石明　秦礼康
2018年8月出版／估价：99.00元
PSN B-2017-645-1/1

邮轮绿皮书
中国邮轮产业发展报告（2018）
著(编)者：汪泓　2018年10月出版／估价：99.00元
PSN G-2014-419-1/1

智能养老蓝皮书
中国智能养老产业发展报告（2018）
著(编)者：朱勇　2018年10月出版／估价：99.00元
PSN B-2015-488-1/1

中国节能汽车蓝皮书
中国节能汽车发展报告（2017~2018）
著(编)者：中国汽车工程研究院股份有限公司
2018年9月出版／估价：99.00元
PSN B-2016-565-1/1

皮书系列 2018全品种

产业经济类·行业及其他类

中国陶瓷产业蓝皮书
中国陶瓷产业发展报告（2018）
著(编)者：左和平 黄速建
2018年10月出版 / 估价：99.00元
PSN B-2016-573-1/1

装备制造业蓝皮书
中国装备制造业发展报告（2018）
著(编)者：徐东华
2018年12月出版 / 估价：118.00元
PSN B-2015-505-1/1

行业及其他类

"三农"互联网金融蓝皮书
中国"三农"互联网金融发展报告（2018）
著(编)者：李勇坚 王弢
2018年8月出版 / 估价：99.00元
PSN B-2016-560-1/1

SUV蓝皮书
中国SUV市场发展报告（2017~2018）
著(编)者：靳军 2018年9月出版 / 估价：99.00元
PSN B-2016-571-1/1

冰雪蓝皮书
中国冬季奥运会发展报告（2018）
著(编)者：孙承华 伍斌 魏庆华 张鸿俊
2018年9月出版 / 估价：99.00元
PSN B-2017-647-2/3

彩票蓝皮书
中国彩票发展报告（2018）
著(编)者：益彩基金 2018年6月出版 / 估价：99.00元
PSN B-2015-462-1/1

测绘地理信息蓝皮书
测绘地理信息供给侧结构性改革研究报告（2018）
著(编)者：库热西·买合苏提
2018年12月出版 / 估价：168.00元
PSN B-2009-145-1/1

产权市场蓝皮书
中国产权市场发展报告（2017）
著(编)者：曹和平
2018年5月出版 / 估价：99.00元
PSN B-2009-147-1/1

城投蓝皮书
中国城投行业发展报告（2018）
著(编)者：华景斌
2018年11月出版 / 估价：300.00元
PSN B-2016-514-1/1

城市轨道交通蓝皮书
中国城市轨道交通运营发展报告（2017~2018）
著(编)者：崔学忠 贾文峥
2018年3月出版 / 定价：89.00元
PSN B-2018-694-1/1

大数据蓝皮书
中国大数据发展报告（No.2）
著(编)者：连玉明 2018年5月出版 / 估价：99.00元
PSN B-2017-620-1/1

大数据应用蓝皮书
中国大数据应用发展报告No.2（2018）
著(编)者：陈军君 2018年8月出版 / 估价：99.00元
PSN B-2017-644-1/1

对外投资与风险蓝皮书
中国对外直接投资与国家风险报告（2018）
著(编)者：中债资信评估有限责任公司
中国社会科学院世界经济与政治研究所
2018年6月出版 / 估价：189.00元
PSN B-2017-606-1/1

工业和信息化蓝皮书
人工智能发展报告（2017~2018）
著(编)者：尹丽波 2018年6月出版 / 估价：99.00元
PSN B-2015-448-1/6

工业和信息化蓝皮书
世界智慧城市发展报告（2017~2018）
著(编)者：尹丽波 2018年6月出版 / 估价：99.00元
PSN B-2017-624-6/6

工业和信息化蓝皮书
世界网络安全发展报告（2017~2018）
著(编)者：尹丽波 2018年6月出版 / 估价：99.00元
PSN B-2015-452-5/6

工业和信息化蓝皮书
世界信息化发展报告（2017~2018）
著(编)者：尹丽波 2018年6月出版 / 估价：99.00元
PSN B-2015-451-4/6

工业设计蓝皮书
中国工业设计发展报告（2018）
著(编)者：王晓红 于炜 张立群 2018年9月出版 / 估价：168.00元
PSN B-2014-420-1/1

公共关系蓝皮书
中国公共关系发展报告（2017）
著(编)者：柳斌杰 2018年1月出版 / 定价：89.00元
PSN B-2016-579-1/1

行业及其他类

皮书系列
2018全品种

公共关系蓝皮书
中国公共关系发展报告（2018）
著(编)者：柳斌杰　2018年11月出版／估价：99.00元
PSN B-2016-579-1/1

管理蓝皮书
中国管理发展报告（2018）
著(编)者：张晓东　2018年10月出版／估价：99.00元
PSN B-2014-416-1/1

轨道交通蓝皮书
中国轨道交通行业发展报告（2017）
著(编)者：仲建华　李闽榕
2017年12月出版／定价：98.00元
PSN B-2017-674-1/1

海关发展蓝皮书
中国海关发展前沿报告（2018）
著(编)者：干春晖　2018年6月出版／估价：99.00元
PSN B-2017-616-1/1

互联网医疗蓝皮书
中国互联网健康医疗发展报告（2018）
著(编)者：芮晓武　2018年6月出版／估价：99.00元
PSN B-2016-567-1/1

黄金市场蓝皮书
中国商业银行黄金业务发展报告（2017~2018）
著(编)者：平安银行　2018年6月出版／估价：99.00元
PSN B-2016-524-1/1

会展蓝皮书
中外会展业动态评估研究报告（2018）
著(编)者：张敏　任中峰　聂鑫焱　牛盼强
2018年12月出版／估价：99.00元
PSN B-2013-327-1/1

基金会蓝皮书
中国基金会发展报告（2017~2018）
著(编)者：中国基金会发展报告课题组
2018年6月出版／估价：99.00元
PSN B-2013-368-1/1

基金会绿皮书
中国基金会发展独立研究报告（2018）
著(编)者：基金会中心网　中央民族大学基金会研究中心
2018年6月出版／估价：99.00元
PSN G-2011-213-1/1

基金会透明度蓝皮书
中国基金会透明度发展研究报告（2018）
著(编)者：基金会中心网
　　　　　清华大学廉政与治理研究中心
2018年9月出版／估价：99.00元
PSN B-2013-339-1/1

建筑装饰蓝皮书
中国建筑装饰行业发展报告（2018）
著(编)者：葛道顺　刘晓一
2018年10月出版／估价：198.00元
PSN B-2016-553-1/1

金融监管蓝皮书
中国金融监管报告（2018）
著(编)者：胡滨　2018年3月出版／定价：98.00元
PSN B-2012-281-1/1

金融蓝皮书
中国互联网金融行业分析与评估（2018~2019）
著(编)者：黄国平　伍旭川　2018年12月出版／估价：99.00元
PSN B-2016-585-7/7

金融科技蓝皮书
中国金融科技发展报告（2018）
著(编)者：李扬　孙国峰　2018年10月出版／估价：99.00元
PSN B-2014-374-1/1

金融信息服务蓝皮书
中国金融信息服务发展报告（2018）
著(编)者：李平　2018年5月出版／估价：99.00元
PSN B-2017-621-1/1

金蜜蜂企业社会责任蓝皮书
金蜜蜂中国企业社会责任报告研究（2017）
著(编)者：殷格非　于志宏　管竹笋
2018年1月出版／定价：99.00元
PSN B-2018-693-1/1

京津冀金融蓝皮书
京津冀金融发展报告（2018）
著(编)者：王爱俭　王璟怡　2018年10月出版／估价：99.00元
PSN B-2016-527-1/1

科普蓝皮书
国家科普能力发展报告（2018）
著(编)者：王康友　2018年5月出版／估价：138.00元
PSN B-2017-632-4/4

科普蓝皮书
中国基层科普发展报告（2017~2018）
著(编)者：赵立新　陈玲　2018年9月出版／估价：99.00元
PSN B-2016-568-3/4

科普蓝皮书
中国科普基础设施发展报告（2017~2018）
著(编)者：任福君　2018年6月出版／估价：99.00元
PSN B-2010-174-1/3

科普蓝皮书
中国科普人才发展报告（2017~2018）
著(编)者：郑念　任嵘嵘　2018年7月出版／估价：99.00元
PSN B-2016-512-2/4

科普能力蓝皮书
中国科普能力评价报告（2018~2019）
著(编)者：李富强　李群　2018年8月出版／估价：99.00元
PSN B-2016-555-1/1

临空经济蓝皮书
中国临空经济发展报告（2018）
著(编)者：连玉明　2018年9月出版／估价：99.00元
PSN B-2014-421-1/1

21

皮书系列 2018全品种
行业及其他类

旅游安全蓝皮书
中国旅游安全报告（2018）
著（编）者：郑向敏 谢朝武　2018年5月出版 / 估价：158.00元
PSN B-2012-280-1/1

旅游绿皮书
2017～2018年中国旅游发展分析与预测
著（编）者：宋瑞　2018年1月出版 / 定价：99.00元
PSN G-2002-018-1/1

煤炭蓝皮书
中国煤炭工业发展报告（2018）
著（编）者：岳福斌　2018年12月出版 / 估价：99.00元
PSN B-2008-123-1/1

民营企业社会责任蓝皮书
中国民营企业社会责任报告（2018）
著（编）者：中华全国工商业联合会
2018年12月出版 / 估价：99.00元
PSN B-2015-510-1/1

民营医院蓝皮书
中国民营医院发展报告（2017）
著（编）者：薛晓林　2017年12月出版 / 定价：89.00元
PSN B-2012-299-1/1

闽商蓝皮书
闽商发展报告（2018）
著（编）者：李闽榕 王日根 林琛
2018年12月出版 / 估价：99.00元
PSN B-2012-298-1/1

农业应对气候变化蓝皮书
中国农业气象灾害及其灾损评估报告（No.4）
著（编）者：矫梅燕　2018年6月出版 / 估价：118.00元
PSN B-2014-413-1/1

品牌蓝皮书
中国品牌战略发展报告（2018）
著（编）者：汪同三　2018年10月出版 / 估价：99.00元
PSN B-2016-580-1/1

企业扶贫蓝皮书
中国企业扶贫研究报告（2018）
著（编）者：钟宏武　2018年12月出版 / 估价：99.00元
PSN B-2016-593-1/1

企业公益蓝皮书
中国企业公益研究报告（2018）
著（编）者：钟宏武 汪杰 黄晓娟
2018年12月出版 / 估价：99.00元
PSN B-2015-501-1/1

企业国际化蓝皮书
中国企业全球化报告（2018）
著（编）者：王辉耀 苗绿　2018年11月出版 / 估价：99.00元
PSN B-2014-427-1/1

企业蓝皮书
中国企业绿色发展报告No.2（2018）
著（编）者：李红玉 朱光辉
2018年8月出版 / 估价：99.00元
PSN B-2015-481-2/2

企业社会责任蓝皮书
中资企业海外社会责任研究报告（2017～2018）
著（编）者：钟宏武 叶柳红 张蒽
2018年6月出版 / 估价：99.00元
PSN B-2017-603-2/2

企业社会责任蓝皮书
中国企业社会责任研究报告（2018）
著（编）者：黄群慧 钟宏武 张蒽 汪杰
2018年11月出版 / 估价：99.00元
PSN B-2009-149-1/2

汽车安全蓝皮书
中国汽车安全发展报告（2018）
著（编）者：中国汽车技术研究中心
2018年8月出版 / 估价：99.00元
PSN B-2014-385-1/1

汽车电子商务蓝皮书
中国汽车电子商务发展报告（2018）
著（编）者：中华全国工商业联合会汽车经销商商会
　　　　　北方工业大学
　　　　　北京易观智库网络科技有限公司
2018年10月出版 / 估价：158.00元
PSN B-2015-485-1/1

汽车知识产权蓝皮书
中国汽车产业知识产权发展报告（2018）
著（编）者：中国汽车工程研究院股份有限公司
　　　　　中国汽车工程学会
　　　　　重庆长安汽车股份有限公司
2018年12月出版 / 估价：99.00元
PSN B-2016-594-1/1

青少年体育蓝皮书
中国青少年体育发展报告（2017）
著（编）者：刘扶民 杨桦　2018年6月出版 / 估价：99.00元
PSN B-2015-482-1/1

区块链蓝皮书
中国区块链发展报告（2018）
著（编）者：李伟　2018年9月出版 / 估价：99.00元
PSN B-2017-649-1/1

群众体育蓝皮书
中国群众体育发展报告（2017）
著（编）者：刘国永 戴健　2018年5月出版 / 估价：99.00元
PSN B-2014-411-1/3

群众体育蓝皮书
中国社会体育指导员发展报告（2018）
著（编）者：刘国永 王欢　2018年6月出版 / 估价：99.00元
PSN B-2016-520-3/3

人力资源蓝皮书
中国人力资源发展报告（2018）
著（编）者：余兴安　2018年11月出版 / 估价：99.00元
PSN B-2012-287-1/1

融资租赁蓝皮书
中国融资租赁业发展报告（2017～2018）
著（编）者：李光荣 王力　2018年8月出版 / 估价：99.00元
PSN B-2015-443-1/1

行业及其他类　　皮书系列 2018全品种

商会蓝皮书
中国商会发展报告No.5（2017）
著(编)者：王钦敏　　2018年7月出版 / 估价：99.00元
PSN B-2008-125-1/1

商务中心区蓝皮书
中国商务中心区发展报告No.4（2017~2018）
著(编)者：李国红　单菁菁　2018年9月出版 / 估价：99.00元
PSN B-2015-444-1/1

设计产业蓝皮书
中国创新设计发展报告（2018）
著(编)者：王晓红　张立群　于炜
2018年11月出版 / 估价：99.00元
PSN B-2016　581-2/2

社会责任管理蓝皮书
中国上市公司社会责任能力成熟度报告No.4（2018）
著(编)者：肖红军　王晓光　李伟阳
2018年12月出版 / 估价：99.00元
PSN B-2015-507-2/2

社会责任管理蓝皮书
中国企业公众透明度报告No.4（2017~2018）
著(编)者：黄速建　熊梦　王晓光　肖红军
2018年6月出版 / 估价：99.00元
PSN B-2015-440-1/2

食品药品蓝皮书
食品药品安全与监管政策研究报告（2016~2017）
著(编)者：唐民皓　　2018年6月出版 / 估价：99.00元
PSN B-2009-129-1/1

输血服务蓝皮书
中国输血行业发展报告（2018）
著(编)者：孙俊　　2018年12月出版 / 估价：99.00元
PSN B-2016-582-1/1

水利风景区蓝皮书
中国水利风景区发展报告（2018）
著(编)者：董建文　兰思仁
2018年10月出版 / 估价：99.00元
PSN B-2015-480-1/1

数字经济蓝皮书
全球数字经济竞争力发展报告（2017）
著(编)者：王振　　2017年12月出版 / 定价：79.00元
PSN B-2017-673-1/1

私募市场蓝皮书
中国私募股权市场发展报告（2017~2018）
著(编)者：曹和平　2018年12月出版 / 估价：99.00元
PSN B-2010-162-1/1

碳排放权交易蓝皮书
中国碳排放权交易报告（2018）
著(编)者：孙永平　　2018年11月出版 / 估价：99.00元
PSN B-2017-652-1/1

碳市场蓝皮书
中国碳市场报告（2018）
著(编)者：定金彪　　2018年11月出版 / 估价：99.00元
PSN B-2014-430-1/1

体育蓝皮书
中国公共体育服务发展报告（2018）
著(编)者：戴健　　2018年12月出版 / 估价：99.00元
PSN B-2013-367-2/5

土地市场蓝皮书
中国农村土地市场发展报告（2017~2018）
著(编)者：李光荣　　2018年6月出版 / 估价：99.00元
PSN B-2016-526-1/1

土地整治蓝皮书
中国土地整治发展研究报告（No.5）
著(编)者：国土资源部土地整治中心
2018年7月出版 / 估价：99.00元
PSN B-2014-401-1/1

土地政策蓝皮书
中国土地政策研究报告（2018）
著(编)者：高延利　张建平　吴次芳
2018年1月出版 / 定价：98.00元
PSN B-2015-506-1/1

网络空间安全蓝皮书
中国网络空间安全发展报告（2018）
著(编)者：惠志斌　覃庆玲
2018年11月出版 / 估价：99.00元
PSN B-2015-466-1/1

文化志愿服务蓝皮书
中国文化志愿服务发展报告（2018）
著(编)者：张永新　良警宇　2018年11月出版 / 估价：128.00元
PSN B-2016-596-1/1

西部金融蓝皮书
中国西部金融发展报告（2017~2018）
著(编)者：李忠民　　2018年8月出版 / 估价：99.00元
PSN B-2010-160-1/1

协会商会蓝皮书
中国行业协会商会发展报告（2017）
著(编)者：景朝阳　李勇　2018年6月出版 / 估价：99.00元
PSN B-2015-461-1/1

新三板蓝皮书
中国新三板市场发展报告（2018）
著(编)者：王力　　2018年8月出版 / 估价：99.00元
PSN B-2016-533-1/1

信托市场蓝皮书
中国信托业市场报告（2017~2018）
著(编)者：用益金融信托研究院
2018年6月出版 / 估价：198.00元
PSN B-2014-371-1/1

信息化蓝皮书
中国信息化形势分析与预测（2017~2018）
著(编)者：周宏仁　　2018年8月出版 / 估价：99.00元
PSN B-2010-168-1/1

信用蓝皮书
中国信用发展报告（2017~2018）
著(编)者：章政　田侃　　2018年6月出版 / 估价：99.00元
PSN B-2013-328-1/1

23

皮书系列 2018全品种 — 行业及其他类

休闲绿皮书
2017~2018年中国休闲发展报告
著(编)者：宋瑞　2018年7月出版／估价：99.00元
PSN G-2010-158-1/1

休闲体育蓝皮书
中国休闲体育发展报告（2017~2018）
著(编)者：李相如　钟秉枢
2018年10月出版／估价：99.00元
PSN B-2016-516-1/1

养老金融蓝皮书
中国养老金融发展报告（2018）
著(编)者：董克用　姚余栋
2018年9月出版／估价：99.00元
PSN B-2016-583-1/1

遥感监测绿皮书
中国可持续发展遥感监测报告（2017）
著(编)者：顾行发　汪克强　潘教峰　李闽榕　徐东华　王琦安
2018年6月出版／估价：298.00元
PSN B-2017-629-1/1

药品流通蓝皮书
中国药品流通行业发展报告（2018）
著(编)者：佘鲁林　温再兴
2018年7月出版／估价：198.00元
PSN B-2014-429-1/1

医疗器械蓝皮书
中国医疗器械行业发展报告（2018）
著(编)者：王宝亭　耿鸿武
2018年10月出版／估价：99.00元
PSN B-2017-661-1/1

医院蓝皮书
中国医院竞争力报告（2017~2018）
著(编)者：庄一强　2018年3月出版／定价：108.00元
PSN B-2016-528-1/1

瑜伽蓝皮书
中国瑜伽业发展报告（2017~2018）
著(编)者：张永建　徐华锋　朱泰余
2018年6月出版／估价：198.00元
PSN B-2017-625-1/1

债券市场蓝皮书
中国债券市场发展报告（2017~2018）
著(编)者：杨农　2018年10月出版／估价：99.00元
PSN B-2016-572-1/1

志愿服务蓝皮书
中国志愿服务发展报告（2018）
著(编)者：中国志愿服务联合会
2018年11月出版／估价：99.00元
PSN B-2017-664-1/1

中国上市公司蓝皮书
中国上市公司发展报告（2018）
著(编)者：张鹏　张平　黄胤英
2018年9月出版／估价：99.00元
PSN B-2014-414-1/1

中国新三板蓝皮书
中国新三板创新与发展报告（2018）
著(编)者：刘平安　闻召林
2018年8月出版／估价：158.00元
PSN B-2017-638-1/1

中国汽车品牌蓝皮书
中国乘用车品牌发展报告（2017）
著(编)者：《中国汽车报》社有限公司
　　　　　博世（中国）投资有限公司
　　　　　中国汽车技术研究中心数据资源中心
2018年1月出版／定价：89.00元
PSN B-2017-679-1/1

中医文化蓝皮书
北京中医药文化传播发展报告（2018）
著(编)者：毛嘉陵　2018年6月出版／估价：99.00元
PSN B-2015-468-1/2

中医文化蓝皮书
中国中医药文化传播发展报告（2018）
著(编)者：毛嘉陵　2018年7月出版／估价：99.00元
PSN B-2016-584-2/2

中医药蓝皮书
北京中医药知识产权发展报告No.2
著(编)者：汪洪　屠志涛　2018年6月出版／估价：168.00元
PSN B-2017-602-1/1

资本市场蓝皮书
中国场外交易市场发展报告（2016~2017）
著(编)者：高峦　2018年6月出版／估价：99.00元
PSN B-2009-153-1/1

资产管理蓝皮书
中国资产管理行业发展报告（2018）
著(编)者：郑智　2018年7月出版／估价：99.00元
PSN B-2014-407-2/2

资产证券化蓝皮书
中国资产证券化发展报告（2018）
著(编)者：沈炳熙　曹彤　李哲平
2018年4月出版／估价：98.00元
PSN B-2017-660-1/1

自贸区蓝皮书
中国自贸区发展报告（2018）
著(编)者：王力　黄育华
2018年6月出版／估价：99.00元
PSN B-2016-558-1/1

国际问题与全球治理类

"一带一路"跨境通道蓝皮书
"一带一路"跨境通道建设研究报（2017~2018）
著（编）者：余鑫 张秋生 2018年1月出版 / 定价：89.00元
PSN B-2016-557-1/1

"一带一路"蓝皮书
"一带一路"建设发展报告（2018）
著（编）者：李永全 2018年3月出版 / 定价：98.00元
PSN B-2016-552-1/1

"一带一路"投资安全蓝皮书
中国"一带一路"投资与安全研究报告（2018）
著（编）者：邹统钎 梁昊光 2018年4月出版 / 定价：98.00元
PSN B-2017-612-1/1

"一带一路"文化交流蓝皮书
中阿文化交流发展报告（2017）
著（编）者：王辉 2017年12月出版 / 定价：89.00元
PSN B-2017-655-1/1

G20国家创新竞争力黄皮书
二十国集团（G20）国家创新竞争力发展报告（2017~2018）
著（编）者：李建平 李闽榕 赵新力 周天勇
2018年7月出版 / 估价：168.00元
PSN Y-2011-229-1/1

阿拉伯黄皮书
阿拉伯发展报告（2016~2017）
著（编）者：罗林 2018年6月出版 / 估价：99.00元
PSN Y-2014-381-1/1

北部湾蓝皮书
泛北部湾合作发展报告（2017~2018）
著（编）者：吕余生 2018年12月出版 / 估价：99.00元
PSN B-2008-114-1/1

北极蓝皮书
北极地区发展报告（2017）
著（编）者：刘惠荣 2018年7月出版 / 估价：99.00元
PSN B-2017-634-1/1

大洋洲蓝皮书
大洋洲发展报告（2017~2018）
著（编）者：喻常森 2018年10月出版 / 估价：99.00元
PSN B-2013-341-1/1

东北亚区域合作蓝皮书
2017年"一带一路"倡议与东北亚区域合作
著（编）者：刘亚政 金美花
2018年5月出版 / 估价：99.00元
PSN B-2017-631-1/1

东盟黄皮书
东盟发展报告（2017）
著（编）者：杨静林 庄国土 2018年6月出版 / 估价：99.00元
PSN Y-2012-303-1/1

东南亚蓝皮书
东南亚地区发展报告（2017~2018）
著（编）者：王勤 2018年12月出版 / 估价：99.00元
PSN B-2012-240-1/1

非洲黄皮书
非洲发展报告No.20（2017~2018）
著（编）者：张宏明 2018年7月出版 / 估价：99.00元
PSN Y-2012-239-1/1

非传统安全蓝皮书
中国非传统安全研究报告（2017~2018）
著（编）者：潇枫 罗中枢 2018年8月出版 / 估价：99.00元
PSN B-2012-273-1/1

国际安全蓝皮书
中国国际安全研究报告（2018）
著（编）者：刘慧 2018年7月出版 / 估价：99.00元
PSN B-2016-521-1/1

国际城市蓝皮书
国际城市发展报告（2018）
著（编）者：屠启宇 2018年2月出版 / 定价：89.00元
PSN B-2012-260-1/1

国际形势黄皮书
全球政治与安全报告（2018）
著（编）者：张宇燕 2018年1月出版 / 估价：99.00元
PSN Y-2001-016-1/1

公共外交蓝皮书
中国公共外交发展报告（2018）
著（编）者：赵启正 雷蔚真 2018年6月出版 / 估价：99.00元
PSN B-2015-457-1/1

海丝蓝皮书
21世纪海上丝绸之路研究报告（2017）
著（编）者：华侨大学海上丝绸之路研究院
2017年12月出版 / 定价：89.00元
PSN B-2017-684-1/1

金砖国家黄皮书
金砖国家综合创新竞争力发展报告（2018）
著（编）者：赵新力 李闽榕 黄茂兴
2018年8月出版 / 估价：128.00元
PSN Y-2017-643-1/1

拉美黄皮书
拉丁美洲和加勒比发展报告（2017~2018）
著（编）者：袁东振 2018年6月出版 / 估价：99.00元
PSN Y-1999-007-1/1

澜湄合作蓝皮书
澜沧江-湄公河合作发展报告（2018）
著（编）者：刘稚 2018年9月出版 / 估价：99.00元
PSN B-2011-196-1/1

国际问题与全球治理类

欧洲蓝皮书
欧洲发展报告（2017~2018）
著（编）者：黄平 周弘 程卫东
2018年6月出版 / 估价：99.00元
PSN B-1999-009-1/1

葡语国家蓝皮书
葡语国家发展报告（2016~2017）
著（编）者：王成安 张敏 刘金兰
2018年6月出版 / 估价：99.00元
PSN B-2015-503-1/2

葡语国家蓝皮书
中国与葡语国家关系发展报告·巴西（2016）
著（编）者：张曙光
2018年8月出版 / 估价：99.00元
PSN B-2016-563-2/2

气候变化绿皮书
应对气候变化报告（2018）
著（编）者：王伟光 郑国光
2018年11月出版 / 估价：99.00元
PSN G-2009-144-1/1

全球环境竞争力绿皮书
全球环境竞争力报告（2018）
著（编）者：李建平 李闽榕 王金南
2018年12月出版 / 估价：198.00元
PSN G-2013-363-1/1

全球信息社会蓝皮书
全球信息社会发展报告（2018）
著（编）者：丁波涛 唐涛
2018年10月出版 / 估价：99.00元
PSN B-2017-665-1/1

日本经济蓝皮书
日本经济与中日经贸关系研究报告（2018）
著（编）者：张季风 2018年6月出版 / 估价：99.00元
PSN B-2008-102-1/1

上海合作组织黄皮书
上海合作组织发展报告（2018）
著（编）者：李进峰 2018年6月出版 / 估价：99.00元
PSN Y-2009-130-1/1

世界创新竞争力黄皮书
世界创新竞争力发展报告（2017）
著（编）者：李建平 李闽榕 赵新力
2018年6月出版 / 估价：168.00元
PSN Y-2013-318-1/1

世界经济黄皮书
2018年世界经济形势分析与预测
著（编）者：张宇燕 2018年1月出版 / 估价：99.00元
PSN Y-1999-006-1/1

世界能源互联互通蓝皮书
世界能源清洁发展与互联互通评估报告（2017）：欧洲篇
著（编）者：国网能源研究院
2018年1月出版 / 定价：128.00元
PSN B-2018-695-1/1

丝绸之路蓝皮书
丝绸之路经济带发展报告（2018）
著（编）者：任宗哲 白宽犁 谷孟宾
2018年1月出版 / 定价：89.00元
PSN B-2014-410-1/1

新兴经济体蓝皮书
金砖国家发展报告（2018）
著（编）者：林跃勤 周文
2018年8月出版 / 估价：99.00元
PSN B-2011-195-1/1

亚太蓝皮书
亚太地区发展报告（2018）
著（编）者：李向阳 2018年5月出版 / 估价：99.00元
PSN B-2001-015-1/1

印度洋地区蓝皮书
印度洋地区发展报告（2018）
著（编）者：汪戎 2018年6月出版 / 估价：99.00元
PSN B-2013-334-1/1

印度尼西亚经济蓝皮书
印度尼西亚经济发展报告（2017）：增长与机会
著（编）者：左志刚 2017年11月出版 / 定价：89.00元
PSN B-2017-675-1/1

渝新欧蓝皮书
渝新欧沿线国家发展报告（2018）
著（编）者：杨柏 黄森
2018年6月出版 / 估价：99.00元
PSN B-2017-626-1/1

中阿蓝皮书
中国·阿拉伯国家经贸发展报告（2018）
著（编）者：张廉 段庆林 王林聪 杨巧红
2018年12月出版 / 估价：99.00元
PSN B-2016-598-1/1

中东黄皮书
中东发展报告No.20（2017~2018）
著（编）者：杨光 2018年10月出版 / 估价：99.00元
PSN Y-1998-004-1/1

中亚黄皮书
中亚国家发展报告（2018）
著（编）者：孙力
2018年3月出版 / 定价：98.00元
PSN Y-2012-238-1/1

皮书系列
2018全品种

国别类·文化传媒类

国别类

澳大利亚蓝皮书
澳大利亚发展报告（2017-2018）
著(编)者：孙有中 韩锋　　2018年12月出版 / 估价：99.00元
PSN B-2016-587-1/1

巴西黄皮书
巴西发展报告（2017）
著(编)者：刘国枝　　2018年5月出版 / 估价：99.00元
PSN Y-2017-614-1/1

德国蓝皮书
德国发展报告（2018）
著(编)者：郑春荣　　2018年6月出版 / 估价：99.00元
PSN B-2012-278-1/1

俄罗斯黄皮书
俄罗斯发展报告（2018）
著(编)者：李永全　　2018年6月出版 / 估价：99.00元
PSN Y-2006-061-1/1

韩国蓝皮书
韩国发展报告（2017）
著(编)者：牛林杰 刘宝全　　2018年6月出版 / 估价：99.00元
PSN B-2010-155-1/1

加拿大蓝皮书
加拿大发展报告（2018）
著(编)者：唐小松　　2018年9月出版 / 估价：99.00元
PSN B-2014-389-1/1

美国蓝皮书
美国研究报告（2018）
著(编)者：郑秉文 黄平　　2018年5月出版 / 估价：99.00元
PSN B-2011-210-1/1

缅甸蓝皮书
缅甸国情报告（2017）
著(编)者：祝湘辉
2017年11月出版 / 定价：98.00元
PSN B-2013-343-1/1

日本蓝皮书
日本研究报告（2018）
著(编)者：杨伯江　　2018年4月出版 / 定价：99.00元
PSN B-2002-020-1/1

土耳其蓝皮书
土耳其发展报告（2018）
著(编)者：郭长刚 刘义　　2018年9月出版 / 估价：99.00元
PSN B-2014-412-1/1

伊朗蓝皮书
伊朗发展报告（2017~2018）
著(编)者：冀开运　　2018年10月 / 估价：99.00元
PSN B-2016-574-1/1

以色列蓝皮书
以色列发展报告（2018）
著(编)者：张倩红　　2018年8月出版 / 估价：99.00元
PSN B-2015-483-1/1

印度蓝皮书
印度国情报告（2017）
著(编)者：吕昭义　　2018年6月出版 / 估价：99.00元
PSN B-2012-241-1/1

英国蓝皮书
英国发展报告（2017~2018）
著(编)者：王展鹏　　2018年12月出版 / 估价：99.00元
PSN B-2015-486-1/1

越南蓝皮书
越南国情报告（2018）
著(编)者：谢林城　　2018年11月出版 / 估价：99.00元
PSN B-2006-056-1/1

泰国蓝皮书
泰国研究报告（2018）
著(编)者：庄国土 张禹东 刘文正
2018年10月出版 / 估价：99.00元
PSN B-2016-556-1/1

文化传媒类

"三农"舆情蓝皮书
中国"三农"网络舆情报告（2017~2018）
著(编)者：农业部信息中心
2018年6月出版 / 估价：99.00元
PSN B-2017-640-1/1

传媒竞争力蓝皮书
中国传媒国际竞争力研究报告（2018）
著(编)者：李本乾 刘强 王大可
2018年8月出版 / 估价：99.00元
PSN B-2013-356-1/1

传媒蓝皮书
中国传媒产业发展报告（2018）
著(编)者：崔保国
2018年5月出版 / 估价：99.00元
PSN B-2005-035-1/1

传媒投资蓝皮书
中国传媒投资发展报告（2018）
著(编)者：张向东 谭云明
2018年6月出版 / 估价：148.00元
PSN B-2015-474-1/1

皮书系列 2018全品种 — 文化传媒类

非物质文化遗产蓝皮书
中国非物质文化遗产发展报告（2018）
著(编)者：陈平　　2018年6月出版／估价：128.00元
PSN B-2015-469-1/2

非物质文化遗产蓝皮书
中国非物质文化遗产保护发展报告（2018）
著(编)者：宋俊华　　2018年10月出版／估价：128.00元
PSN B-2016-586-2/2

广电蓝皮书
中国广播电影电视发展报告（2018）
著(编)者：国家新闻出版广电总局发展研究中心
2018年7月出版／估价：99.00元
PSN B-2006-072-1/1

广告主蓝皮书
中国广告主营销传播趋势报告No.9
著(编)者：黄升民　杜国清　邵华冬　等
2018年10月出版／估价：158.00元
PSN B-2005-041-1/1

国际传播蓝皮书
中国国际传播发展报告（2018）
著(编)者：胡正荣　李继东　姬德强
2018年12月出版／估价：99.00元
PSN B-2014-408-1/1

国家形象蓝皮书
中国国家形象传播报告（2017）
著(编)者：张昆　　2018年6月出版／估价：128.00元
PSN B-2017-605-1/1

互联网治理蓝皮书
中国网络社会治理研究报告（2018）
著(编)者：罗昕　支庭荣
2018年9月出版／估价：118.00元
PSN B-2017-653-1/1

纪录片蓝皮书
中国纪录片发展报告（2018）
著(编)者：何苏六　　2018年10月出版／估价：99.00元
PSN B-2011-222-1/1

科学传播蓝皮书
中国科学传播报告（2016~2017）
著(编)者：詹正茂　　2018年6月出版／估价：99.00元
PSN B-2008-120-1/1

两岸创意经济蓝皮书
两岸创意经济研究报告（2018）
著(编)者：罗昌智　董泽平
2018年10月出版／估价：99.00元
PSN B-2014-437-1/1

媒介与女性蓝皮书
中国媒介与女性发展报告（2017~2018）
著(编)者：刘利群　　2018年5月出版／估价：99.00元
PSN B-2013-345-1/1

媒体融合蓝皮书
中国媒体融合发展报告（2017~2018）
著(编)者：梅宁华　支庭荣
2017年12月出版／定价：98.00元
PSN B-2015-479-1/1

全球传媒蓝皮书
全球传媒发展报告（2017~2018）
著(编)者：胡正荣　李继东　　2018年6月出版／估价：99.00元
PSN B-2012-237-1/1

少数民族非遗蓝皮书
中国少数民族非物质文化遗产发展报告（2018）
著(编)者：肖远平（彝）　柴立（满）
2018年10月出版／估价：118.00元
PSN B-2015-467-1/1

视听新媒体蓝皮书
中国视听新媒体发展报告（2018）
著(编)者：国家新闻出版广电总局发展研究中心
2018年7月出版／估价：118.00元
PSN B-2011-184-1/1

数字娱乐产业蓝皮书
中国动画产业发展报告（2018）
著(编)者：孙立军　孙平　牛兴侦
2018年10月出版／估价：99.00元
PSN B-2011-198-1/2

数字娱乐产业蓝皮书
中国游戏产业发展报告（2018）
著(编)者：孙立军　刘跃军　　2018年10月出版／估价：99.00元
PSN B-2017-662-2/2

网络视听蓝皮书
中国互联网视听行业发展报告（2018）
著(编)者：陈鹏　　2018年2月出版／定价：148.00元
PSN B-2018-688-1/1

文化创新蓝皮书
中国文化创新报告（2017·No.8）
著(编)者：傅才武　　2018年6月出版／估价：99.00元
PSN B-2009-143-1/1

文化建设蓝皮书
中国文化发展报告（2018）
著(编)者：江畅　孙伟平　戴茂堂
2018年5月出版／估价：99.00元
PSN B-2014-392-1/1

文化科技蓝皮书
文化科技创新发展报告（2018）
著(编)者：于平　李凤亮　　2018年10月出版／估价：99.00元
PSN B-2013-342-1/1

文化蓝皮书
中国公共文化服务发展报告（2017~2018）
著(编)者：刘新成　张永新　张旭
2018年12月出版／估价：99.00元
PSN B-2007-093-2/10

文化蓝皮书
中国少数民族文化发展报告（2017~2018）
著(编)者：武翠英　张晓明　任乌晶
2018年9月出版／估价：99.00元
PSN B-2013-369-9/10

文化蓝皮书
中国文化产业供需协调检测报告（2018）
著(编)者：王亚南　　2018年3月出版／定价：99.00元
PSN B-2013-323-8/10

文化传媒类 · 地方发展类-经济

文化蓝皮书
中国文化消费需求景气评价报告（2018）
著(编)者：王亚南　　2018年3月出版／定价：99.00元
PSN B-2011-236-4/10

文化蓝皮书
中国公共文化投入增长测评报告（2018）
著(编)者：王亚南　　2018年3月出版／定价：99.00元
PSN B-2014-435-10/10

文化品牌蓝皮书
中国文化品牌发展报告（2018）
著(编)者：欧阳友权　　2018年5月出版／估价：99.00元
PSN B-2012-277-1/1

文化遗产蓝皮书
中国文化遗产事业发展报告（2017~2018）
著(编)者：苏杨　张颖岚　卓杰　白海峰　陈晨　陈叙图
2018年8月出版／估价：99.00元
PSN B-2008-119-1/1

文学蓝皮书
中国文情报告（2017~2018）
著(编)者：白烨　　2018年5月出版／估价：99.00元
PSN B-2011-221-1/1

新媒体蓝皮书
中国新媒体发展报告No.9（2018）
著(编)者：唐绪军　　2018年7月出版／估价：99.00元
PSN B-2010-169-1/1

新媒体社会责任蓝皮书
中国新媒体社会责任研究报告（2018）
著(编)者：钟瑛　　2018年12月出版／估价：99.00元
PSN B-2014-423-1/1

移动互联网蓝皮书
中国移动互联网发展报告（2018）
著(编)者：余清楚　　2018年6月出版／估价：99.00元
PSN B-2012-282-1/1

影视蓝皮书
中国影视产业发展报告（2018）
著(编)者：司若　陈鹏　陈锐
2018年6月出版／估价：99.00元
PSN B-2016-529-1/1

舆情蓝皮书
中国社会舆情与危机管理报告（2018）
著(编)者：谢耘耕　　2018年9月出版／估价：138.00元
PSN B-2011-235-1/1

中国大运河蓝皮书
中国大运河发展报告（2018）
著(编)者：吴欣　　2018年2月出版／估价：128.00元
PSN B-2018-691-1/1

地方发展类-经济

澳门蓝皮书
澳门经济社会发展报告（2017~2018）
著(编)者：吴志良　郝雨凡
2018年7月出版／估价：99.00元
PSN B-2009-138-1/1

澳门绿皮书
澳门旅游休闲发展报告（2017~2018）
著(编)者：郝雨凡　林广志
2018年5月出版／估价：99.00元
PSN G-2017-617-1/1

北京蓝皮书
北京经济发展报告（2017~2018）
著(编)者：杨松　　2018年6月出版／估价：99.00元
PSN B-2006-054-2/8

北京旅游绿皮书
北京旅游发展报告（2018）
著(编)者：北京旅游学会
2018年7月出版／估价：99.00元
PSN G-2012-301-1/1

北京体育蓝皮书
北京体育产业发展报告（2017~2018）
著(编)者：钟秉枢　陈杰　杨铁黎
2018年9月出版／估价：99.00元
PSN B-2015-475-1/1

滨海金融蓝皮书
滨海新区金融发展报告（2017）
著(编)者：王爱俭　李向前　　2018年4月出版／估价：99.00元
PSN B-2014-424-1/1

城乡一体化蓝皮书
北京城乡一体化发展报告（2017~2018）
著(编)者：吴宝新　张宝秀　黄序
2018年5月出版／估价：99.00元
PSN B-2012-258-2/2

非公有制企业社会责任蓝皮书
北京非公有制企业社会责任报告（2018）
著(编)者：宋贵伦　冯培
2018年6月出版／估价：99.00元
PSN B-2017-613-1/1

皮书系列 2018全品种 — 地方发展类-经济

福建旅游蓝皮书
福建省旅游产业发展现状研究（2017~2018）
著(编)者：陈敏华 黄远水　2018年12月出版 / 估价：128.00元
PSN B-2016-591-1/1

福建自贸区蓝皮书
中国（福建）自由贸易试验区发展报告（2017~2018）
著(编)者：黄茂兴　2018年6月出版 / 估价：118.00元
PSN B-2016-531-1/1

甘肃蓝皮书
甘肃经济发展分析与预测（2018）
著(编)者：安文华 罗哲　2018年1月出版 / 定价：99.00元
PSN B-2013-312-1/6

甘肃蓝皮书
甘肃商贸流通发展报告（2018）
著(编)者：张应华 王福生 王晓芳
2018年1月出版 / 定价：99.00元
PSN B-2016-522-6/6

甘肃蓝皮书
甘肃县域和农村发展报告（2018）
著(编)者：包东红 朱智文 王建兵
2018年1月出版 / 定价：99.00元
PSN B-2013-316-5/6

甘肃农业科技绿皮书
甘肃农业科技发展研究报告（2018）
著(编)者：魏胜文 乔德华 张东伟
2018年12月出版 / 估价：198.00元
PSN B-2016-592-1/1

甘肃气象保障蓝皮书
甘肃农业对气候变化的适应与风险评估报告（No.1）
著(编)者：鲍文中 周广胜
2017年12月出版 / 定价：108.00元
PSN B-2017-677-1/1

巩义蓝皮书
巩义经济社会发展报告（2018）
著(编)者：丁同民 朱军　2018年6月出版 / 估价：99.00元
PSN B-2016-532-1/1

广东外经贸蓝皮书
广东对外经济贸易发展研究报告（2017~2018）
著(编)者：陈万灵　2018年6月出版 / 估价：99.00元
PSN B-2012-286-1/1

广西北部湾经济区蓝皮书
广西北部湾经济区开放开发报告（2017~2018）
著(编)者：广西壮族自治区北部湾经济区和东盟开放合作办公室
　　　　　广西社会科学院
　　　　　广西北部湾发展研究院
2018年5月出版 / 估价：99.00元
PSN B-2010-181-1/1

广州蓝皮书
广州城市国际化发展报告（2018）
著(编)者：张跃国　2018年8月出版 / 估价：99.00元
PSN B-2012-246-11/14

广州蓝皮书
中国广州城市建设与管理发展报告（2018）
著(编)者：张其学 陈小钢 王宏伟　2018年8月出版 / 估价：99.00元
PSN B-2007-087-4/14

广州蓝皮书
广州创新型城市发展报告（2018）
著(编)者：尹涛　2018年6月出版 / 估价：99.00元
PSN B-2012-247-12/14

广州蓝皮书
广州经济发展报告（2018）
著(编)者：张跃国 尹涛　2018年7月出版 / 估价：99.00元
PSN B-2005-040-1/14

广州蓝皮书
2018年中国广州经济形势分析与预测
著(编)者：魏明海 谢博能 李华
2018年6月出版 / 估价：99.00元
PSN B-2011-185-9/14

广州蓝皮书
中国广州科技创新发展报告（2018）
著(编)者：于欣伟 陈爽 邓佑满　2018年8月出版 / 估价：99.00元
PSN B-2006-065-2/14

广州蓝皮书
广州农村发展报告（2018）
著(编)者：朱名宏　2018年7月出版 / 估价：99.00元
PSN B-2010-167-8/14

广州蓝皮书
广州汽车产业发展报告（2018）
著(编)者：杨再高 冯兴亚　2018年7月出版 / 估价：99.00元
PSN B-2006-066-3/14

广州蓝皮书
广州商贸业发展报告（2018）
著(编)者：张跃国 陈杰 荀振英
2018年7月出版 / 估价：99.00元
PSN B-2012-245-10/14

贵阳蓝皮书
贵阳城市创新发展报告No.3（白云篇）
著(编)者：连玉明　2018年5月出版 / 估价：99.00元
PSN B-2015-491-3/10

贵阳蓝皮书
贵阳城市创新发展报告No.3（观山湖篇）
著(编)者：连玉明　2018年5月出版 / 估价：99.00元
PSN B-2015-497-9/10

贵阳蓝皮书
贵阳城市创新发展报告No.3（花溪篇）
著(编)者：连玉明　2018年5月出版 / 估价：99.00元
PSN B-2015-490-2/10

贵阳蓝皮书
贵阳城市创新发展报告No.3（开阳篇）
著(编)者：连玉明　2018年5月出版 / 估价：99.00元
PSN B-2015-492-4/10

贵阳蓝皮书
贵阳城市创新发展报告No.3（南明篇）
著(编)者：连玉明　2018年5月出版 / 估价：99.00元
PSN B-2015-496-8/10

贵阳蓝皮书
贵阳城市创新发展报告No.3（清镇篇）
著(编)者：连玉明　2018年5月出版 / 估价：99.00元
PSN B-2015-489-1/10

地方发展类-经济

皮书系列
2018全品种

贵阳蓝皮书
贵阳城市创新发展报告No.3（乌当篇）
著(编)者：连玉明　2018年5月出版／估价：99.00元
PSN B-2015-495-7/10

贵阳蓝皮书
贵阳城市创新发展报告No.3（息烽篇）
著(编)者：连玉明　2018年5月出版／估价：99.00元
PSN B-2015-493-5/10

贵阳蓝皮书
贵阳城市创新发展报告No.3（修文篇）
著(编)者：连玉明　2018年5月出版／估价：99.00元
PSN B-2015-494-6/10

贵阳蓝皮书
贵阳城市创新发展报告No.3（云岩篇）
著(编)者：连玉明　2018年5月出版／估价：99.00元
PSN B-2015-498-10/10

贵州房地产蓝皮书
贵州房地产发展报告No.5（2018）
著(编)者：武廷方　2018年7月出版／估价：99.00元
PSN B-2014-426-1/1

贵州蓝皮书
贵州册亨经济社会发展报告（2018）
著(编)者：黄德林　2018年6月出版／估价：99.00元
PSN B-2016-525-8/9

贵州蓝皮书
贵州地理标志产业发展报告（2018）
著(编)者：李发耀　黄其松　2018年8月出版／估价：99.00元
PSN B-2017-646-10/10

贵州蓝皮书
贵安新区发展报告（2017～2018）
著(编)者：马长青　吴大华　2018年6月出版／估价：99.00元
PSN B-2015-459-4/10

贵州蓝皮书
贵州国家级开放创新平台发展报告（2017～2018）
著(编)者：申晓庆　吴大华　季泓
2018年11月出版／估价：99.00元
PSN B-2016-518-7/10

贵州蓝皮书
贵州国有企业社会责任发展报告（2017～2018）
著(编)者：郭丽　2018年12月出版／估价：99.00元
PSN B-2015-511-6/10

贵州蓝皮书
贵州民航业发展报告（2017）
著(编)者：申振东　吴大华　2018年6月出版／估价：99.00元
PSN B-2015-471-5/10

贵州蓝皮书
贵州民营经济发展报告（2017）
著(编)者：杨静　吴大华　2018年6月出版／估价：99.00元
PSN B-2016-530-9/9

杭州都市圈蓝皮书
杭州都市圈发展报告（2018）
著(编)者：洪庆华　沈翔　2018年4月出版／定价：98.00元
PSN B-2012-302-1/1

河北经济蓝皮书
河北经济发展报告（2018）
著(编)者：马树强　金浩　张贵　2018年6月出版／估价：99.00元
PSN B-2014-380-1/1

河北蓝皮书
河北经济社会发展报告（2018）
著(编)者：康振海　2018年1月出版／定价：99.00元
PSN B-2014-372-1/3

河北蓝皮书
京津冀协同发展报告（2018）
著(编)者：陈璐　2017年12月出版／定价：79.00元
PSN B-2017-601-2/3

河南经济蓝皮书
2018年河南经济形势分析与预测
著(编)者：王世炎　2018年3月出版／定价：89.00元
PSN B-2007-086-1/1

河南蓝皮书
河南城市发展报告（2018）
著(编)者：张占仓　王建国　2018年5月出版／估价：99.00元
PSN B-2009-131-3/9

河南蓝皮书
河南工业发展报告（2018）
著(编)者：张占仓　2018年5月出版／估价：99.00元
PSN B-2013-317-5/9

河南蓝皮书
河南金融发展报告（2018）
著(编)者：喻新安　谷建全
2018年6月出版／估价：99.00元
PSN B-2014-390-7/9

河南蓝皮书
河南经济发展报告（2018）
著(编)者：张占仓　完世伟
2018年6月出版／估价：99.00元
PSN B-2010-157-4/9

河南蓝皮书
河南能源发展报告（2018）
著(编)者：国网河南省电力公司经济技术研究院
　　　　　河南省社会科学院
2018年6月出版／估价：99.00元
PSN B-2017-607-9/9

河南商务蓝皮书
河南商务发展报告（2018）
著(编)者：焦锦淼　穆荣国　2018年5月出版／估价：99.00元
PSN B-2014-399-1/1

河南双创蓝皮书
河南创新创业发展报告（2018）
著(编)者：喻新安　杨雪梅
2018年8月出版／估价：99.00元
PSN B-2017-641-1/1

黑龙江蓝皮书
黑龙江经济发展报告（2018）
著(编)者：朱宇　2018年1月出版／定价：89.00元
PSN B-2011-190-2/2

31

地方发展类-经济

湖南城市蓝皮书
区域城市群整合
著(编)者：童中贤 韩未名　2018年12月出版 / 估价：99.00元
PSN B-2006-064-1/1

湖南蓝皮书
湖南城乡一体化发展报告（2018）
著(编)者：陈文胜 王文强 陆福兴
2018年8月出版 / 估价：99.00元
PSN B-2015-477-8/8

湖南蓝皮书
2018年湖南电子政务发展报告
著(编)者：梁志峰　2018年5月出版 / 估价：128.00元
PSN B-2014-394-6/8

湖南蓝皮书
2018年湖南经济发展报告
著(编)者：卞鹰　2018年5月出版 / 估价：128.00元
PSN B-2011-207-2/8

湖南蓝皮书
2016年湖南经济展望
著(编)者：梁志峰　2018年5月出版 / 估价：128.00元
PSN B-2011-206-1/8

湖南蓝皮书
2018年湖南县域经济社会发展报告
著(编)者：梁志峰　2018年5月出版 / 估价：128.00元
PSN B-2014-395-7/8

湖南县域绿皮书
湖南县域发展报告（No.5）
著(编)者：袁准 周小毛 黎仁寅
2018年6月出版 / 估价：99.00元
PSN G-2012-274-1/1

沪港蓝皮书
沪港发展报告（2018）
著(编)者：尤安山　2018年9月出版 / 估价：99.00元
PSN B-2013-362-1/1

吉林蓝皮书
2018年吉林经济社会形势分析与预测
著(编)者：邵汉明　2017年12月出版 / 定价：89.00元
PSN B-2013-319-1/1

吉林省城市竞争力蓝皮书
吉林省城市竞争力报告（2017~2018）
著(编)者：崔岳春 张磊
2018年3月出版 / 定价：89.00元
PSN B-2016-513-1/1

济源蓝皮书
济源经济社会发展报告（2018）
著(编)者：喻新安　2018年6月出版 / 估价：99.00元
PSN B-2014-387-1/1

江苏蓝皮书
2018年江苏经济发展分析与展望
著(编)者：王庆五 吴先满
2018年7月出版 / 估价：128.00元
PSN B-2017-635-1/3

江西蓝皮书
江西经济社会发展报告（2018）
著(编)者：陈石俊 龚建文　2018年10月出版 / 估价：128.00元
PSN B-2015-484-1/2

江西蓝皮书
江西设区市发展报告（2018）
著(编)者：姜玮 梁勇
2018年10月出版 / 估价：99.00元
PSN B-2016-517-2/2

经济特区蓝皮书
中国经济特区发展报告（2017）
著(编)者：陶一桃　2018年1月出版 / 估价：99.00元
PSN B-2009-139-1/1

辽宁蓝皮书
2018年辽宁经济社会形势分析与预测
著(编)者：梁启东 魏红江　2018年6月出版 / 估价：99.00元
PSN B-2006-053-1/1

民族经济蓝皮书
中国民族地区经济发展报告（2018）
著(编)者：李曦辉　2018年7月出版 / 估价：99.00元
PSN B-2017-630-1/1

南宁蓝皮书
南宁经济发展报告（2018）
著(编)者：胡建华　2018年9月出版 / 估价：99.00元
PSN B-2016-569-2/3

内蒙古蓝皮书
内蒙古精准扶贫研究报告（2018）
著(编)者：张志华　2018年1月出版 / 定价：89.00元
PSN B-2017-681-2/2

浦东新区蓝皮书
上海浦东经济发展报告（2018）
著(编)者：周小平 徐美芳
2018年1月出版 / 定价：89.00元
PSN B-2011-225-1/1

青海蓝皮书
2018年青海经济社会形势分析与预测
著(编)者：陈玮　2018年1月出版 / 定价：98.00元
PSN B-2012-275-1/2

青海科技绿皮书
青海科技发展报告（2017）
著(编)者：青海省科学技术信息研究所
2018年3月出版 / 定价：98.00元
PSN G-2018-701-1/1

山东蓝皮书
山东经济形势分析与预测（2018）
著(编)者：李广杰　2018年7月出版 / 估价：99.00元
PSN B-2014-404-1/5

山东蓝皮书
山东省普惠金融发展报告（2018）
著(编)者：齐鲁财富网
2018年9月出版 / 估价：99.00元
PSN B2017-676-5/5

地方发展类-经济

皮书系列 2018全品种

山西蓝皮书
山西资源型经济转型发展报告（2018）
著(编)者：李志强　2018年7月出版 / 估价：99.00元
PSN B-2011-197-1/1

陕西蓝皮书
陕西经济发展报告（2018）
著(编)者：任宗哲　白宽犁　裴成荣
2018年1月出版 / 定价：89.00元
PSN B-2009-135-1/6

陕西蓝皮书
陕西精准脱贫研究报告（2018）
著(编)者：任宗哲　白宽犁　王建康
2018年4月出版 / 定价：89.00元
PSN B-2017-623-6/6

上海蓝皮书
上海经济发展报告（2018）
著(编)者：沈开艳　2018年2月出版 / 定价：89.00元
PSN B-2006-057-1/7

上海蓝皮书
上海资源环境发展报告（2018）
著(编)者：周冯琦　胡静　2018年2月出版 / 定价：89.00元
PSN B-2006-060-4/7

上海蓝皮书
上海奉贤经济发展分析与研判（2017～2018）
著(编)者：张兆安　朱平芳　2018年3月出版 / 定价：99.00元
PSN B-2018-698-8/8

上饶蓝皮书
上饶发展报告（2016～2017）
著(编)者：廖其志　2018年6月出版 / 估价：128.00元
PSN B-2014-377-1/1

深圳蓝皮书
深圳经济发展报告（2018）
著(编)者：张骁儒　2018年6月出版 / 估价：99.00元
PSN B-2008-112-3/7

四川蓝皮书
四川城镇化发展报告（2018）
著(编)者：侯水平　陈炜　2018年6月出版 / 估价：99.00元
PSN B-2015-456-7/7

四川蓝皮书
2018年四川经济形势分析与预测
著(编)者：杨钢　2018年1月出版 / 定价：158.00元
PSN B-2007-098-2/7

四川蓝皮书
四川企业社会责任研究报告（2017～2018）
著(编)者：侯水平　盛毅　2018年5月出版 / 估价：99.00元
PSN B-2014-386-4/7

四川蓝皮书
四川生态建设报告（2018）
著(编)者：李晟之　2018年5月出版 / 估价：99.00元
PSN B-2015-455-6/7

四川蓝皮书
四川特色小镇发展报告（2017）
著(编)者：吴志强　2017年11月出版 / 定价：89.00元
PSN B-2017-670-8/8

体育蓝皮书
上海体育产业发展报告（2017~2018）
著(编)者：张林　黄海燕
2018年10月出版 / 估价：99.00元
PSN B-2015-454-4/5

体育蓝皮书
长三角地区体育产业发展报（2017～2018）
著(编)者：张林　2018年6月出版 / 估价：99.00元
PSN B-2015-453-3/5

天津金融蓝皮书
天津金融发展报告（2018）
著(编)者：王爱俭　孔德昌
2018年5月出版 / 估价：99.00元
PSN B-2014-418-1/1

图们江区域合作蓝皮书
图们江区域合作发展报告（2018）
著(编)者：李铁　2018年6月出版 / 估价：99.00元
PSN B-2015-464-1/1

温州蓝皮书
2018年温州经济社会形势分析与预测
著(编)者：蒋儒标　王春光　金浩
2018年6月出版 / 估价：99.00元
PSN B-2008-105-1/1

西咸新区蓝皮书
西咸新区发展报告（2018）
著(编)者：李扬　王军
2018年6月出版 / 估价：99.00元
PSN B-2016-534-1/1

修武蓝皮书
修武经济社会发展报告（2018）
著(编)者：张占仓　袁凯声
2018年10月出版 / 估价：99.00元
PSN B-2017-651-1/1

偃师蓝皮书
偃师经济社会发展报告（2018）
著(编)者：张占仓　袁凯声　何武周
2018年7月出版 / 估价：99.00元
PSN B-2017-627-1/1

扬州蓝皮书
扬州经济社会发展报告（2018）
著(编)者：陈扬
2018年12月出版 / 估价：108.00元
PSN B-2011-191-1/1

长垣蓝皮书
长垣经济社会发展报告（2018）
著(编)者：张占仓　袁凯声　秦保建
2018年10月出版 / 估价：99.00元
PSN B-2017-654-1/1

遵义蓝皮书
遵义发展报告（2018）
著(编)者：邓彦　曾征　龚永育
2018年9月出版 / 估价：99.00元
PSN B-2014-433-1/1

地方发展类-社会

安徽蓝皮书
安徽社会发展报告（2018）
著(编)者：程桦　2018年6月出版 / 估价：99.00元
PSN B-2013-325-1/1

安徽社会建设蓝皮书
安徽社会建设分析报告（2017~2018）
著(编)者：黄家海 蔡宪
2018年11月出版 / 估价：99.00元
PSN B-2013-322-1/1

北京蓝皮书
北京公共服务发展报告（2017~2018）
著(编)者：施昌奎　2018年6月出版 / 估价：99.00元
PSN B-2008-103-7/8

北京蓝皮书
北京社会发展报告（2017~2018）
著(编)者：李伟东
2018年7月出版 / 估价：99.00元
PSN B-2006-055-3/8

北京蓝皮书
北京社会治理发展报告（2017~2018）
著(编)者：殷星辰　2018年7月出版 / 估价：99.00元
PSN B-2014-391-8/8

北京律师蓝皮书
北京律师发展报告No.4（2018）
著(编)者：王隽　2018年12月出版 / 估价：99.00元
PSN B-2011-217-1/1

北京人才蓝皮书
北京人才发展报告（2018）
著(编)者：敏华　2018年12月出版 / 估价：128.00元
PSN B-2011-201-1/1

北京社会心态蓝皮书
北京社会心态分析报告（2017~2018）
北京市社会心理服务促进中心
2018年10月出版 / 估价：99.00元
PSN B-2014-422-1/1

北京社会组织管理蓝皮书
北京社会组织发展与管理（2018）
著(编)者：黄江松
2018年6月出版 / 估价：99.00元
PSN B-2015-446-1/1

北京养老产业蓝皮书
北京居家养老发展报告（2018）
著(编)者：陆杰华 周明明
2018年8月出版 / 估价：99.00元
PSN B-2015-465-1/1

法治蓝皮书
四川依法治省年度报告No.4（2018）
著(编)者：李林 杨天宗 田禾
2018年3月出版 / 定价：118.00元
PSN B-2015-447-2/3

福建妇女发展蓝皮书
福建省妇女发展报告（2018）
著(编)者：刘群英　2018年11月出版 / 估价：99.00元
PSN B-2011-220-1/1

甘肃蓝皮书
甘肃社会发展分析与预测（2018）
著(编)者：安文华 谢增虎 包晓霞
2018年1月出版 / 定价：79.00元
PSN B-2013-313-2/6

广东蓝皮书
广东全面深化改革研究报告（2018）
著(编)者：周林生 涂成林
2018年12月出版 / 估价：99.00元
PSN B-2015-504-3/3

广东蓝皮书
广东社会工作发展报告（2018）
著(编)者：罗观翠　2018年6月出版 / 估价：99.00元
PSN B-2014-402-2/3

广州蓝皮书
广州青年发展报告（2018）
著(编)者：徐柳 张强
2018年8月出版 / 估价：99.00元
PSN B-2013-352-13/14

广州蓝皮书
广州社会保障发展报告（2018）
著(编)者：张跃国　2018年8月出版 / 估价：99.00元
PSN B-2014-425-14/14

广州蓝皮书
2018年中国广州社会形势分析与预测
著(编)者：张强 郭志勇 何镜清
2018年6月出版 / 估价：99.00元
PSN B-2008-110-5/14

贵州蓝皮书
贵州法治发展报告（2018）
著(编)者：吴大华　2018年5月出版 / 估价：99.00元
PSN B-2012-254-2/10

贵州蓝皮书
贵州人才发展报告（2017）
著(编)者：于杰 吴大华
2018年9月出版 / 估价：99.00元
PSN B-2014-382-3/10

贵州蓝皮书
贵州社会发展报告（2018）
著(编)者：王兴骥　2018年6月出版 / 估价：99.00元
PSN B-2010-166-1/10

杭州蓝皮书
杭州妇女发展报告（2018）
著(编)者：魏颖
2018年10月出版 / 估价：99.00元
PSN B-2014-403-1/1

地方发展类-社会

皮书系列
2018全品种

河北蓝皮书
河北法治发展报告（2018）
著(编)者：康振海　2018年6月出版 / 估价：99.00元
PSN B-2017-622-3/3

河北食品药品安全蓝皮书
河北食品药品安全研究报告（2018）
著(编)者：丁锦霞
2018年10月出版 / 估价：99.00元
PSN B-2015-473-1/1

河南蓝皮书
河南法治发展报告（2018）
著(编)者：张林海　2018年7月出版 / 估价：99.00元
PSN B-2014-376-6/9

河南蓝皮书
2018年河南社会形势分析与预测
著(编)者：牛苏林　2018年5月出版 / 估价：99.00元
PSN B-2005-043-1/9

河南民办教育蓝皮书
河南民办教育发展报告（2018）
著(编)者：胡大白　2018年9月出版 / 估价：99.00元
PSN B-2017-642-1/1

黑龙江蓝皮书
黑龙江社会发展报告（2018）
著(编)者：王爱丽　2018年1月出版 / 定价：89.00元
PSN B-2011-189-1/2

湖南蓝皮书
2018年湖南两型社会与生态文明建设报告
著(编)者：卞鹰　　2018年5月出版 / 估价：128.00元
PSN B-2011-208-3/8

湖南蓝皮书
2018年湖南社会发展报告
著(编)者：卞鹰　　2018年5月出版 / 估价：128.00元
PSN B-2014-393-5/8

健康城市蓝皮书
北京健康城市建设研究报告（2018）
著(编)者：王鸿春　盛继洪
2018年9月出版 / 估价：99.00元
PSN B-2015-460-1/2

江苏法治蓝皮书
江苏法治发展报告No.6（2017）
著(编)者：蔡道通　龚廷泰
2018年8月出版 / 估价：99.00元
PSN B-2012-290-1/1

江苏蓝皮书
2018年江苏社会发展分析与展望
著(编)者：王庆五　刘旺洪
2018年8月出版 / 估价：128.00元
PSN B-2017-636-2/3

民族教育蓝皮书
中国民族教育发展报告（2017·内蒙古卷）
著(编)者：陈中永
2017年12月出版 / 定价：198.00元
PSN B-2017-669-1/1

南宁蓝皮书
南宁法治发展报告（2018）
著(编)者：杨维超　2018年12月出版 / 估价：99.00元
PSN B-2015-509-1/3

南宁蓝皮书
南宁社会发展报告（2018）
著(编)者：胡建华　2018年10月出版 / 估价：99.00元
PSN B-2016-570-3/3

内蒙古蓝皮书
内蒙古反腐倡廉建设报告No.2
著(编)者：张志华　2018年6月出版 / 估价：99.00元
PSN B-2013-365-1/1

青海蓝皮书
2018年青海人才发展报告
著(编)者：王宇燕　2018年9月出版 / 估价：99.00元
PSN B-2017-650-2/2

青海生态文明建设蓝皮书
青海生态文明建设报告（2018）
著(编)者：张西明　高兵　2018年12月出版 / 估价：99.00元
PSN B-2016-595-1/1

人口与健康蓝皮书
深圳人口与健康发展报告（2018）
著(编)者：陆杰华　傅崇辉
2018年11月出版 / 估价：99.00元
PSN B-2011-228-1/1

山东蓝皮书
山东社会形势分析与预测（2018）
著(编)者：李善峰　2018年6月出版 / 估价：99.00元
PSN B-2014-405-2/5

陕西蓝皮书
陕西社会发展报告（2018）
著(编)者：任宗哲　白宽犁　牛昉
2018年1月出版 / 定价：89.00元
PSN B-2009-136-2/6

上海蓝皮书
上海法治发展报告（2018）
著(编)者：叶必丰　2018年9月出版 / 估价：99.00元
PSN B-2012-296-6/7

上海蓝皮书
上海社会发展报告（2018）
著(编)者：杨雄　周海旺
2018年2月出版 / 定价：89.00元
PSN B-2006-058-2/7

皮书系列 2018全品种　地方发展类-社会 · 地方发展类-文化

社会建设蓝皮书
2018年北京社会建设分析报告
著(编)者：宋贵伦 冯虹　2018年9月出版 / 估价：99.00元
PSN B-2010-173-1/1

深圳蓝皮书
深圳法治发展报告（2018）
著(编)者：张晓儒　2018年6月出版 / 估价：99.00元
PSN B-2015-470-6/7

深圳蓝皮书
深圳劳动关系发展报告（2018）
著(编)者：汤庭芬　2018年8月出版 / 估价：99.00元
PSN B-2007-097-2/7

深圳蓝皮书
深圳社会治理与发展报告（2018）
著(编)者：张晓儒　2018年6月出版 / 估价：99.00元
PSN B-2008-113-4/7

生态安全绿皮书
甘肃国家生态安全屏障建设发展报告（2018）
著(编)者：刘举科 喜文华
2018年10月出版 / 估价：99.00元
PSN G-2017-659-1/1

顺义社会建设蓝皮书
北京市顺义区社会建设发展报告（2018）
著(编)者：王学武　2018年9月出版 / 估价：99.00元
PSN B-2017-658-1/1

四川蓝皮书
四川法治发展报告（2018）
著(编)者：郑泰安　2018年6月出版 / 估价：99.00元
PSN B-2015-441-5/7

四川蓝皮书
四川社会发展报告（2018）
著(编)者：李羚　2018年6月出版 / 估价：99.00元
PSN B-2008-127-3/7

四川社会工作与管理蓝皮书
四川省社会工作人力资源发展报告（2017）
著(编)者：边慧敏　2017年12月出版 / 定价：89.00元
PSN B-2017-683-1/1

云南社会治理蓝皮书
云南社会治理年度报告（2017）
著(编)者：晏雄 韩全芳
2018年5月出版 / 估价：99.00元
PSN B-2017-667-1/1

地方发展类-文化

北京传媒蓝皮书
北京新闻出版广电发展报告（2017~2018）
著(编)者：王志　2018年11月出版 / 估价：99.00元
PSN B-2016-588-1/1

北京蓝皮书
北京文化发展报告（2017~2018）
著(编)者：李建盛　2018年5月出版 / 估价：99.00元
PSN B-2007-082-4/8

创意城市蓝皮书
北京文化创意产业发展报告（2018）
著(编)者：郭万超 张京成　2018年12月出版 / 估价：99.00元
PSN B-2012-263-1/7

创意城市蓝皮书
天津文化创意产业发展报告（2017~2018）
著(编)者：谢思全　2018年6月出版 / 估价：99.00元
PSN B-2016-536-7/7

创意城市蓝皮书
武汉文化创意产业发展报告（2018）
著(编)者：黄永林 陈汉桥　2018年12月出版 / 估价：99.00元
PSN B-2013-354-4/7

创意上海蓝皮书
上海文化创意产业发展报告（2017~2018）
著(编)者：王慧敏 王兴全　2018年8月出版 / 估价：99.00元
PSN B-2016-561-1/1

非物质文化遗产蓝皮书
广州市非物质文化遗产保护发展报告（2018）
著(编)者：宋俊华　2018年12月出版 / 估价：99.00元
PSN B-2016-589-1/1

甘肃蓝皮书
甘肃文化发展分析与预测（2018）
著(编)者：马廷旭 戚晓萍　2018年1月出版 / 定价：99.00元
PSN B-2013-314-3/6

甘肃蓝皮书
甘肃舆情分析与预测（2018）
著(编)者：王俊莲 张谦元　2018年1月出版 / 定价：99.00元
PSN B-2013-315-4/6

广州蓝皮书
中国广州文化发展报告（2018）
著(编)者：屈哨兵 陆志强　2018年6月出版 / 估价：99.00元
PSN B-2009-134-7/14

广州蓝皮书
广州文化创意产业发展报告（2018）
著(编)者：徐咏虹　2018年7月出版 / 估价：99.00元
PSN B-2008-111-6/14

海淀蓝皮书
海淀区文化和科技融合发展报告（2018）
著(编)者：陈名杰 孟景伟　2018年5月出版 / 估价：99.00元
PSN B-2013-329-1/1

皮书系列 2018全品种

地方发展类-文化

河南蓝皮书
河南文化发展报告（2018）
著(编)者：卫绍生　　2018年7月出版 / 估价：99.00元
PSN B-2008-106-2/9

湖北文化产业蓝皮书
湖北省文化产业发展报告（2018）
著(编)者：黄晓华　　2018年9月出版 / 估价：99.00元
PSN B-2017-656-1/1

湖北文化蓝皮书
湖北文化发展报告（2017~2018）
著(编)者：湖北大学高等人文研究院
　　　　　中华文化发展湖北省协同创新中心
2018年10月出版 / 估价：99.00元
PSN B-2016-566-1/1

江苏蓝皮书
2018年江苏文化发展分析与展望
著(编)者：王庆五　樊和平　2018年9月出版 / 估价：128.00元
PSN B-2017-637-3/3

江西文化蓝皮书
江西非物质文化遗产发展报告（2018）
著(编)者：张圣才　傅安平　2018年12月出版 / 估价：128.00元
PSN B-2015-499-1/1

洛阳蓝皮书
洛阳文化发展报告（2018）
著(编)者：刘福兴　陈启明　2018年7月出版 / 估价：99.00元
PSN B-2015-476-1/1

南京蓝皮书
南京文化发展报告（2018）
著(编)者：中共南京市委宣传部
2018年12月出版 / 估价：99.00元
PSN B-2014-439-1/1

宁波文化蓝皮书
宁波"一人一艺"全民艺术普及发展报告（2017）
著(编)者：张爱琴　　2018年11月出版 / 估价：128.00元
PSN B-2017-668-1/1

山东蓝皮书
山东文化发展报告（2018）
著(编)者：涂可国　　2018年5月出版 / 估价：99.00元
PSN B-2014-406-3/5

陕西蓝皮书
陕西文化发展报告（2018）
著(编)者：任宗哲　白宽犁　王长寿
2018年1月出版 / 定价：89.00元
PSN B-2009-137-3/6

上海蓝皮书
上海传媒发展报告（2018）
著(编)者：强荧　焦雨虹　2018年2月出版 / 定价：89.00元
PSN B-2012-295-5/7

上海蓝皮书
上海文学发展报告（2018）
著(编)者：陈圣来　　2018年6月出版 / 估价：99.00元
PSN B-2012-297-7/7

上海蓝皮书
上海文化发展报告（2018）
著(编)者：荣跃明　　2018年6月出版 / 估价：99.00元
PSN B-2006-059-3/7

深圳蓝皮书
深圳文化发展报告（2018）
著(编)者：张骁儒　　2018年7月出版 / 估价：99.00元
PSN B-2016-554-7/7

四川蓝皮书
四川文化产业发展报告（2018）
著(编)者：向宝云　张立伟　2018年6月出版 / 估价：99.00元
PSN B-2006-074-1/7

郑州蓝皮书
2018年郑州文化发展报告
著(编)者：王哲　　2018年9月出版 / 估价：99.00元
PSN B-2008-107-1/1

社会科学文献出版社　　皮书系列

❖ 皮书起源 ❖

"皮书"起源于十七、十八世纪的英国,主要指官方或社会组织正式发表的重要文件或报告,多以"白皮书"命名。在中国,"皮书"这一概念被社会广泛接受,并被成功运作、发展成为一种全新的出版形态,则源于中国社会科学院社会科学文献出版社。

❖ 皮书定义 ❖

皮书是对中国与世界发展状况和热点问题进行年度监测,以专业的角度、专家的视野和实证研究方法,针对某一领域或区域现状与发展态势展开分析和预测,具备原创性、实证性、专业性、连续性、前沿性、时效性等特点的公开出版物,由一系列权威研究报告组成。

❖ 皮书作者 ❖

皮书系列的作者以中国社会科学院、著名高校、地方社会科学院的研究人员为主,多为国内一流研究机构的权威专家学者,他们的看法和观点代表了学界对中国与世界的现实和未来最高水平的解读与分析。

❖ 皮书荣誉 ❖

皮书系列已成为社会科学文献出版社的著名图书品牌和中国社会科学院的知名学术品牌。2016年,皮书系列正式列入"十三五"国家重点出版规划项目;2013~2018年,重点皮书列入中国社会科学院承担的国家哲学社会科学创新工程项目;2018年,59种院外皮书使用"中国社会科学院创新工程学术出版项目"标识。

中国皮书网

（网址：www.pishu.cn）

发布皮书研创资讯，传播皮书精彩内容
引领皮书出版潮流，打造皮书服务平台

栏目设置

关于皮书：何谓皮书、皮书分类、皮书大事记、皮书荣誉、
皮书出版第一人、皮书编辑部
最新资讯：通知公告、新闻动态、媒体聚焦、网站专题、视频直播、下载专区
皮书研创：皮书规范、皮书选题、皮书出版、皮书研究、研创团队
皮书评奖评价：指标体系、皮书评价、皮书评奖
互动专区：皮书说、社科数托邦、皮书微博、留言板

所获荣誉

2008年、2011年，中国皮书网均在全国新闻出版业网站荣誉评选中获得"最具商业价值网站"称号；
2012年，获得"出版业网站百强"称号。

网库合一

2014年，中国皮书网与皮书数据库端口合一，实现资源共享。

权威报告·一手数据·特色资源

皮书数据库
ANNUAL REPORT(YEARBOOK) DATABASE

当代中国经济与社会发展高端智库平台

所获荣誉

- 2016年，入选"'十三五'国家重点电子出版物出版规划骨干工程"
- 2015年，荣获"搜索中国正能量 点赞2015""创新中国科技创新奖"
- 2013年，荣获"中国出版政府奖·网络出版物奖"提名奖
- 连续多年荣获中国数字出版博览会"数字出版·优秀品牌"奖

成为会员

通过网址www.pishu.com.cn或使用手机扫描二维码进入皮书数据库网站，进行手机号码验证或邮箱验证即可成为皮书数据库会员（建议通过手机号码快速验证注册）。

会员福利

- 使用手机号码首次注册的会员，账号自动充值100元体验金，可直接购买和查看数据库内容（仅限使用手机号码快速注册）。
- 已注册用户购书后可免费获赠100元皮书数据库充值卡。刮开充值卡涂层获取充值密码，登录并进入"会员中心"—"在线充值"—"充值卡充值"，充值成功后即可购买和查看数据库内容。

数据库服务热线：400-008-6695　　　　图书销售热线：010-59367070/7028
数据库服务QQ：2475522410　　　　　　图书服务QQ：1265056568
数据库服务邮箱：database@ssap.cn　　　图书服务邮箱：duzhe@ssap.cn

更多信息请登录

皮书数据库
http://www.pishu.com.cn

中国皮书网
http://www.pishu.cn

皮书微博
http://weibo.com/pishu

皮书微信"皮书说"

请到当当、亚马逊、京东或各地书店购买,也可办理邮购

咨询／邮购电话：010-59367028　59367070
邮　　箱：duzhe@ssap.cn
邮购地址：北京市西城区北三环中路甲29号院3号楼
　　　　　华龙大厦13层读者服务中心
邮　　编：100029
银行户名：社会科学文献出版社
开户银行：中国工商银行北京北太平庄支行
账　　号：0200010019200365434

当年提取额占当年归集额的比重，最高的地区与最低的地区，相差了43.90个百分点，表明地区之间仍然存在较大的差距。

三是住房公积金个人贷款保持了平稳的发展。2017年贵州省住房公积金个人贷款由于住房公积金流动性资金紧张，以及其他一些原因，当年发放额有一定程度的减少。大多数地区当年发放的个贷额较上年有所下降；同时，个贷率仍然保持了较高的水平，为97.10%，较上年下降了2.93个百分点。

1. 个人住房贷款

2017年，住房公积金个人住房贷款支持职工购建房762.67万平方米。年末个人住房贷款市场占有率为25.20%，比上年同期下降0.82个百分点。通过申请住房公积金个人住房贷款，可节约职工购房利息支出336383.10万元。

职工贷款所购住房套数中，90（含）平方米以下占10.70%，90~144（含）平方米占80.48%，144平方米以上占8.82%；购买新房占90.12%（其中购买保障性住房占1.03%），购买存量商品房占9.03%，建造、翻建、大修自住住房等其他房屋的占0.85%。

职工贷款笔数中，单缴存职工申请贷款占42.41%，双缴存职工申请贷款占56.80%，三人及以上缴存职工共同申请贷款占0.78%。

贷款职工中，30岁（含）以下占42.41%，30~40岁（含）占32.09%，40~50岁（含）占18.41%，50岁以上占7.09%，首次申请贷款占87.88%，二次及以上申请贷款占12.12%；中、低收入占93.83%，高收入占6.17%。

2. 异地贷款

2016年，发放异地贷款1434笔41908.90万元。2017年末，发放异地贷款总额81407.00万元，异地贷款余额73655.56万元。

3. 公转商贴息贷款

2017年，发放公转商贴息贷款1121笔38686.90万元，支持职工

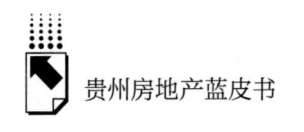

购建房9.82万平方米。当年贴息额4930.71万元。2017年末。累计发放公转商贴息贷款12315笔，累计贴息12655.92万元。

4.住房公积金支持保障性住房建设项目贷款

2017年末，全省试点城市2个，试点项目14个，贷款额度14.32亿元，建筑面积107.12万平方米，可解决11936户中低收入职工家庭住房问题。其中，有8个试点项目贷款资金已发放并还清贷款本息。

四是资产风险问题。截至2017年底，个人贷款风险准备金余额与个人贷款余额的比例进一步下降，为1.13%，比上年同期减少0.02个百分点。当然，个人贷款逾期额与个人贷款风险准备金余额的比例，则随着风险控制的不断加强，有所下降，为2.13%，比上年同期下降0.88个百分点，或者说，较上年下降了29.23%。同时，仍然存在资金流动性不足，有6个地区个贷率超过了95%，2个地区结余资金仍为负数。

五是增值收益得到了一定的增长。增值收益额的增幅虽然比上年增长了16.07%，增值收益占月平均缴存余额的比例却下降了0.961个百分点。有少数地区，增值收益额较上年有所减少，需要引起重视。

三　建议

2018年是全面贯彻党的十九大精神的开局之年，是推进住房公积金制度改革的关键一年。住房公积金制度改革方案的制定，《住房公积金管理条例》的修订，必然对住房公积金的改革发展产生重大深远的影响。因此，在目前的情况下，住房公积金必须全面规范业务管理，管控资金风险，提升服务效能，充分发挥住房公积金服务经济社会建设的应有作用。

（一）继续加强缴存扩面工作，扩大制度覆盖面

住房公积金对个人的住房消费具有一定的支持力度。贵州省属于西部欠发达地区，住房公积金覆盖面较低，仍有大量非公经济组织、进城务工人员、个体工商户、自由职业者等未建立住房公积金制度。因此，继续加强缴存扩面工作，扩大制度覆盖面，既是业务健康发展的基础，也是解决职工住房问题的保障。

（二）继续加强住房公积金信息化建设

一是继续做好"双贯标"工作；二是加快推进转移接续与异地转移接续平台的直连；三是加快住房公积金综合服务平台建设工作，等等。

（三）有效防范资金管理风险

要针对风险点和薄弱环节，排查账户开设、资金存储、提取审批、贷款审批、融资管理、费用支出等方面的违法违规行为，建立和完善内审稽核机制，堵塞风险漏洞，消除风险隐患，确保制度平稳运行。

（四）坚持保障公平，适当兼顾效率

近几年来，关于改革住房公积金制度，受到各方的关注。由于利益关系的调整涉及许多方面，也就有许多不同的争议和看法。

事实上，贵州省住房公积金从1992年开始实施，至今已有20多年了。应该说，取得了显著的成绩，但也存在不少的问题。迫切需要继续改革。

住房公积金的资金来源是以行政化方式，通过强制缴存归集，以较低的价格获得资源（资金）。在实施中，缴存按工资的一定比例、

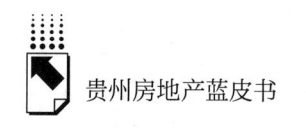

限高保低、低存低贷、委托银行办理金融业务、资金按一定行政区域封闭运行等，注重的是保障公平。这样的管理机制和运行模式，对推动住房公积金的发展，保障缴存职工的合法权益，解决职工住房问题，都发挥了积极的作用。当然，公平是相对的。

重要的是资金的配置方式。住房公积金的资金量大，作为一种资源，目前主要是通过行政手段进行配置。从经济学的角度而言，资源的最好配置方式是市场化，这样可以最大限度地发挥资源的效率。为了提高住房公积金的效率，不少人认为应当采取市场化方式配置，进行改革。在一定程度上，这样可以避免行政化方式配置导致的效率较低、需求与供给的矛盾等方面的问题，需要指出的是，可能会对保障公平产生相应影响。

党的十九大提出，要加快建立多主体供给、多渠道保障、租购并举的住房制度。实现全体人民住有所居是政府的责任，完全的市场化是无法实现的。从目前来看，住房公积金作为社会保障体系的重要组成部分，能够帮助职工筹集和积累住房资金，提升住房消费支付能力，解决住有所居的问题。以贵州省2017年为例，当年人均缴存额为13274.6元，月均为1106元，按双职工家庭租住60~100平方米住房计算，可承担的租金标准为每平方米22.12~36.87元。显然，在贵州省，这是可以基本满足职工在市场租赁住房的。

因此，住房公积金的改革应当坚持保障公平，适当兼顾效率。只有建立更加公平更可持续的制度，促进改革发展的成果惠及广大职工，才是改革的方向，是住房公积金持续发展的制度保证。

B.5
2017年贵州省物业管理概况

贵州省物业管理协会[*]

摘　要： 2017年，全省物业管理企业近1800家，从业人员约10万人。行业的发展更加理性与科学，但行业依然面临如管理机制不健全、业主委员会选举不规范、各有关部门不能互相沟通、管理理念陈旧、管理形式单一、业主素质参差不齐等问题，这些问题是目前物业管理迫切需要面对与解决的问题。

关键词： 贵州省　物业管理　行业状况

一　基本情况

1. 全省物管企业及从业人员

2017年，全省物业管理企业近1800家，从业人员总量约10万人。

2. 在管面积和主要类型

2017年，全省物业管理在管面积近2亿平方米，主要类型有：保障性住房、住宅小区、大厦、别墅区、写字楼、行政办公物业、购物中心、商场、医院、园区、学校、公众型物业（展览馆、广场、

---

[*] 课题组成员：苗欣欣，贵州省物业管理协会会长。

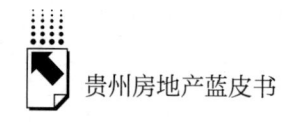

地下通道、公园）等。

3. 其他情况

（1）贵州省安顺市、黔东南州凯里市、黔南州都匀市成立物业管理协会。

（2）评选省级物业管理示范项目22个。

（3）全省物业管理项目业主委员会成立占比35%左右。

二 物业管理大事记

1.《贵州省住宅物业管理服务规范（试行）》试运行

由省住房和城乡建设厅房地产市场监管处统一安排和指导，《贵州省住宅物业管理服务规范（试行）》（以下称《服务规范》）已修改了第四稿，第一批全省范围内的8个住宅项目的试运行顺利结束。2017年8月起全省44个住宅项目开始第二批试运行。《服务规范》是一次创新，它规定了物业管理项目生命全周期的各环节必须要做的事情，比如：早期介入、承接查验协议、遗漏工程追踪整改、建立小区权属清册、建立设备设施以及绿化动态台账制度、计划性设备设施维修养护、消防防火检查、对物业项目更迭退出的要求等。这些规定动作是针对贵州省物业管理项目运行中存在的普遍问题来设定的。两批试运行企业普遍反映：《服务规范》就像是一本指南，把一个项目要做的事情完完整整地列出来了，有非常强的操作性和指导性。

省厅将把《服务规范》内容列为市场"双随机"监督检查、企业信用系统评估的依据，使监督管理职能更加具有针对性和指导性。

2. 全省物业管理示范项目考评和创建工作

贵州省住房和城乡建设厅于2016年底将"贵州省物业管理示范项目考评"的行政职能向行业协会进行了转移。贵州省物业管理协会拟订了《贵州省物业管理示范项目（住宅/写字楼）考评办法》和《贵州省物业管理示范项目（住宅/写字楼）考评标准》（以下分别称《考评办法》《考评标准》），《考评办法》和《考评标准》的制定以行业发展趋势为导向，以促进贵州省物业管理企业提高管理水平为目的，以量化考评、反映实际情况为方法，以客观、公正为原则，共11个大项、58个小项。重点关注"计划性维保""合同的规范""新技术的开发使用""消防管理""经济效益"等方面。从考评的结果来看，《考评办法》和《考评标准》真正起到了促进带动作用，受到参评企业、业主/甲方和政府部门的高度赞誉。2016年，共有20个项目通过了创示范考（复）评，覆盖全省4个地州市。

通过考评获得示范项目称号的有：龙潭春天小区、保利溪湖（一、二期）、安顺大地春城小区、中天未来方舟F区（1、2、4、6、7、8、11、12组团）、保利公园2010（一期一组团）、中天金融101大厦、贵阳市城乡建设展览馆、贵州省政协办公大楼、贵阳京玖大厦。

通过复评保持示范称号的有：嘉信华庭、保利温泉一期、仁恒别墅、贵州电力调度实验楼、省检察院办公楼、中铁国际城B组团、省政府5号办公楼、中铁逸都国际城AC组团、贵阳市级行政中心、蓝波湾花园。

3. 政府简政放权、促进社会管理创新

2017年起，行政主管部门停止了二、三级物业管理企业资质的审批。

2016年开始不再对外地入黔企业进行备案。

三　行业发展

（1）物业管理服务集成商发展趋势进一步显现，清洁公司、设

备维保公司等的专业化分包经营方式日趋成熟。

（2）物业管理企业寻求抱团取暖、跨界合作。有志于物业管理创新发展的企业开始尝试和探索。

（3）物业管理行业用工成本持续上涨，而价格调整机制尚未建立，降低服务标准和弃管项目的现象仍然存在。

（4）物业管理市场竞争机制尚未完善，低价竞争、低值服务的现象时有发生。

（5）业主维权意识持续高涨，但由于法规的不够完善，业主、业主委员会、物业管理企业在实践中矛盾纠纷时有发生，主要表现在业主大会的成立和业主委员会的选举，以及业主委员会的运作监督等方面。

（6）专项维修金的使用难依然是行业的痛点。

（7）行业责任边界不清问题仍然困扰行业发展。物业管理涉及政府行政部门、建设单位、共用事业单位、业主、物业管理企业等多方主体，权利义务关系交织，界定不清晰。特别是违章搭建、宠物喂养、交付物业设施不完善等问题较为普遍。

金融篇

Reports on Finance

B.6 贵州省房地产企业融资

武廷方 杨丽 李坚[*]

摘 要： 2017年，贵州省房地产开发投资和建设活动逐步回暖，全省金融机构房地产贷款保持增长，且增速高于全省各项贷款平均增速。年末，房地产开发贷款占全省房地产贷款余额的38.68%，其中，地产开发贷款和房产开发贷款增速呈现"一降一升"发展态势。

关键词： 房地产企业 企业融资 市场调控 住房金融服务

---

[*] 武廷方，贵州财经大学贵州省房地产研究院院长、教授、硕士生导师；杨丽，现任中国人民银行贵阳中心支行货币信贷管理科科长、中级经济师，从事房地产信贷政策管理和信贷政策研究；李坚，中国人民银行贵阳中心支行货币信贷管理科主任科员，从事专项信贷政策执行情况监测分析方面研究。

房地产开发贷款是房地产开发企业融资的重要渠道，包括地产开发贷款和房产开发贷款。2017年，贵州省房地产开发投资完成2201.00亿元，同比增长2.4%，投资的回暖带动项目建设和土地开发融资需求逐步回升。年末，全省金融机构房地产贷款余额4679.40亿元，同比增长19.26%，增幅比上年提高0.32个百分点。房地产贷款增速高出全省各项贷款平均增速2.5个百分点。其中，房地产开发贷款余额1810.03亿元，同比增长17.21%，比上年提高3.36个百分点（见图1）。

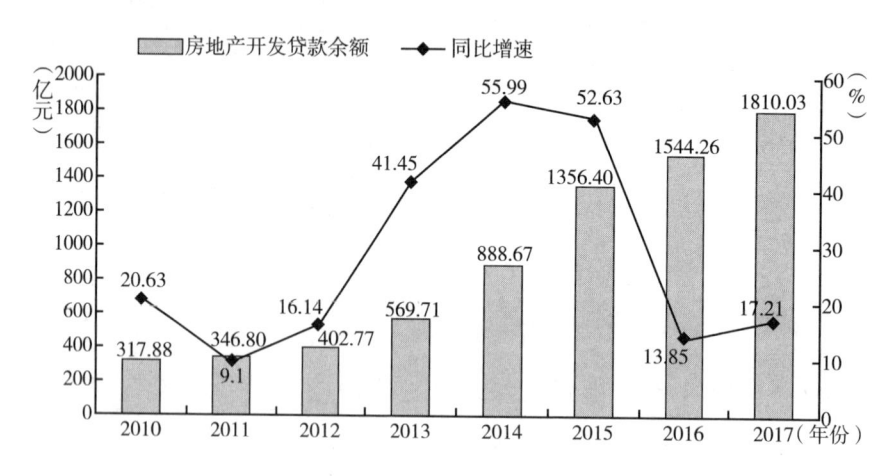

图1　贵州省房地产开发贷款余额及增速情况

资料来源：中国人民银行贵阳中心支行。

一　地产开发贷款

地产开发贷款是专门用于地产开发，且在地产开发完成后计划收回的贷款。主要包括向县级以上（含）政府授权的，在该级政府所在城市规划区内从事土地征用、收购、储备及出让土地前期相关工作，具有法人资格的土地储备机构发放的政府土地储备机构贷款。

2017年，地产开发贷款继续回落，年末，全省地产开发贷款余额199.48亿元，较年初减少了145.95亿元，同比下降42.3%。其中，政府土地储备机构贷款余额187.46亿元，同比下降45.09%（见图2）。

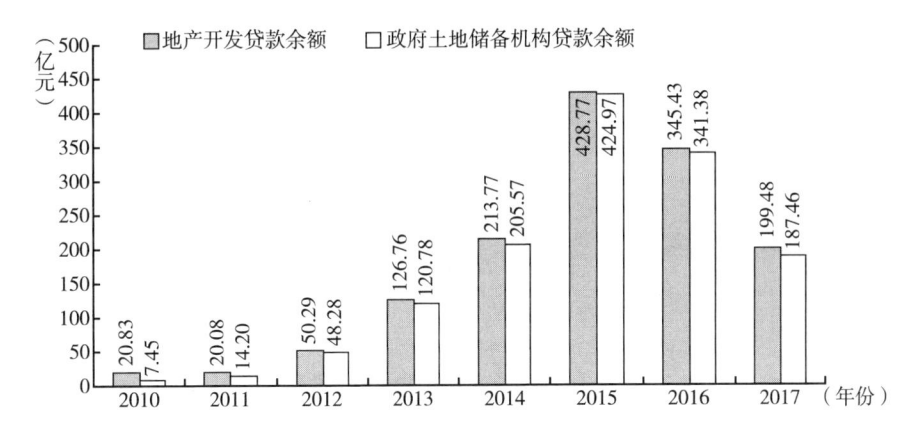

图2 贵州省地产开发贷款余额情况

资料来源：中国人民银行贵阳中心支行。

二 房产开发贷款

房产开发贷款指房屋建设贷款，包括土地开发阶段发放的、计划在房屋建设阶段继续使用的贷款。主要由住房开发贷款、商业用房开发贷款以及其他房产开发贷款组成。其中，保障性住房开发贷款属于住房开发贷款。

2017年末，贵州省房产开发贷款余额1610.55亿元，同比增长34.34%，比上年提高5.11个百分点，较年初新增411.72亿元。总体来看，房产开发贷款结构性变化呈现如下特点：一是住房开发贷款继续回暖。年末，全省住房开发贷款余额1419.00亿元，同比增长

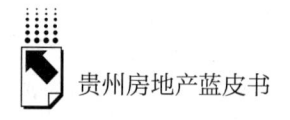

35.84%。二是保障性住房开发贷款增长较快。年末，全省保障性住房开发贷款余额1152.54亿元，同比增长43.53%（见图3）。

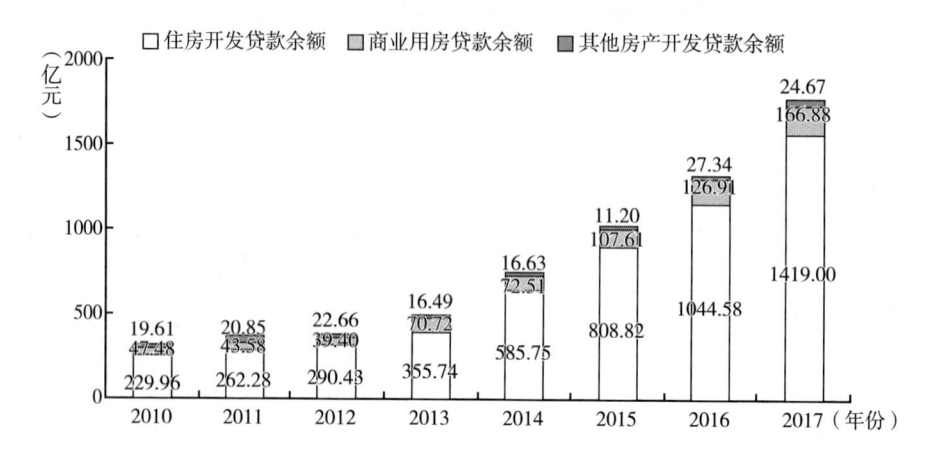

图3 贵州省房产开发贷款余额构成情况

资料来源：中国人民银行贵阳中心支行。

B.7 贵州省房地产消费融资

武廷方 杨丽 李坚[*]

摘 要： 2017年贵州房地产调控仍将延续分类施策、因城施策的主基调，住房信贷政策是地方政府一揽子房地产市场调控的手段之一。2017年，中国人民银行贵阳中心支行继续执行差别化的住房信贷政策，重点支持居民刚性住房需求和改善性住房需求。

关键词： 消费融资 房地产信贷 个人住房贷款

购房贷款是房地产贷款的重要组成部分，由企业购房贷款、机关团体购房贷款和个人购房贷款构成。其中，个人购房贷款包括个人商业用房贷款和个人住房贷款。

一 购房贷款情况

2017年，贵州省购房贷款保持稳定增长。年末，全省购房贷款余额2820.05亿元，同比增长19.05%，增速较上年同期回落2.89个

---

[*] 武廷方，贵州财经大学贵州省房地产研究院院长、教授、硕士生导师；杨丽，中国人民银行贵阳中心支行货币信贷管理科科长，中级经济师，从事房地产信贷政策管理和信贷政策研究；李坚，中国人民银行贵阳中心支行货币信贷管理科主任科员，从事专项信贷政策执行情况监测分析方面研究。

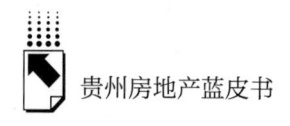

百分点。购房贷款余额占房地产贷款余额的比重保持在六成左右，年末达60.26%（见图1）。

从结构上看，企业购房贷款余额为17.33亿元，较年初增加7.87亿元，占购房贷款的比重较小。个人购房贷款仍然是购房贷款的主要组成部分，年末，全省个人购房贷款余额为2802.71亿元，较年初增加443.46亿元。

图1 贵州省购房贷款余额及增速情况

资料来源：中国人民银行贵阳中心支行。

二 个人住房贷款情况

2017年贵州省个人住房贷款保持较快增长，年末贷款余额2495.96亿元，同比增长21.13%，高出全省人民币各项贷款余额增速4.33个百分点。

从结构上看，年末全省个人新建住房贷款余额2324.42亿元，同比增长19.61%。分地区来看，贵阳、遵义等两个地区的个人新建住房贷款同比增速超过全省平均水平。年末全省再交易房贷款余额171.54亿元,同比增长46.22%(见图2)。

图2 贵州省个人住房贷款余额及增速情况

资料来源:中国人民银行贵阳中心支行。

地区篇

Reports on County and District Subject

B.8
贵阳市2017年房地产市场运行报告

贵阳市住房和城乡建设局课题组*

摘　要： 2017年，在贵阳市委市政府正确领导下，在各部门共同努力下，面对错综复杂的宏观经济环境，贵阳市认真贯彻落实党中央、国务院和省委省政府重大决策部署，坚持稳中求进工作总基调，深入推进房地产供给侧结构性改革，不断完善房地产市场调控工作，房地产市场总体呈现平稳健康发展态势。统计数据显示，2017年贵阳市房地产开发完成投资1026.43亿元，同比增长10.7%；商品房销售面积1077.88万平方米，同比增长9%；商品住房销售均价6233元/平方米，同比增长18.3%；截至

---

* 课题组成员：文静，贵阳市住房和城乡建设局房地产市场监管处处长；刘长海，贵阳市住房和城乡建设局房地产市场监管处工作人员；廖碧君，贵阳市住房和城乡建设局办公室工作人员。

2017年12月末，商品住房库存822.27万平方米，比2016年末下降201.11万平方米，住房库存去化周期为10个月，库存总体处于合理可控水平。

关键词： 贵阳市 房地产市场 保障 租赁

一 房地产市场基本情况

（一）房地产开发投资情况

统计数据显示，2017年，贵阳市房地产开发完成投资1026.43亿元，同比增长10.7%，增幅比上年扩大18.4个百分点，房地产开发投资占全市固定资产投资的26.7%。其中：商品住房投资596.39亿元，同比增长20.9%；办公楼投资79.85亿元，同比下降35%；商业营业用房投资200.69亿元，同比下降5.3%；其他用房投资149.5亿元，同比增长50.7%（见表1）。

表1 贵阳市房地产开发投资完成情况统计

单位：亿元，%

指标名称	金额	同比增长
房地产开发投资完成额	1026.43	10.7
其中：商品住房	596.39	20.9
商业营业用房	200.69	-5.3
办公楼	79.85	-35
其他用房	149.5	50.7

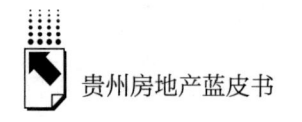

（二）商品房开发建设及销售情况

开发建设方面，统计数据显示，2017年全市商品房新开工面积903.05万平方米，同比增长0.8%，其中：商品住房561.61万平方米，同比增长0.9%；办公楼50.32万平方米，同比增长26.8%；商业营业用房139.17万平方米，同比下降6%；其他151.96万平方米。全市商品房竣工面积313.63万平方米，同比下降68%，其中：商品住房201.92万平方米，同比下降68.9%；办公楼17.57万平方米，同比下降81.8%；商业营业用房44.06万平方米，同比下降45.7%；其他50.08万平方米，同比下降68.9%。销售方面，统计数据显示，2017年全市商品房销售面积1077.88万平方米，同比增长9%，增幅比上年扩大6.9个百分点，销售面积仅次于2013年的1301.54万平方米，居历年第二位，其中：商品住房877.61万平方米，同比增长5.4%；办公楼86.41万平方米，同比增长46.5%；商业营业用房87.92万平方米，同比增长13.1%；其他25.94万平方米，同比增长36.2%（见表2）。

表2 贵阳市商品房开发建设及销售情况统计

指标名称	数量	同比增长(%)
商品房新开工面积(万平方米)	903.05	0.8
其中:商品住房新开工面积	561.61	0.9
办公楼新开工面积	50.32	26.8
商业营业用房新开工面积	139.17	-6
商品房竣工面积(万平方米)	313.63	-68
其中:商品住房竣工面积	201.92	-68.9
办公楼竣工面积	17.57	-81.8
商业营业用房竣工面积	44.06	-45.7

续表

指标名称	数量	同比增长(%)
商品房销售面积(万平方米)	1077.88	9
其中:商品住房销售面积	877.61	5.4
办公楼销售面积	86.41	46.5
商业营业用房销售面积	87.92	13.1
商品房销售均价(元/平方米)	7239	16.8
其中:商品住房	6233	18.3
办公楼	7996	3.4
商业营业用房	14685	6.4

(三) 商品房销售价格

网签数据显示, 2017年, 贵阳市商品房网签销售均价7239元/平方米, 同比增长16.8%; 其中: 商品住房6233元/平方米, 同比增长18.3%; 办公楼7996元/平方米, 同比增长3.4%; 商业营业用房14685元/平方米, 同比增长6.4%。

(四) 二手房交易情况

2017年, 贵阳市二手房成交面积346.71万平方米, 同比增长47.8%, 成交套数31234套, 同比增长43.6%, 成交金额139.59亿元, 同比增长43.1%。其中: 二手住宅成交面积316.4万平方米, 同比增长42.2%, 成交套数29872套, 同比增长43.9%, 成交金额126.12亿元, 同比增长43.2%。

(五) 房地产开发企业资金来源情况

统计数据显示, 2017年, 贵阳市本年度房地产开发企业实际到

位资金952.21亿元,同比增长7.1%。其中:国内贷款69.31亿元,同比下降43.7%(其中银行贷款52.8亿元,同比下降53.6%);自筹资金233.13亿元,同比增长14.1%;其他资金649.76亿元,同比增长15.7%(其中:定金及预收款337.23亿元,同比增长19.9%;个人按揭贷款230.31亿元,同比增长16.3%)。

(六)主要问题及困难

当前,贵阳市房地产市场总体走势平稳,但也存在一定问题及困难。一是房开企业融资难度加大。统计数据显示,2017年房地产开发企业到位资金中,国内贷款69.31亿元,同比下降43.7%,降幅比上年扩大37.1个百分点,占全年实际到位资金的7.3%,所占比重比上年下降6.5个百分点,其中银行贷款同比下降53.6%,预计下一步房开企业融资将更加困难。二是住房公积金资金紧张。随着住房需求的增长,个人住房公积金贷款需求也呈现快速增长趋势,由于公积金归集额增速远低于个贷需求增速,住房公积金出现收支倒挂,资金趋于紧张。三是房地产遗留问题较多。在房地产开发过程中,开发商的资金问题以及违规经营,凸显出一系列遗留问题。比如,因开发商违规操作,擅自改变项目规划、房屋结构,导致不能正常竣工验收备案;或因只注重项目建设,不规范各环节的资料整理、完善,不能提供完善的、规范的办证资料,导致不能办证及不能及时办证。再如,部分开发商在与购房业主签订购房合同时,代征了契税、房屋维修基金,由于资金紧张,挤占、挪用代征的契税、房屋维修基金,导致延误或无力缴纳税费,造成无法办证。四是住房租赁市场发展相对滞后。当前住房租赁供给主要以个人出租自有住房为主,缺乏专业性的机构参与,不利于提高整个社会住房租赁服务水平和形成完善的住房供应体系,需要进一步培育市场多元主体,多渠道地增加租赁住房供应;缺乏保障租赁双方当事人权利、义务的法律制度规范，不利于租赁市场管理，阻碍租赁市场发展。

二 展望

2018 年，贵阳市房地产市场仍将延续从紧调控的基调，2017 年底召开的中央经济工作会议明确提出要"保持房地产市场调控政策连续性和稳定性"；全国住房和城乡建设工作会议强调要坚持调控目标不动摇、力度不放松，继续严格执行各项调控措施。从信贷政策来看，在去杠杆与稳健中性的货币政策环境下，利率上行预期强烈，楼市仍然面临资金面偏紧的形势。从贵阳市来看，2018 年房地产市场发展趋势向好，随着城乡"三变"改革推进、棚户区改造提速，在旅游环线、人民大道等重大项目带动下，房地产市场总体仍将保持平稳健康可持续发展态势。

B.9
六盘水市2017年房地产市场运行报告

六盘水市住房和城乡建设局课题组*

摘　要： 2017年，六盘水市狠抓国家及省有关房地产市场政策的落实，多措并举，去库存取得一定成效，商品房交易市场秩序得到进一步规范，旅游地产、休闲养生等地产逐步成为房地产企业考虑投资的重要方向，房地产市场整体呈平稳发展态势。同时，延期交房等引起的投诉矛盾凸显。

关键词： 六盘水市　房地产市场　住房保障

一　市场分析

（一）房地产开发投资情况

2017年，六盘水市房地产投资回升，全年累计完成房地产开发投资77.96亿元，与上年同期相比上升14.03%。商品住房完成投资38.06亿元，同比下降26.59%，办公楼完成投资1.52亿元，同比下

---

* 课题组成员：刘颖，六盘水市住房和城乡建设局房地产市场监督管理科科长；祝婷、江源、曹会宁，六盘水市住房和城乡建设局房地产市场监督管理科科员。

降35.59%，商业营业用房完成投资31.84亿元，同比上升57.94%，其他用房完成投资6.55亿元，同比上升34.22%（见表1）。

表1 六盘水市房地产开发投资完成情况统计

单位：亿元，%

指标名称	数量	同比增长
房地产开发投资完成额	77.96	14.03
其中:商品住房	38.06	-26.59
商业营业用房	31.84	57.94
办公楼	1.52	-35.59
其他用房	6.55	34.22

（二）商品房开发建设及销售情况

全市商品房销售面积286.14万平方米，同比上升15.03%，其中：商品住房销售面积243.4万平方米，同比上升15.69%；商业营业用房销售面积32.17万平方米，同比上升31.04%。全市商品房销售均价为3667元/平方米，同比上升11.66%，其中：商品住房销售均价为3355元/平方米，同比上升9.43%。商品房销售面积及销售额上升（见表2），房地产市场呈现上升态势。

表2 六盘水市商品房开发建设及销售情况统计

指标名称	数量	同比增长（%）
商品房施工面积(万平方米)	1497.15	1.09
其中:商品住房施工面积	921.24	-0.14
办公楼施工面积	23.41	-19.05
商业营业用房施工面积	324.04	5.26

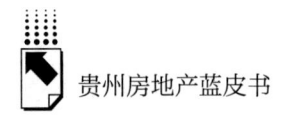

续表

指标名称	数量	同比增长(%)
商品房新开工面积(万平方米)	149.96	-3.30
其中:商品住房新开工面积	105.58	15.4
办公楼新开工面积	0.62	121.43
商业营业用房新开工面积	27.26	-26.08
商品房竣工面积(万平方米)	46.56	-47.25
其中:商品住房竣工面积	29.36	-48.48
办公楼竣工面积	0.69	-68.35
商业营业用房竣工面积	8.16	48.78
商品房销售面积(万平方米)	286.14	15.03
其中:商品住房销售面积	243.4	15.69
办公楼销售面积	1.9	-14.03
商业营业用房销售面积	32.17	31.04
商品房待售面积(万平方米)	106.35	1.09
其中:商品住房待售面积	32.2	5.16
办公楼待售面积	2.97	-49.23
商业营业用房待售面积	53.55	-8.65
商品房销售额(万元)	104.92	28.45
其中:商品住房销售额	81.66	26.6
办公楼销售额	0.72	-39.5
商业营业用房销售额	19.58	54.17

(三)商品房库存情况

全市商品房存量面积为435.72万平方米,商品住房存量面积为139.27万平方米,商品住房去化周期从2016年末的14.1个月下降到7.9个月。商品住房库存处于合理偏紧状况。

（四）商品房租赁情况

当前，六盘水市房屋租赁市场相对比较薄弱，以个人投资出租为主体、个人自行发布出租信息为主要方式，租赁双方自觉进行备案登记率较小，商品房租赁具体情况较难统计。

（五）二手房交易情况

全市二手房销售面积完成38.76万平方米，同比上升47.38%，其中：二手住宅34.19万平方米，同比上升43.47%。二手房成交均价为3000元/平方米，与上年同期相比上升15.7%，二手住宅成交均价2373元/平方米，同比上升3.04%。

（六）房地产开发企业资金来源情况

全市房地产开发企业实际到位资金合计117.95亿元，同比上升19.72%。其中，上年结余资金21.74亿元，同比上升42.84%；本年实际到位资金96.21亿元，同比上升15.5%。

（七）住房保障情况

2017年，国家下达六盘水市棚户区改造开工任务33540户，基本建成24343套。截至2017年12月底，全市棚户区改造已开工36173户，开工率107.85%；基本建成45893套，完成率188.53%；年度完成投资81.26亿元，完成率270.86%。在2017年省城镇保障性安居工程考核中荣获全省第一位。

（八）存在的主要问题

（1）房地产开发企业融资难。多数房开企业实力较弱，在金

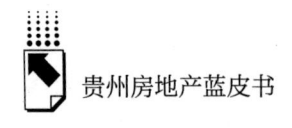

融政策和经济环境等因素的影响下，房地产开发企业资金严重匮乏，市场洗牌情况显著，部分房地产开发企业已认识到问题，主动寻求合作企业。

（2）房地产经纪市场管理难。六盘水市二手房交易量仅占总成交量的12%，由于房地产中介市场需求小，房地产中介机构多没有法律意识，管理不规范，没有房地产市场运作的基本常识，且不服从相关管理，如何规范房地产经纪市场是目前管理的一大难题。

（3）房地产投诉呈增长趋势。随着居民法律意识进一步提高，公共设施达不到合同约定、不能在约定时间内办理房屋不动产权证等侵害消费者权益的投诉较多。

二 2018年展望

（一）2018年房地产市场发展趋势

随着生活水平的提升，2018年，预计六盘水市房地产市场改善性需求要求较高，高品质产品将成为开发的主流，房价走势呈上升趋势。

（二）2018年重点工作

（1）健全房地产市场调控机制。在强化房屋回归居住属性的同时，引导市场供求平衡、房价保持稳定；积极引导旅游地产发展，鼓励房地产多元化发展；开展房地产市场专项整治，加强房地产中介市场监管，促进房地产行业健康有序发展。

（2）促进房屋租赁市场发展。培育和发展住房租赁市场，支持住房租赁消费，逐步探索建立多主体供给、租购并举的住房制度，促进住房租赁市场健康发展。

（3）继续推进住房保障建设。按照"新的三年棚改攻坚计划"，2018年六盘水市棚户区开工任务为45572户，棚户区面积5012920平方米，计划完成年度投资10亿元。

B.10
遵义市2017年房地产市场运行报告

遵义市住房和城乡建设局课题组*

摘　要： 2017年，遵义市认真贯彻落实党中央、国务院和省委、省政府重大决策部署，稳步推进房地产供给侧结构性改革，坚持分类调控、因地施策，支持居民自住和进城人员购房需求，努力抓好房地产去库存工作，商品住房去化期在合理区间和可控范围内，商品房供销两旺，成交量稳步增长，价格基本稳定，房地产市场保持平稳健康有序发展。

关键词： 遵义市　房地产市场　去库存　平稳健康

一　房地产市场运行基本情况

（一）房地产开发投资稳步增长

2017年，遵义市完成房地产开发投资563.20亿元，为年度任务550亿元的102.40%，同比增长11.19%，增速比上年同期增长3.36个百分点（见表1）。

---

* 课题组成员：朱家红，遵义市住房和城乡建设局房地产产业科科长；袁嗣陶，遵义市住房和城乡建设局工程师。

（二）市场活跃，供需两旺

2017年，全市累计批准预售商品房1135.49万平方米，同比增长41.14%，销售1126万平方米，同比增长13.17%。其中：批准预售商品住房811.53万平方米，同比增长55.28%，销售926.71万平方米，同比增长15.26%；批准预售非住房323.96万平方米，同比增长14.92%，销售199.29万平方米，同比增长4.35%。

2017年，中心城区累计批准预售商品房517.17万平方米，同比增长54.71%，销售476.27万平方米，同比增长32.75%。其中：批准预售商品住房355.65万平方米，同比增长64.87%，销售391.51万平方米，同比增长34.24%；批准预售非住房161.52万平方米，同比增长36.21%，销售84.76万平方米，同比增长26.26%。

（三）商品住房价格稳中有升

2017年，全市新建商品住房均价为3859元/平方米，同比增长11.86%；中心城区新建商品住房均价为4542元/平方米，同比增长8.07%（见表1）。

表1 遵义市房地产市场运行基本情况

指标名称	数值	同比增长（%）
房地产开发投资（亿元）	563.20	11.19
商品房销售面积（万平方米）	1126	13.17
其中:商品住房销售面积	926.71	15.26
新建商品住房均价（元/平方米）	3859	11.86
其中:中心城区新建商品住房均价	4542	8.07

（四）商品房去库存成效明显

截至2017年12月底，遵义市商品房库存为1242.63万平方米，

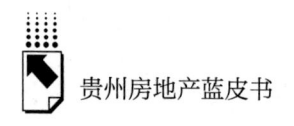

其中：商品住房库存为417.96万平方米，非住房库存为824.67万平方米。商品房去化周期为15个月，比全省平均去化周期少7.3个月。其中：商品住房去化周期为6.2个月、非住房为51.8个月，分别比全省平均去化周期少4.7个月、12.53个月。

（五）房地产开发用地供应情况

2017年，全市出让商品住房用地310宗，面积604.87公顷（含商住用地），同比增长54%；出让商业用地104宗，面积244.6公顷，同比增长3.91%。

中心城区出让商品住房用地65宗，面积281.51公顷（含商住用地），同比增长31.4%；出让商业用地28宗，出让面积113.78公顷，同比增长2.6%。

（六）房地产开发贷款情况

2017年，全市房地产开发贷款余额为142亿元，同比增长47%。个人购房贷款余额为442.88亿元，同比增长23.47%，其中：个人商业用房贷款36亿元，同比增长9.77%；个人住房贷款406.83亿元，同比增长24.85%（见表2）。

表2　遵义市房地产贷款情况

单位：亿元，%

指标名称	数值	同比增长
房地产开发贷款余额	142	47
个人购房贷款余额	442.88	23.47
其中：个人商业用房贷款	36	9.77
个人住房贷款	406.83	24.85

二 存在的主要问题

(一) 商品住房库存区域分布不平衡

各地商品房库存量分布不平衡,地区差距较大。中心城区、赤水市、道真县、习水县、正安县、仁怀市商品住房去化周期在6个月以下,部分地方已供不应求;湄潭县、绥阳县、桐梓县、余庆县、播州区商品住房去化周期为6~12个月,务川县去化周期为16.2个月;凤冈县去化周期为21.8个月,库存量相对较大。

(二) 商业等用房库存量较大

截至2017年12月底,全市商业等用房库存达824.67万平方米,总量超过商品住房(417.96万平方米),去化周期为51.8个月。其中,中心城区商业地产库存为369.82万平方米,去化周期达66.2个月。去库存压力很大,存在一定的市场风险。

(三) 金融支持力度不够

金融对房地产业的支持力度不够,主要表现在以下几个方面。一是房开企业融资困难,同时贷款利率上浮,融资成本增加。二是对购买商业房地产的信贷支持力度小,尤其是对购买二层、三层商业房地产的贷款成数更低。截至2017年底,个人购房贷款余额442.88亿元,同比增长23.47%。其中,个人商业用房贷款36亿元,同比增长9.77%,但仅占个人购房贷款余额的8%。三是由于受国家宏观金融政策收紧影响,各地商业银行的授信额度小,审核缓慢,放贷时间过长,特别是乡镇的小型楼盘,银行基本不予信贷支持;尤其是公积金政策收紧,各地放贷额度有限,放款时间较长,造成房开企业不愿

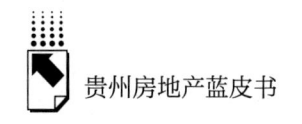

接受公积金按揭贷款，使购房者有公积金不能使用，造成较大社会矛盾。由于金融支持力度不够，房开企业不能及时回笼资金，引发不能按期交房、拖欠民工工资、楼盘烂尾等一系列风险问题。

三 2018年展望

2018年，随着遵义市经济综合实力的进一步增强、棚改工作的持续推进、中心城区路网改造的继续实施、城市化进程的不断加快、发展环境的进一步改善、土地供应量的有效增加，房地产开发投资将保持增长态势，房地产市场的购买能力将进一步释放，市场仍将呈现供销两旺的态势，商品住房市场价格将小幅上涨，商品住房库存量将稳定在合理去化周期内，非住房库存量将有所下降，全市房地产市场将继续保持平稳健康有序发展。

B.11
安顺市2017年房地产市场运行报告

安顺市住房和城乡建设局课题组[*]

摘　要： 2017年，安顺市房地产整体发展平稳，因地制宜，因城施策，分类调控，进一步提高认识，充分理解中央经济工作会议"房子是用来住的、不是用来炒的"的内涵与实质，加强房地产市场监管，确保全市房地产市场平稳健康发展。同时，大力培育和发展租赁市场，通过合同备案、信息公开、租赁信息政府服务平台等制度建设，有效引导和释放租房的消费需求。

关键词： 安顺市　房地产市场　分类调控　市场监管

一　2017年房地产市场运行情况

（一）房地产开发投资情况

2017年安顺市共完成房地产开发投资100.48亿元，同比增长25.2%（见表1）。

---

[*] 课题组成员：黄鹏川，安顺市住房和城乡建设局房地产市场管理科科长；石珂，安顺市住房和城乡建设局房地产市场管理科副科长；杨剑，安顺市住房和城乡建设局住房保障科科长；王雪，安顺市住房和城乡建设局保障性住房管理中心副主任。

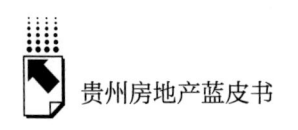

表1　安顺市房地产开发投资完成情况统计

单位：亿元，%

指标名称	数量	同比增长
房地产开发投资完成额	100.48	25.2
其中：商品住房	57.74	28.69
商业营业用房	25.16	3.7
办公楼	4.2	36.1
其他用房	13.38	66.4

（二）商品房开发建设及销售情况

2017年，安顺市共批准新建商品房预售面积213.58万平方米，同比增长40.55%。其中安顺市区批准新建商品房预售面积为89.23万平方米，同比增长40.65%，安顺市商品房开发建设及销售情况见表2。

表2　安顺市商品房开发建设及销售情况统计

指标名称	数量	同比增长（%）
商品房施工面积（万平方米）	1369.37	-3.1
其中：商品住房施工面积	728.61	-3.6
办公楼施工面积	44.2	27.3
商业营业用房施工面积	364	-1.7
商品房新开工面积（万平方米）	183.11	-11.5
其中：商品住房新开工面积	107.7	-2.2
办公楼新开工面积	4.87	-36
商业营业用房新开工面积	31.82	-38.9
商品房竣工面积（万平方米）	66.08	-24.6
其中：商品住房竣工面积	42.71	-16.3
办公楼竣工面积	0.17	—
商业营业用房竣工面积	18.26	2.3
商品房销售面积（万平方米）	222.51	13

续表

指标名称	数量	同比增长（%）
其中：商品住房销售面积	163.78	3.4
办公楼销售面积	1.19	-73.8
商业营业用房销售面积	49.29	53.1
商品房待售面积（万平方米）	54.44	-7.1
其中：商品住房待售面积	14.42	-49.9
办公楼待售面积	0.02	-16.7
商业营业用房待售面积	34.26	41.8
商品房销售额（万元）	113.29	44
其中：商品住房销售额	60.41	26.9
办公楼销售额	0.77	-69.2
商业营业用房销售额	48.28	73.6

（三）新建商品房销售价格

2017年，安顺市商品房销售价格4492元/平方米，同比增长2.67%。其中：住宅销售价格3365元/平方米，同比增长0.76%；商铺销售价格8612元/平方米，同比增长9.5%。

中心城区商品房销售价格5202元/平方米，同比增长10.51%。其中：住宅销售价格4345元/平方米，同比增长13.74%；商铺销售价格9195元/平方米，同比增长2.05%。

（四）商品房租赁情况

为加快培育和发展安顺市住房租赁市场，按照省住房和城乡建设厅《关于转发〈住房和城乡建设部关于加快培育和发展住房租赁市场的指导意见〉的通知》（黔建房通〔2015〕83号）相关要求，一是积极搭建住房租售信息网络平台，在安顺市住房和城乡建设局网站上搭建房屋租售平台，业主可将房屋信息提交到该网站上，经安顺市住房和城乡建设局相关部门核查后，将核实的房屋信息进行发布，给供需双方提供了一个权威的房屋中介信息平台；二是对市区内的房屋中介公司进行摸底调查，梳理了一批在市住房和城乡建设局备案的房地产中介服务机构，并完善相关信息，形成《安顺市已备案房地产中介服务机构基本情况一览表》，发布在安顺市住房和城乡建设局网站上；三是为解决住房困难群众住房问题，引导租赁平台的使用，市住房和城乡建设局已用市级保障房项目中的北部新区公租房50套，作为首批房屋租赁的房源在平台上发布，并将公租房的申请、准入形成文件说明，凡符合条件的住房困难群众可按照相关流程，到市住房和城乡建设局保障性住房管理中心进行申请；四是由于安顺市城区房屋租赁市场上大量的房屋租赁交易是在缺乏监管的情况下完成的，长期以来存在管理措施不完善、部门信息不共享、租赁房屋供应总量和结构不合理等问题，为此，市住房和城乡建设局与安顺市建设银行共同搭建安全、阳光、免费、开放的互联网住房租赁服务平台，包括监管服务、企业租赁、共享应用、公租房监测分析等五大系统，整合了供房、承租、撮合、融资、服务五大流程，服务监管机构、房地产企业、专业化住房租赁机构、房地产中介、个人等五类主体；五是培育和发展安顺市住房租赁市场，要达到理想的管理效果还需做大量基础工作，市住房和城乡建设局将在下一步工作中加强宣传，正确引导，为培育住房租赁市场工作营造良好的社会氛围，并积极协调相关部门，支持培育和发展住房租赁市场。

（五）二手房交易情况

全市二手房交易面积37.85万平方米，销售总额10.21亿元，共3605套。其中：住宅面积35.53万平方米，销售总额8.1亿元，共3349套。

（六）房地产开发企业资金来源情况

2017年末资金156242万元，同比增长13.1%；本年资金来源842507万元，同比增长21.8%。国内贷款39545万元，同比增长29%；其中：银行贷款36745万元，同比增长31.9%；非金融机构贷款2800万元，与2016年持平。自筹资金573064万元，同比增长33.1%。其他资金来源413858万元，同比增长8.6%，其中：定金及预收款252938万元，同比增长29.9%；个人按揭贷款136274万元，同比增长5.4%。

（七）住房保障情况

1.2017年住房保障项目建设进度情况

一是全面落实项目新开工任务。2017年全市新开工各类保障性住房目标任务数共45324套（均为城市棚户区改造），城市棚户区改造完成任务数47709户，完成目标任务的105.26%（货币化安置41774户，占比92.17%）。

二是推进项目基本建成。全市各类保障性住房基本建成共52493套。其中城市棚户区改造基本建成47227套（含货币安置套数），完成目标任务28454套的165.97%；公租房建设基本建成5266套，完成目标任务1500套的351.07%。

三是按时发放住房租赁补贴。2017年安顺市无新增发放住房租赁补贴任务。各县（区）均已按季度发放住房租赁补贴，未出现逾期、漏发等现象。

2.2017年公租房建设、分配情况

安顺市公租房项目基本全面建成，同时新增公租房分配6559套，其中政府投资2007~2013年项目新增分配1660套，共分配25733套，分配率为98.96%；2014年新增分配1735套，共分配6254套，分配率为91.83%，均超额完成2017年省级目标任务。

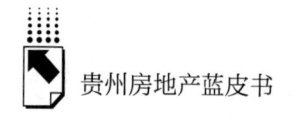

（八）存在的主要问题

近年来安顺市商业营业用房投放量较大，受网购和电商影响，刚性需求仍不乐观，导致商业地产销售不畅，商业地产去库存周期长、压力大。

二 2018年房地产市场展望

2018年，安顺市住房和城乡建设局将继续以加快城镇化进程、深化住房制度改革为牵引，全面落实《安顺市推进供给侧结构性改革实施方案》，坚持"房子是用来住的、不是用来炒的"定位，密切加大对安顺市房地产市场变化监测，科学研判，积极应对，不断完善相关举措；以有效需求为重点，调整房地产市场供应结构；按照"政府推动、企业主体、市场运作、政策扶持"的原则，鼓励房地产开发企业顺应市场需求，大力发展安顺市以旅游、养生为重点的养老地产和度假地产，对旅游地产、养老地产、教育地产，在项目的土地、规划、施工等方面给予政策支持；继续利用安顺市"新型城镇化综合试点"和气候、旅游资源等优势，积极组织房地产开发企业到省内外开展系列促销、推介活动，促进商品房销售；因地制宜采取棚改货币化安置和新建棚改安置房相结合的方式，防止房价非理性上涨，促进安顺市房地产市场平稳健康发展。

B.12
毕节市2017年房地产市场运行报告

毕节市住房和城乡建设局课题组[*]

摘　要： 随着国家及省、市房地产利好政策的不断推出，毕节市住房和城乡建设局通过对棚户区改造的推动，舆论正面的引导，潜在消费需求的增加，对棚户区改造进行货币化安置，2017年毕节市房地产市场快速发展，各项指标不断上升。

关键词： 毕节市　房地产市场　棚户区改造

一　房地产市场运行情况

2017年毕节市房地产开发投资稳步上升，商品房销售量大幅增长，商品住房库存得以消化和有效控制，去化周期处于合理范围，房地产市场持续健康发展。

（一）房地产开发投资完成情况

据统计，2017年全市完成房地产开发投资210.1亿元，同比增长18.5%，增速同比上升2.16个百分点（见表1）。

---

[*] 课题组成员：龙秀花，毕节市住房和城乡建设局房地产市场监管科主要负责人；刘启，毕节市房地产交易大厅总工程师。

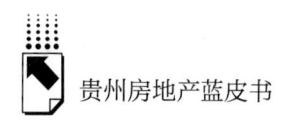

表1 2017年毕节市房地产开发投资完成情况统计

单位：亿元，%

指标名称	数量	同比增长
房地产开发投资完成额	210.1	18.5
其中：商品住房	136.7	29.8
商业营业用房	3.5	1.1
办公楼	57.2	-30.6
其他用房	12.7	22.7

资料来源：毕节市统计局。

（二）商品房开发建设及销售情况

据统计，2017年全市商品房施工面积2118.74万平方米，同比增长12.3%；新开工面积396.7万平方米，同比增长15.4%；2017年商品房销售面积450.81万平方米，同比增长23.2%，其中，商品住房销售面积377.89万平方米，同比增长22.6%（见表2）。

表2 2017年毕节市商品房开发建设及销售情况统计

指标名称	数量	同比增长(%)
商品房施工面积(万平方米)	2118.74	12.3
其中：商品住房施工面积	1394.84	13.8
办公楼施工面积	37.13	-5.5
商业营业用房施工面积	459.43	9.1
商品房新开工面积(万平方米)	396.7	15.4
其中：商品住房新开工面积	270.97	19.5
办公楼新开工面积	7.12	2.3
商业营业用房新开工面积	76.04	4.0

续表

指标名称	数量	同比增长(%)
商品房竣工面积(万平方米)	43.81	-54.4
其中:商品住房竣工面积	25.88	-56.9
办公楼竣工面积	3.05	40.3
商业营业用房竣工面积	11.94	-52.5
商品房销售面积(万平方米)	450.81	23.2
其中:商品住房销售面积	377.89	22.6
办公楼销售面积	4.80	74.0
商业营业用房销售面积	63.93	32.7
商品房待售面积(万平方米)	105.20	-34.4
其中:商品住房待售面积	47.23	-41.7
办公楼待售面积	7.47	-29.2
商业营业用房待售面积	35.23	-31.2
商品房销售额(亿元)	188.03	42.0
其中:商品住房销售额	135.02	43.6
办公楼销售额	2.07	88.5
商业营业用房销售额	48.55	40.3

资料来源:毕节市统计局。

(三)新建商品房销售价格

根据交易日报统计,2017年全市新建商品房网签备案销售面积均价4123元/平方米,同比增长4.2%,其中住宅销售均价3465元/平方米,同比增长12.6%。商品房销售面积均价上升较快,增速过快的主要原因:部分县、区商品房库存面积较少,批准预售面积小于网签销售面积,市场供不应求,导致销售价格上涨速度过快。

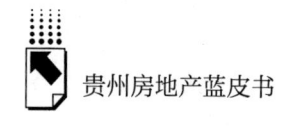

（四）商品房租赁情况

为贯彻落实党的十九大精神和中央经济工作会议关于建立租购并举的住房制度，以及贯彻落实《国务院关于加快培育和发展住房租赁市场的若干意见》（国办发〔2016〕39号）和《贵州省人民政府办公厅关于加快培育和发展住房租赁市场的通知》（黔府办函〔2017〕5号）精神，建立租购并举的住房制度，加快培育和发展住房租赁市场，毕节市住房租赁监管服务平台计划在2018年1月正式上线试运行。该平台是贵州省首批上线运行的房屋租赁平台，有效解决了毕节市租赁市场上房源信息不真实、租赁关系不稳定等诸多弊端，同时也让以后的房屋租赁变得更为高效、便捷、可靠。

（五）二手房交易情况

根据交易日报统计，2017年全市二手房成交面积29.18万平方米，成交均价为2614元/平方米，其中，二手住房成交面积22.17万平方米，成交均价为2494元/平方米。全市二手房成交面积同比增长1%，成交价格出现回落。

（六）房地产开发企业资金来源情况

据了解，2017年，全市房地产开发贷款额度小幅下降。截至12月末，全市房地产开发贷款余额26.13亿元，全部为政府土地储备贷款，较年初减少15.86亿元，同比下降37.62%，从全年状况来看，政府土地储备贷款全年延续只减不增的状态。

（七）住房保障情况

2017年，全市城镇保障性安居工程基本建成任务12758套，完成13898套。棚户区改造任务计划89214户，基本建成52121户，

100%实行货币化补偿。截至12月底,全市棚改开工91877户,占全年任务数的102.98%,基本建成91877户。毕节市2017年棚改项目已筹集到位资金280.4亿元,其中获得中央补助资金21.08亿元,获得省级补助资金0.9亿元,获得银行贷款226.82亿元,地方政府自筹31.4亿元。应支付补偿款232.76亿元,已支付87.38亿元。

(八)存在的主要问题

(1)商品房销售增速过快,不可持续。从近年销售数据来看,毕节市商品房销售处于高速增长阶段,其主要原因一是原销售基数较小,二是毕节市商品房需求逐年增加,尤其是近年来棚改货币化补偿的有力带动,但高速增长不可持续。首先,随着销售数据的不断增大,基数变大后高速增长难度较大;其次,随着棚改工作进入收尾阶段,棚改货币化补偿对需求的拉动逐渐减少。因此,商品房增速应逐步放缓,趋于合理水平,防止增速不升反而断崖式下跌。

(2)新增房地产项目较少,商品住房供不应求。由于2016年、2017年上半年全市几乎无新增房地产项目,原房地产项目大多处于尾盘阶段,房地产项目又有一个开发周期,2018年入市商品房预计会大量减少,不能满足需求,出现供不应求现象,商品住房销售价格上涨压力逐渐加大,从而导致棚户区改造货币化安置难度加大。新增房地产项目较少,商品房供应不足,将会导致房地产开发投资及销售增速放缓。

(3)商业库存面积较大。商业库存面积较大主要是2015年以来,毕节市商业位置邻近街道的均已销售,位置、地段较差的、楼层较高的基本难以消化。同时,商业库存面积增速上升较快,商业销售面积跟不上批准预售面积。

下一步工作措施:加大住房用地供应,督促已出让土地尽快开工;加快房源房的入市,作为商品房的补充和调节;出台房地产项目

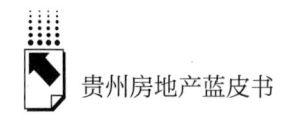

开发优惠政策，增加入市商品房供应量；对新开发的房地产项目，在土地出让、规划审批过程中严控商业开发量。

二 2018年房地产市场展望

2017年，毕节市房地产市场各项经济指标较快增长，2018年全市房地产市场将呈现不错的趋势。由于棚户区改造货币化安置的前提，以及市场的刚性需求，毕节市2018年房地产开发项目新开工面积需求上升，房地产开发投资与商品房销售面积持续稳中求进。同时毕节市全面贯彻落实党的十九大及中央经济工作会议精神，坚持"房子是用来住的、不是用来炒的"定位，以满足市民住房需求为出发点，破解住房销售的单一渠道，解决"夹心层"及新市民的住房需求。以建立租购并举的住房制度为主要方向，支持专业化、机构化住房租赁企业发展，加大租赁利益相关方合法权益保护，促进全市租赁市场规范健康发展。

B.13
铜仁市2017年房地产市场运行报告

铜仁市住房和城乡建设局课题组[*]

摘　要： 2015年以来，在全国经济发展速度放缓、房地产市场处于调整转型期的环境下，铜仁市房地产市场开发投资、商品房销售面积依然保持一定的增长速度，有利于促进房地产市场继续保持平稳运行态势。

关键词： 铜仁市　房地产市场　商品房去库存

一　市场运行情况

（一）商品房销售面积增速

据铜仁市住房和城乡建设局网签日报数据，2017年1～12月，铜仁市商品房销售面积393.52万平方米，同比增长22.37%，其中，商品住房销售面积339.14万平方米，同比增长36.71%。据统计局上报数据，2017年，全市商品房销售面积增速21.60%。

（二）房地产从业人员增速

据统计局上报数据，2017年，全市房地产从业人员数量为5826人，增速为15.80%。

---

[*] 课题组成员：蓝电，铜仁市住房和城乡建设局房地产交易管理处处长；陈勇军，铜仁市住房和城乡建设局房地产市场监管科科长；杨坤，铜仁市住房和城乡建设局交易处交易管理科科长；万磊，铜仁市住房和城乡建设局交易租赁处管理科副科长。

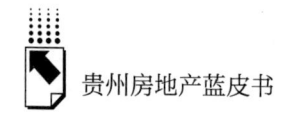

（三）房地产单位从业人员劳动报酬增速

据统计局上报数据，2017年，全市房地产单位从业人员劳动报酬为20077.70万元，增速为15.50%。

二 业务工作完成情况

（一）房地产投资

2017年，全市共完成房地产开发投资147.93亿元，同比上升1.32%，分别占省、市下达全年任务的123.28%和101.32%。其中：碧江区30.10亿元，万山区16.31亿元，松桃县20.14亿元，玉屏县8.03亿元，江口县8.17亿元，石阡县8.10亿元，印江县12.07亿元，思南县12.40亿元，德江县20.28亿元，沿河县12.32亿元（见表1）。

表1 铜仁市2017年房地产开发投资完成情况统计

单位：亿元

指标名称	数量
房地产开发投资完成额	147.93
其中:碧江区	30.10
万山区	16.31
松桃县	20.14
玉屏县	8.03
江口县	8.17
石阡县	8.10
思南县	12.40
印江县	12.07
德江县	20.28
沿河县	12.32

（二）房地产去库存

2017年1~12月，全市去商品房库存393.52万平方米，其中，商品住房336.14万平方米（见表2）。截至2017年12月底，全市共有存量商品房698.09万平方米，其中：商品住房266.95万平方米，存量商品住房去化周期约为13个月（保持在全省16个月的警戒线以内）。

（三）房屋销售额增速

2017年1~12月，商品房销售额143.61亿元，同比增长15.89%，其中，商品住房106.03亿元，同比增长40.16%。据统计局上报数据，2017年，全市商品房销售额增速23.61%。

（四）商品房销售价格增速

2017年，全市商品房销售均价3649.43元/平方米，同比下降6.46%。其中商品住房销售均价3154.17元/平方米，同比增长2.52%。

（五）批准商品房预售情况

2017年，全市批准商品房预售面积294.73万平方米，同比增长11.56%。其中批准商品住房预售面积218.93万平方米，同比增长16.99%。

总体上看，在一系列利好政策的刺激下，全市房地产市场运行平稳。一是棚改货币化安置比例进一步提高，去库存渠道有效拓宽，比如通过强化棚改货币化安置等措施，商品住房库存量从2015年底的355.60万平方米降低到目前的266.95万平方米，存量商品住房去化周期由14.5个月下降到13个月，去库存工作取得一定进展，客观上促进了新房开项目的实施；二是新型城镇化推进，加快了农民工市民化进程,推动了农民工等群体在城镇购房,一定程度上刺激了住房刚性需求;三是移民搬迁脱贫攻坚工程的实施,一定程度上带动了主城区和各县城中心的住房需求;四是随着健康产业的发展,可以合理引导过剩商业地产转向养老、文化、体育等用房,达到消减商品房存量的目的。

表2 铜仁市2017年商品房销售情况统计

指标名称	数量	同比增长(%)
商品房去库存销售面积(万平方米)	393.52	17
其中:商品住房去库存销售面积	336.14	—
商品房预售面积(万平方米)	294.73	11.56
其中:商品住房预售面积	218.93	16.99
商品房销售额(亿元)	143.61	15.89
其中:商品住房销售额	106.03	40.16

三 存在的主要问题

(1)开发项目投资增速持续减缓。铜仁市开发企业自身规模小,企业自有资金缺乏,近年来,受金融信贷政策影响,银行对开发项目信贷收紧,企业融资难、融资贵,新开发项目明显减少,投资增速持续回落。

(2)商品房去库存推进不平衡。通过一系列政策措施,全市商品房库存呈现连续下降的效果,但由于各地区位、人口、城市吸引力等因素影响,以及去库存工作措施不一,一些区县商品房库存长期处于高位,去化周期较长,特别是商业用房去库存面临较大压力。

(3)信访投诉问题呈现上升趋势。房地产开发项目多为分期开发建设,分期建设房屋竣工后,因规划、消防等难以分期验收,相关手续资料无法及时完善，房屋不能按期交付，导致信访投诉不断发生。同时，由于停车位、幼儿园等配套设施不完善，因停车等问题，业主与房开企业、物业服务企业经常产生矛盾纠纷。

四　下一步工作打算

（1）加强房地产市场监管力度，进一步整顿和规范房地产市场行为。一是开展房地产市场巡查工作，重点查处房地产开发企业的违规销售、乱收费等行为。二是启动实施存量房交易资金监管工作，出台《铜仁市存量房交易资金监管暂行办法》，完善存量房交易资金监管流程，切实保障买卖双方的合法权益。三是规范房屋中介市场，加强对全市房屋中介市场的管理，扶持信誉好、群众满意度高的中介企业做大做强，引领龙头企业规范市场，逐步建立良好的市场运行环境。

（2）进一步完善房地产交易业务管理。一是改进交易软件系统，对目前使用的重庆光大房地产交易信息系统进行软硬件升级，提升工作效率。二是加强与不动产登记业务的衔接，落实不动产交易登记一窗式受理，实现交易登记信息互通共享。三是完成房地产交易档案搬迁。完成市政府划拨的1200平方米档案用房的装修工作，完成档案室软硬件设施的配套建设。

（3）推进协会各项工作。一是完善房协工作内容，对房协进行适当改组，提升服务意识。二是成立铜仁市物业管理协会，完善物协的服务内容，切实为全市的物业企业服务。三是以物业管理协会为抓手，建立物业公益诉讼基金，开展物业公司评星及免费物业技能培训等活动，将物业跨区域易地扶贫搬迁作为一项研究课题，着力破解易地扶贫搬迁物业管理的难点。

（4）开发房地产交易手机APP。以房地产交易信息发布为核心，

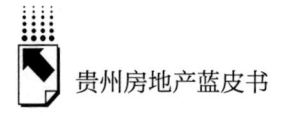

建立一款面向全体市民的手机 APP 软件，将商品房销售信息、二手房交易信息、物业管理信息等房地产相关信息融入 APP 中，同时逐步融入水电气视费的查询缴纳等功能，切实方便市民生活消费。

五 有关建议

一是金融部门加大对房开项目的支持力度。转变经营机制，创新信贷方式，积极开发适合房地产业发展的信贷产品和服务模式，进一步支持房地产业平稳健康发展。

二是分类渐进，逐步实施商品房现房销售制度。考虑市场供应的连续性，给市场足够的过渡期，避免市场短期出现断供、供不应求的情况，从而引起市场的大幅波动。建议分情况、分步骤实施现房销售。

B.14
黔西南州2017年房地产市场运行报告

黔西南州住房和城乡建设局课题组[*]

摘　要： 党的十九大报告提出，"坚持房子是用来住的、不是用来炒的定位，加快建立多主体供给、多渠道保障、租购并举的住房制度，让全体人民住有所居"。2017年，黔西南州住房和城乡建设局认真落实党的十九大报告精神，促进黔西南州房地产业健康发展，2017年黔西南州房地产市场整体发展态势平稳。

关键词： 黔西南州　房地产市场　住房消费

一　2017年房地产市场基本情况

（一）投资完成情况

2017年，全州累计完成房地产开发投资84.4亿元，较上年有所回落，回落4.5%。其中：兴义市完成52.62亿元，兴仁县完成8.26亿元，贞丰县完成6.43亿元，安龙县完成2.98亿元，普安县完成4.82亿元，晴隆县完成2.65亿元，册亨县完成2亿元，望谟

---

[*] 课题组成员：李启斌，黔西南州住房和城乡建设局副局长；曾效国，黔西南州住房和城乡建设局房地产市场监管科科长；陈磊，黔西南州住房和城乡建设局房地产市场监管科工作人员。

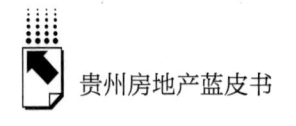

县完成4.64亿元。与上年同期比较，兴仁县、贞丰县、普安县、望谟县呈上升趋势，兴义市、安龙县、晴隆县、册亨县呈下降趋势。

（二）开发建设及销售情况

1. 开发建设情况

2017年，全州在建房地产项目共计151个，累计房屋施工面积1385.76万平方米，同比增长25.3%；新开工面积412.68万平方米（其中：商业面积135.45万平方米，住宅面积277.23万平方米），同比增长21.8%；房屋竣工面积119.34万平方米（其中：商业面积49.34万平方米，住宅面积70万平方米），同比增长102.3%。

2. 销售情况

2017年，全州共销售商品房335.65万平方米，同比增长21.1%，其中，兴义市销售219.23万平方米，兴仁县销售36.18万平方米，安龙县销售21.17万平方米，贞丰县销售15.86万平方米，普安县销售18.8万平方米，晴隆县销售4.14万平方米，册亨县销售8.44万平方米，望谟县销售11.82万平方米。各县均呈上升趋势，兴义市上升趋势明显（见图1）。

（三）商品房销售价格情况

由于全州大力实施山地特色新型城镇化建设和棚户区改造，城镇化水平提高，城市基础设施进一步配套完善，城市品质得到较大的提升，居民对住房的选择已逐步将区位、环境、绿化、采光、物业管理作为重要选择因素，在地理位置的选择上也由市区转向城郊环境较好的住宅小区，在房型选择上由经济适用型向舒适、多功能、享受型转变，加快了住房的更新换代，有效地刺激了住房消费。各地住宅销售均价有小幅上涨，处于合理波动范围，市场总体运行良好。

全州商品房均价4365元/平方米，商品住房均价3329元/平方

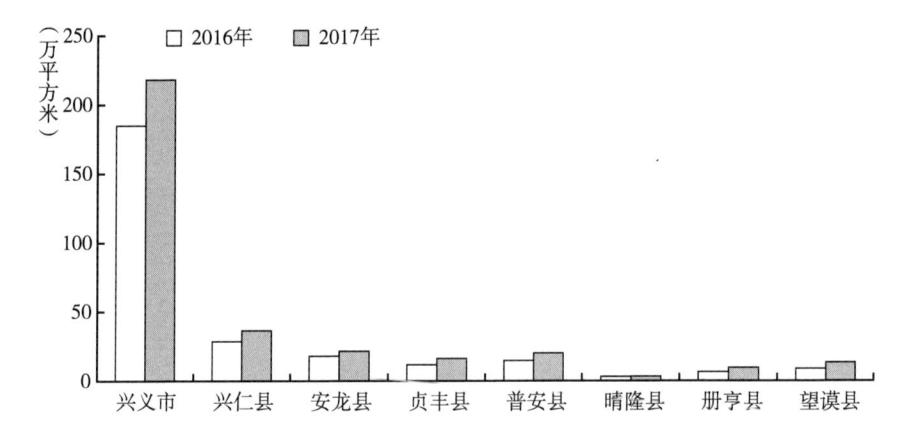

图1 2016~2017年各县（市）商品房销售完成对比

米。其中：兴义市销售均价3546元/平方米；兴仁县销售均价3015元/平方米；安龙县销售均价2608元/平方米；贞丰县销售均价3039元/平方米；晴隆县销售均价2966元/平方米；普安县销售均价2817元/平方米；册亨县销售均价2724元/平方米；望谟县销售均价3176元/平方米。兴义市、兴仁县、贞丰县、望谟县销售均价在3000元/平方米以上，安龙县、普安县、晴隆县、册亨县销售均价在3000元/平方米以下（见图2）。

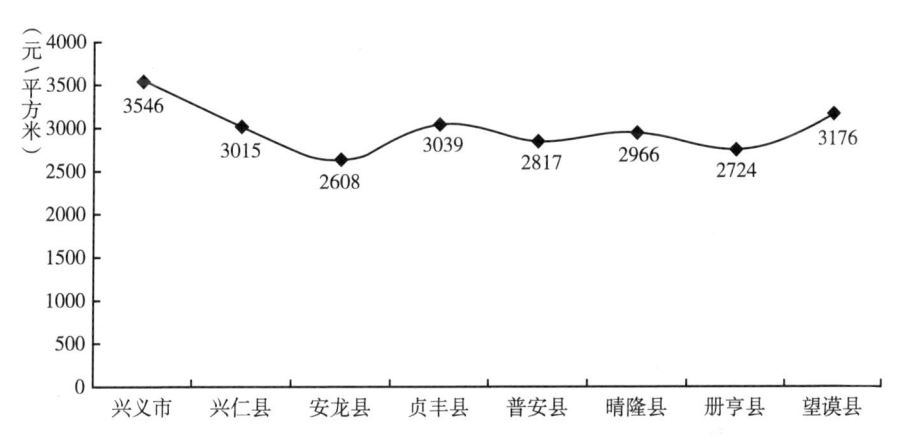

图2 2017年各县（市）商品住房销售均价走势

全州商业用房销售均价10389元/平方米。其中：兴义市销售均价7846元/平方米；兴仁县销售均价6296元/平方米；安龙县销售均价6403元/平方米；贞丰县销售均价7403元/平方米；普安县销售均价9967元/平方米；晴隆县销售均价8315元/平方米；册亨县销售均价4830元/平方米；望谟县销售均价15789元/平方米（见图3）。

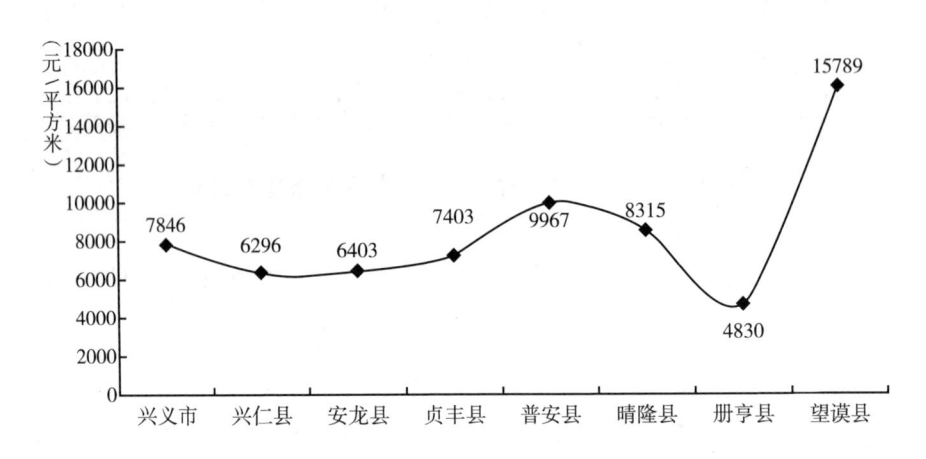

图3 2017年各县（市）商业用房销售均价走势

（四）商品房库存情况

2017年12月底，全州商品房库存量为480.39万平方米，平均去化周期为25个月，其中，商品住房为212.25万平方米，平均去化周期为13个月（见图4）。

安龙县商品房、商品住房去化周期最短，均为5个月，望谟县商品房、商品住房去化周期最长，分别为68个和33个月。

（五）促进住房消费的措施

1. 出台政策支持

2016年3月31日，黔西南州人民政府出台了《黔西南州人民政

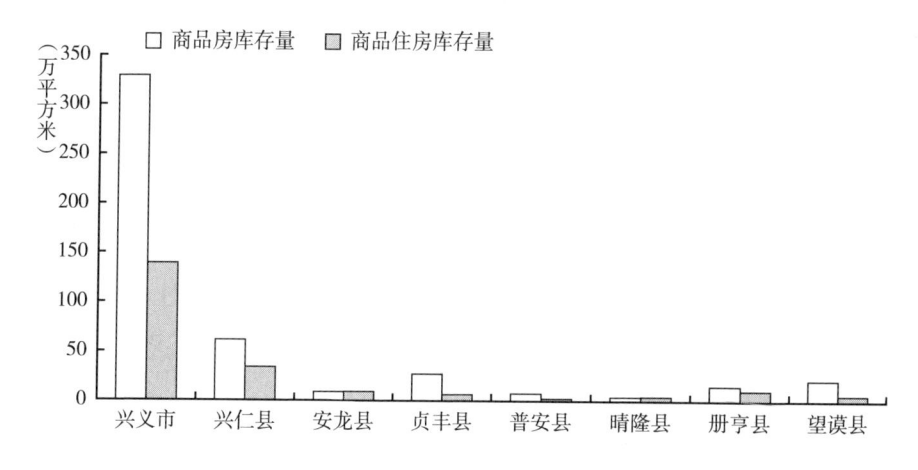

图 4　2017 年 12 月底商品房库存情况

府关于加快房地产去库存促进房地产业健康发展的若干意见》(州府发〔2016〕5 号),从六个大的方面提出了去库存的措施和办法,系统构筑了全州去库存的政策框架。一是支持农民进城购房,促进城镇人口多起来;二是打通库存转换通道,加快房地产去库存;三是进一步释放公积金政策,充分发挥政策效应;四是实施用地计划管控,优化开发用地供应;五是推进房地产业转型升级,刺激消费新需求;六是完善工作机制,共同防控市场风险。2017 年,全州继续抓好各项政策的贯彻落实,加强精准调度,切实解决房地产开发中存在的困难和问题,加大土地供应力度,推进房地产投资,加快商品房销售,促进房地产去库存,房地产去化周期迅速缩短,房地产政策的调控作用得到充分发挥。

2.实行棚户区改造货币化安置

为积极推进棚户区改造货币化安置,购买存量商品房作为棚户区改造拆迁安置房,促进房地产市场平稳健康有序发展,根据省政府办公厅《关于做好政府购买棚户区改造服务工作的实施意见》(黔府办函〔2015〕161 号)、《关于做好棚户区货币化安置工作的实施意见》

（黔府办函〔2015〕162号）等文件精神，结合全州实际，州政府制定出台了《黔西南州政府购买棚户区改造服务工作实施办法（试行）的通知》（州府办发〔2015〕32号），各县（市、试验区）实施棚户区改造货币化安置率达到50%以上，商品房库存量大的地方货币化安置率达到100%。2017年完成上级下达棚户区改造工作目标30735户，完成率100%；保障房基本建成48102户，完成率121.31%；分配入住22623户，完成率114.44%；新增发放低收入住房困难家庭租赁补贴387户，完成率361.68%。

3. 探索进城落户农民工和个体工商户建立住房公积金制度

农民工作为城市的新市民，是购买商品住房的主力军，为支持和鼓励农民工进城购房，拟出台"黔西南州进城购房农民工和个体工商户建立公积金制度的（试行）办法"。扩大公积金覆盖范围，让新市民能够充分享受公积金贷款购房，降低购房成本，改善住房条件，提高居住水平，共享改革开放成果。

（六）二手房交易情况

2017年，全州二手房成交35.62万平方米，成交均价2321元/平方米，其中，二手住宅成交2286套33.69万平方米，成交均价2143元/平方米。二手房市场不活跃，成交量平淡，成交价格偏低（见图5）。

（七）房地产开发企业资金来源情况

2017年，全州房地产开发资金123.58亿元，其中：上年末结余资金15.21亿元，国内贷款11.72亿元，自筹资金33.55亿元，其他资金63.12亿元。

由于房地产市场回暖向好，原来靠民间融资进行建设，建设过程中因资金链断裂停工的项目，如兴义商城二期项目，引进湖北电力集团入股的方式，注入资金复工建设，目前建设进展顺利。

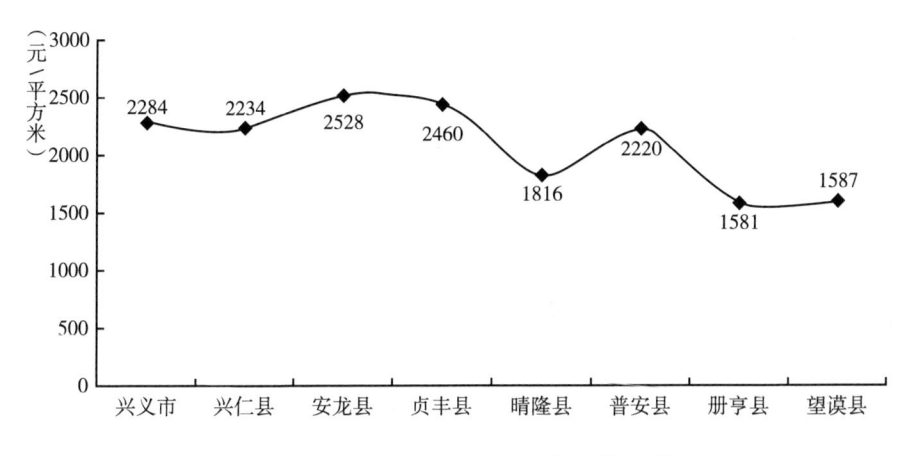

图5 2017年各县（市）二手房销售均价走势

二 房地产市场运行走势分析及存在的问题

（1）宏观调控政策对房地产市场发展影响凸显。受国家金融、税收、棚户区改造政策的影响，房地产库存快速下降，特别是商品住房去化周期大幅缩短。由于旧城棚户区房屋大量拆迁，刚性需求和改善性需求同步上升，房地产市场总体回暖，房地产市场从买方市场进入卖方市场，拉动住房价格和销量同时上升。部分县（市）结合实际，正在加快棚改安置房的建设，避免房地产市场出现供不应求的情况，确保房地产市场平稳健康发展。

（2）房地产市场逐步完善。中低端、高端楼盘各有所需，市场需求较旺。改善型住房销售良好，特别是高品质楼盘销售态势很好，如飞洋华府、公园里、富康地产等。

（3）房地产供给侧结构性改革落实不到位，住房租赁市场难以建立。受电子商务的影响，商业用房销售不理想，库存量偏大，商业用房库存为236.56万平方米。对商业地产去库存认识不够，宣传不到位，没有向健康养老、文化体育等领域转移的倾向。

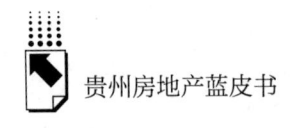

三　下一步工作打算

党的十九大报告提出，"坚持房子是用来住的、不是用来炒的定位，加快建立多主体供给、多渠道保障、租购并举的住房制度，让全体人民住有所居"。为房地产市场发展指明了方向。

为落实好党的十九大报告精神，促进房地产市场健康发展，拟采取以下措施。

（1）优化住房供应结构。按照市场供应结构与需求结构相适应的原则，根据本地住房分配货币化改革进程、居民住房状况和收入水平的变化，完善住房供应政策，优化住房供应结构。

（2）加强规划管理。坚持高起点规划、高水平设计、高标准建设，注重住宅小区的生态环境建设和住宅内部功能设计，提高住房供应质量。

（3）加强产业政策引导。把住宅与房地产业与建筑、建材、冶金、家电、家具等相关产业发展结合起来，延长产业链，推动产业结构优化升级和技术进步。

（4）严格土地用途管控。督促房地产开发企业严格按照政府批准的土地用途和规划条件进行开发建设，任何单位和部门不得擅自调整和更改。严禁下放规划审批权限，各类开发区的土地，都要纳入城市规划统一管理。规划行政主管部门要提前将近期拟开发建设区块的规划设计条件向社会公开，接受社会监督。提高房地产开发项目规划审批效率，实行限时办结制度。对房地产开发中各种违反城市规划的行为以及规划审批中的不作为，要严肃查处，并依法追究有关责任人的责任。

（5）加强对土地市场的调控和管理。建立健全房地产开发用地计划供应制度，土地行政主管部门要会同有关部门，根据土地利用总体规划、土地利用年度计划、城市规划和市场供求状况，编制年度房地产开发土地供应计划，合理确定房地产开发土地供应总量和各类房地产开发用地的布局和结构。

（6）加强房地产市场监管。一是加强和改善宏观调控，切实稳定住房价格。综合采取土地、财税、金融等相关政策措施，利用舆论工具和法律手段，正确引导居民住房消费，控制不合理需求。要在继续支持城镇居民改善住房条件的基础上，加大控制投资性购房需求的力度，严肃查处违规销售、恶意哄抬住房价格等违法行为，有效遏制投机炒作。二是加强房地产开发企业资质管理和房地产开发项目管理。严格执行房地产开发企业资质准入清出制度，对无开发实力、业绩差及存在严重违法违规行为的开发企业，坚决取消其开发资质。鼓励和支持资信好、实力雄厚、竞争力强的房地产开发企业通过兼并、收购和重组做大做强。三是严格执行房地产开发项目资本金制度，积极推行房地产开发项目建设条件意见书和项目手册制度，完善项目建设全过程跟踪管理和住宅小区竣工综合验收制度。四是建立健全房地产市场信息系统和预警预报体系。建立和完善房地产开发企业信用约束和失信惩戒机制，将企业业绩及不良行为等基本情况列入企业信用档案向社会公布，并作为企业资质管理的重要依据。五是建立健全房地产市场运行形势分析联席会议制度，加强房地产市场统计工作，定期对房地产市场运行情况进行分析，为决策提供依据。

B.15
黔东南州2017年房地产市场运行报告

黔东南州住房和城乡建设局课题组*

摘　要： 2017年，黔东南州房地产开发投资回落调整，新建商品房销售面积保持较快增长，商品住房销售价格小幅上涨，房地产市场总体呈平稳健康发展态势。黔东南州新增房地产开发企业10家，总计达376家，从业人数达6300余人。

关键词： 黔东南州　房地产市场　市场走势

一　房地产市场运行基本情况

（一）房地产开发投资回落调整

据业内统计，2017年黔东南州房地产开发投资累计完成100.03亿元，同比下降26.9%。其中，商品住房完成投资78.46亿元，占完成投资的78.4%，商业、办公及其他用房完成投资21.57亿元，占完成投资的21.6%（见图1）。

---

* 课题组成员：刘油，黔东南州住房和城乡建设局副局长；秦主兵，黔东南州住房和城乡建设局房地产市场监管科科长；刘丽娟，黔东南州房屋交易管理所副所长；李晏任、刘耀邦，黔东南州房屋交易管理所工作人员。

凯里市（含经济开发区）完成53.34亿元，同比下降13.0%，占黔东南州完成投资的51.7%；其他15个县共完成投资46.69亿元，同比下降37.8%，占黔东南州完成投资的46.7%。

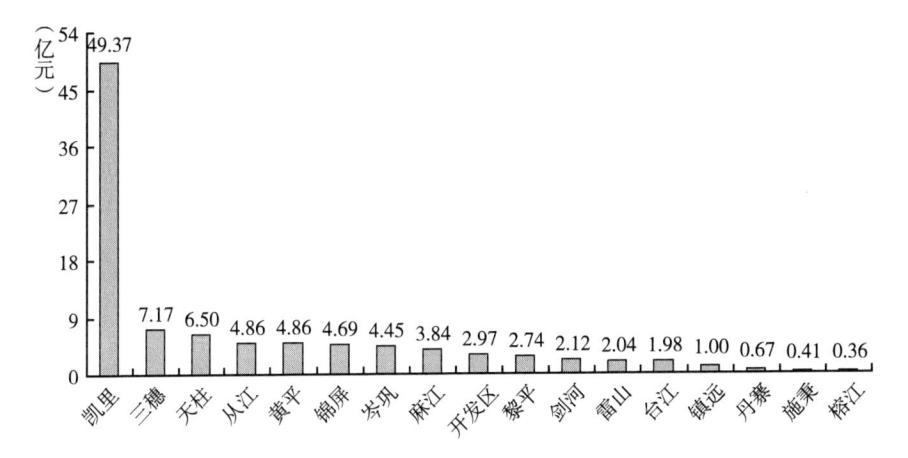

图1　2017年黔东南州各县（市）房地产开发累计完成投资

统计部门数据显示，黔东南州2017年房地产开发投资90.20亿元，同比下降35.7%，房地产开发投资占全省房地产开发投资2201亿元的4.1%，占比在全省9个地州市中排第7位，增速排第9位（见图2和图3）。

图2　2011～2017年黔东南州房地产开发投资及增长情况

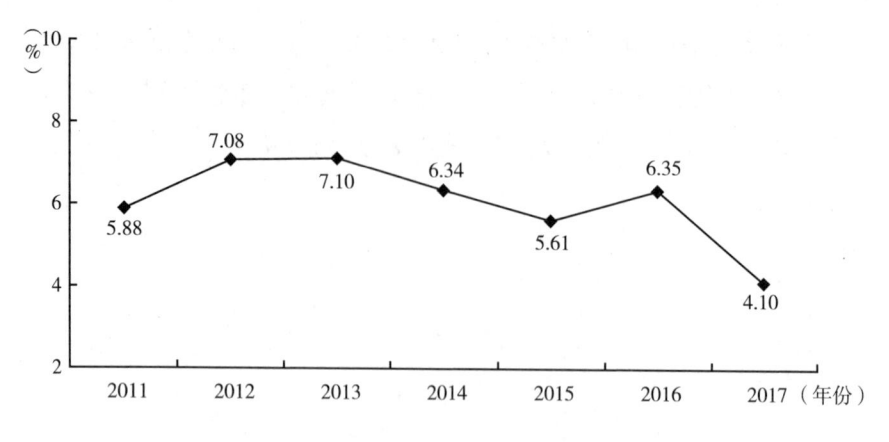

图3 黔东南州房地产开发投资占全省的比例

横向比较看，2017年黔东南州开发投资完成90.20亿元，黔南州开发投资完成147.86亿元，二州相比差57.66亿元，黔西南州开发投资完成86.45亿元，二州相比黔东南州高出3.75亿元（见图4和图5）。

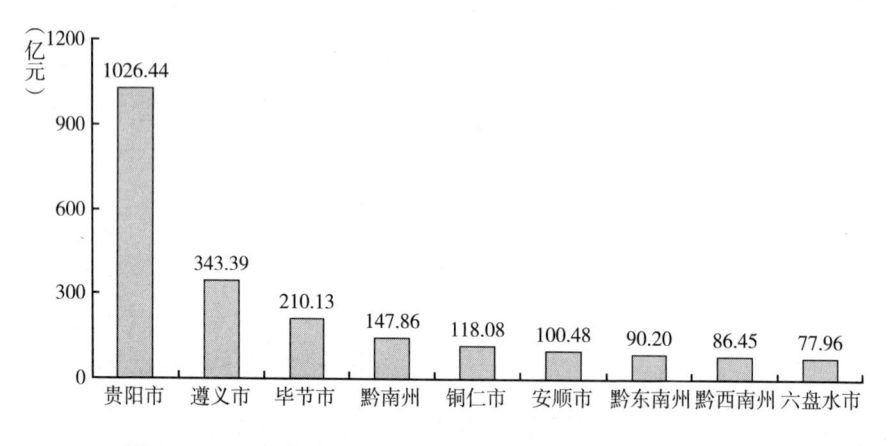

图4 2017年各市（州）房地产开发累计完成投资情况

（二）新建商品房销（预）售保持平稳增长

据业内统计，2017年黔东南州新建商品房累计销售面积340.35

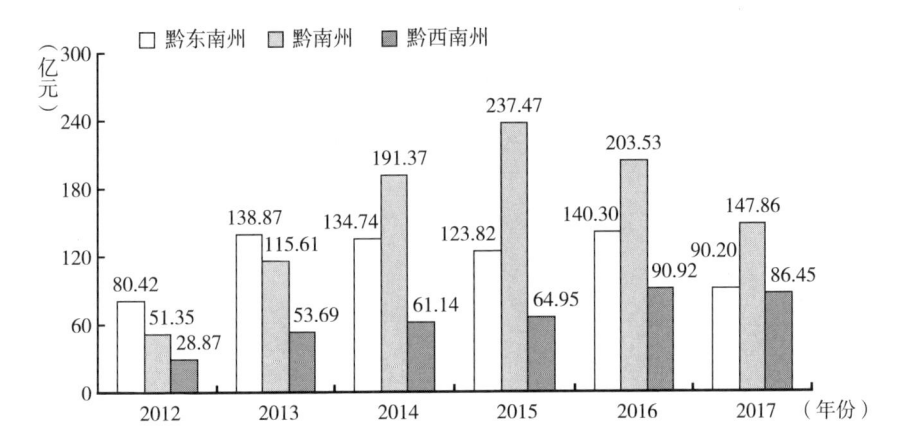

图5 黔东南州、黔南州、黔西南州近年房地产开发投资完成情况

万平方米,同比增长8.0%;新建商品房销售金额139.85亿元,同比增长10.5%。其中,商品住房销售面积289.26万平方米,同比增长10.1%;销售套数24411套,同比增长11.2%;销售额104.88亿元,同比增长22.4%。商业、办公及其他用房销售面积51.09万平方米,同比下降2.5%;销售额34.97亿元,同比下降14.5%。凯里市（含经济开发区）新建商品房销售面积162.75万平方米,同比增长21.5%。新建商品房销售金额75.65亿元,同比增长24.8%。其中,商品住房销售面积138.98万平方米,同比增长28.4%;销售套数11777套,同比增长27.3%;销售金额57.7亿元,同比增长49.0%（见图6）。

统计部门数据显示,黔东南州新建商品房销售面积为272.16万平方米,占全省销售面积4696.9万平方米的5.79%,占比在全省9个地州市中排第8位,增速排第9位（见图7和图8）。

横向比较看,黔东南州与邻近的黔南州、黔西南州2017年新建商品房销售面积分别为272.16万平方米、705.17万平方米及335.64万平方米,其中黔南州2017年新建商品房销售面积是黔东南州的近

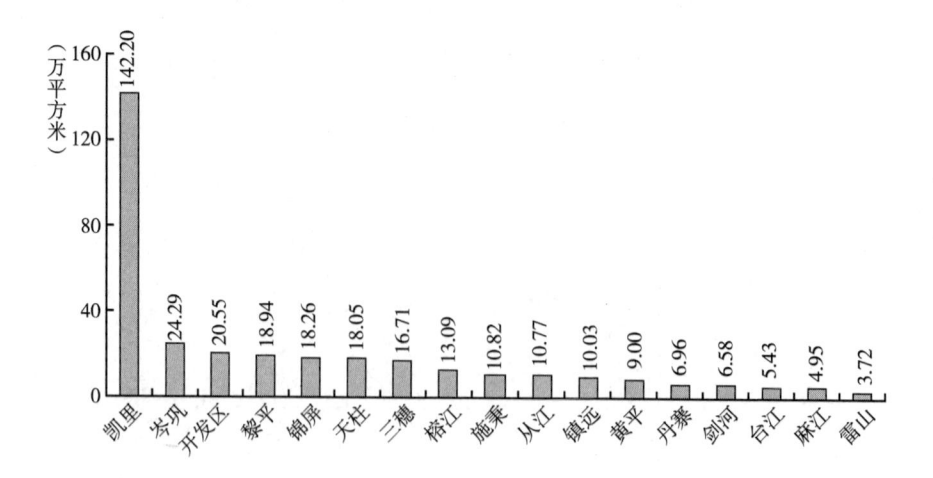

图6 2017年黔东南州各县（市）新建商品房累计销售面积

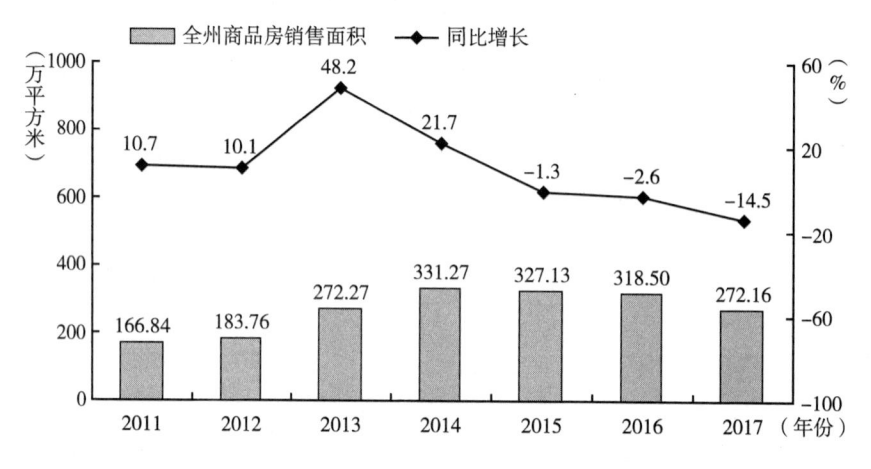

图7 2011~2017年黔东南州新建商品房销售面积

2.6倍（见图9）。

统计部门数据显示，从全省9个地州市2017年新建商品房销售面积来看，贵阳市以1077.88万平方米居于首位，遵义市以1037.24万平方米居第2位，黔东南州新建商品房销售面积排倒数第2位（见图10）。

158

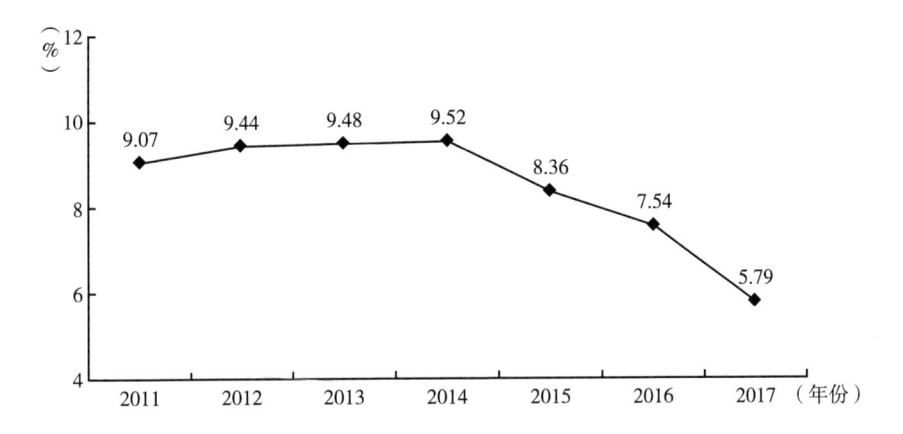

图8 黔东南州新建商品房销售面积占全省销售面积比例

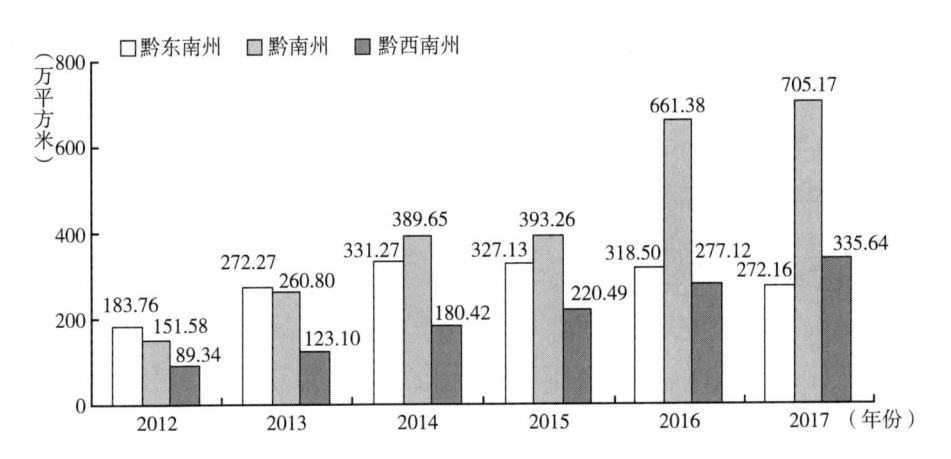

图9 黔东南州、黔南州、黔西南州新建商品房销售面积

（三）二手房交易市场保持较快增长，但县城与凯里地区市场分化明显，凯里地区二手房交易量大幅增长，县城二手房交易量下降明显

黔东南州2017年二手房交易面积37.07万平方米，同比增长41.3%；交易额11.37亿元，同比增长56.4%。其中，二手住房交

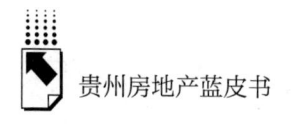

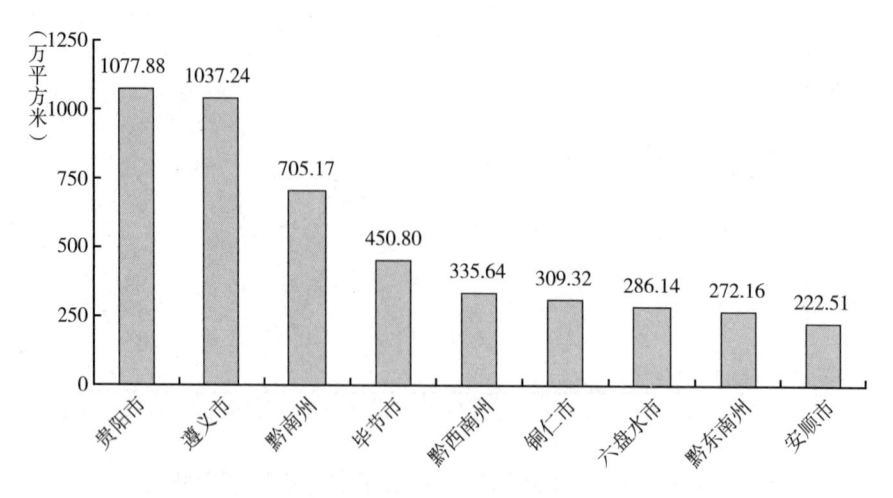

图 10 2017 年各市（州）新建商品房销售面积

易面积32.88万平方米，同比增长25.3%；交易套数2706套，同比增长26.6%；交易额9.43亿元，同比增长46.8%（见图11）。

图 11 2011~2017 年黔东南州二手房销售面积及增速

受凯里市棚户区改造货币化安置的拉动，凯里地区二手房交易量大幅增长。2017年，凯里市（含经济开发区）二手房交易面积22.96万平方米，同比增长102.5%；交易额8.21亿元，同比增长

139.7%。交易面积和金额分别占黔东南州总数的 61.9%、72.2%（见图 12）。其中，二手住房交易面积 21.66 万平方米，同比增长 97.3%；交易套数 1872 套，同比增长 111.5%；交易额 7.09 亿元，同比增长 119.5%。

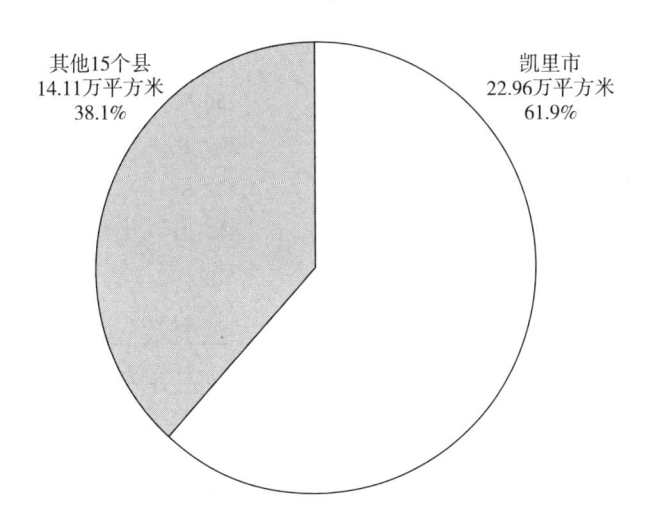

图 12 黔东南州二手房交易情况

县城二手房交易增速下降明显。2017 年黔东南州 15 个县二手房交易面积 14.11 万平方米，同比下降 20.6%；交易额 3.16 亿元，同比下降 17.9%。其中，二手住房交易面积 11.22 万平方米，同比下降 26.5%；交易套数 834 套，同比下降 33.4%；交易额 2.34 亿元，同比下降 26.6%。

表 1 黔东南州 2017 年房地产开发和销售主要指标及增速

指标	绝对数	同比增长(%)
投资额(亿元)	90.0	-33.7
其中：住宅	60.26	-22.2
90 平方米及以下	9.51	-3.6
房屋施工面积(万平方米)	1216.57	-7

续表

指标	绝对数	同比增长(%)
其中:住宅	683.05	-10.8
房屋新开工面积(万平方米)	157.96	45.3
其中:住宅	98.51	-42.7
房屋竣工面积(万平方米)	114.12	2.7
其中:住宅	86.82	13.7
商品房销售面积(万平方米)	272.16	-14.5
其中:住宅	237.63	-5.1
本年到位资金(亿元)	117.51	-16.4
其中:国内贷款	10.99	24.2
个人按揭贷款	31.44	5.9

资料来源：黔东南州2017年国民经济和社会发展统计公报。

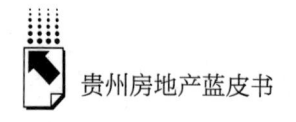

（四）商品住房销售价格总体保持平稳上扬，凯里地区受商品住宅项目品质提升及棚户区改造深入推进的影响涨幅较大

2017年凯里城区（不含经济开发区）的商品住房销售均价为4385元/平方米，同比上涨10.5%，涨幅较大的主要原因是凯里市碧桂园江湾1号项目（含别墅、精装修电梯房等）6月开始预售，累计已售913套14.32万平方米，销售均价高达7301元/平方米，剔除碧桂园江湾1号项目销售数据后凯里城区1~12月商品住房销售均价为4006元/平方米，同比上涨1.0%；凯里经济开发区的商品住房销售均价为3141元/平方米，同比上涨12.7%，涨幅较大的主要原因是部分项目逐步竣工转为现房销售，价格相对期房有一定上浮，同时2016年政府以较低价格批量采购了一批商品住房，拉低了同比基数（见图13）。

其他15个县商品住房销售均价为3129元/平方米，同比上涨

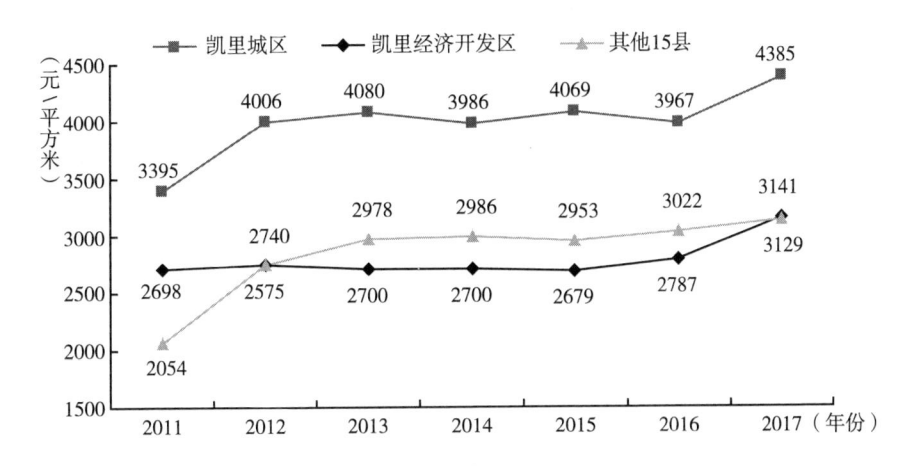

图 13 凯里城区、凯里经济开发区及其他15县商品住房价格走势

3.5%。商品住房销售价格上涨较大的有剑河（10.9%）、黎平（10.5%）、雷山（7.7%）；黄平、三穗、锦屏的商品住房销售价格同比分别下降6.0%、3.7%、1.6%。除凯里城区外，商品住房销售均价较高的县有雷山（3938元/平方米）、镇远（3714元/平方米）、剑河（3677元/平方米），较低的县有麻江（2395元/平方米）、丹寨（2398元/平方米）、黄平（2735元/平方米）（见图14）。

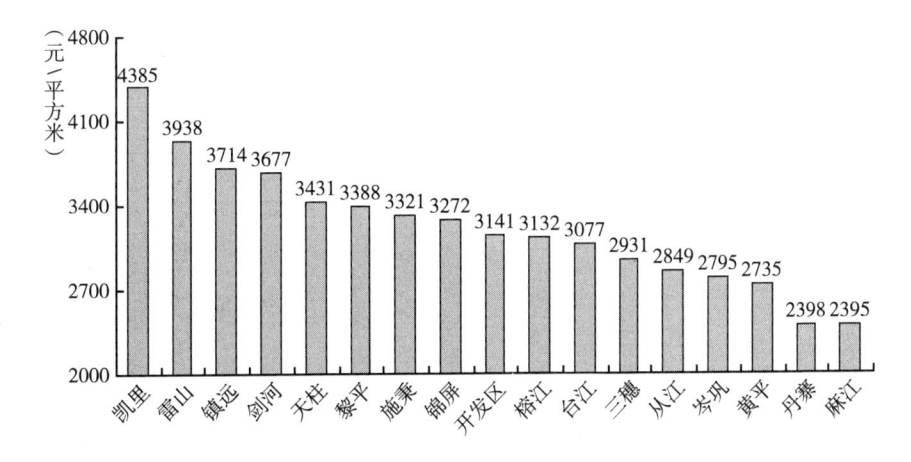

图 14 2017年黔东南州各县（市）商品住房销售均价

凯里经济开发区的商品住房销售价格从2012年低于15个县的均价以来，时隔5年首次恢复到高于15个县均价，商品住房销售均价处于黔东南州县域中间位置，显示凯里市作为州域中心城市对地区经济的辐射和带动作用进一步增强。

（五）房地产开发房屋新开工面积、在建项目施工面积下降，办公及商业用房占比逐步扩大

据统计部门统计，2017年黔东南州房屋新开工面积157.96万平方米（上年为288.56万平方米），同比下降45.3%。其中，商品住房新开工面积98.51万平方米（上年为171.92万平方米），同比下降42.7%。凯里市（含经济开发区）房屋新开工面积79.46万平方米，同比下降42.6%，其中，商品住房新开工面积49.47万平方米，同比下降31.3%。

2017年黔东南州房地产开发在建施工面积1217万平方米（上年为1308万平方米），同比下降7.0%。其中住宅面积683万平方米（上年为766万平方米），同比下降10.8%；商业及办公用房、其他用房面积533万平方米（上年为542万平方米），同比下降1.7%（见图15和图16）。住宅和非住宅施工面积分别占施工总面积的

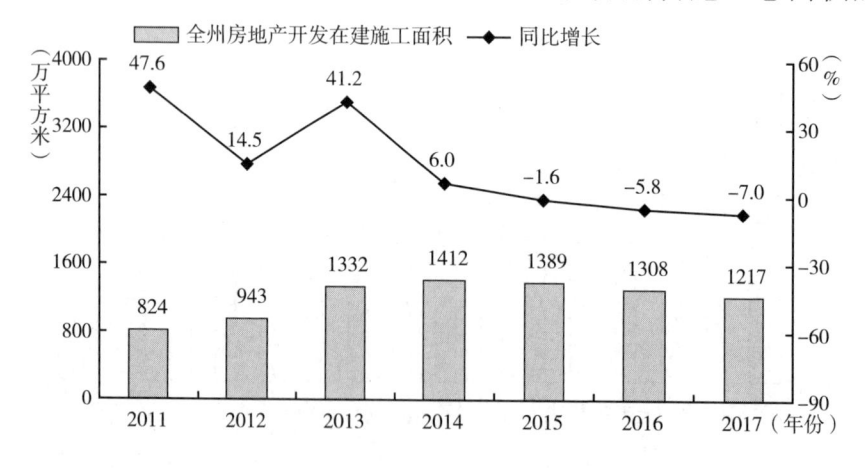

图15 2011~2017年黔东南州房地产开发在建施工面积及增速

56.1%、43.9%。商业及办公用房、其他用房施工面积近年来所占比例逐年提高，在普通商品住房刚性需求基本满足的市场预期导向下，黔东南州房地产业正逐步向商业、办公地产转型调整。

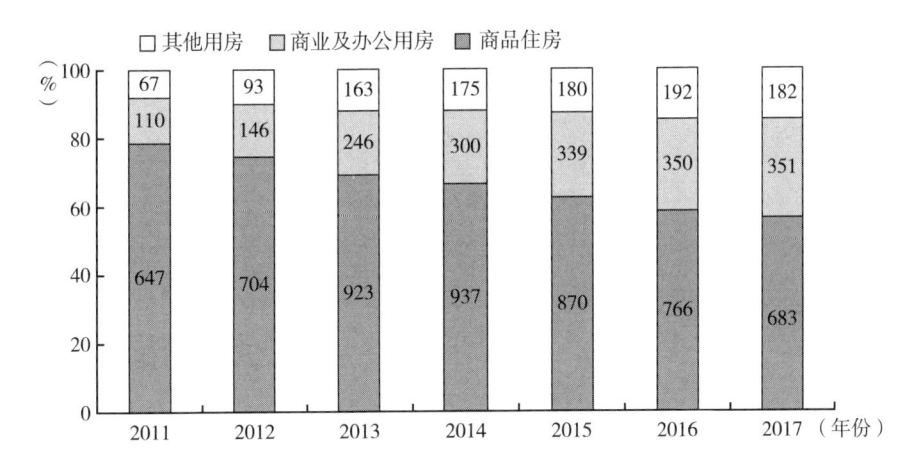

图16 2011～2017年全州房地产开发用途分类对比

（六）房地产开发购置土地面积下降

据统计部门统计，2017年黔东南州房地产开发购置土地面积28.13万平方米，同比下降32.2%；土地成交金额4.6亿元，同比下降4.8%。其中，凯里市（含经济开发区）房地产开发购置土地面积24.44万平方米，同比增长355.1%（见图17）。

二 黔东南州2018年房地产市场预测及建议

2018年，在黔东南州城镇棚户区改造工作三年行动计划的推动下，黔东南州房地产开发投资预计将恢复增长，凯里市及凯里经济开发区、施秉、榕江、剑河、天柱、黎平等县的商品住房供应短期内趋于紧张，商品住房价格上涨压力较大。建议各县（市）要依据

图17 2011～2017年黔东南州房地产开发购置土地面积及增速

《黔东南州城镇棚户区改造工作三年行动计划（2018～2020年）》制订县域住房建设规划，引导房地产开发企业合理确定开发建设规模及投资强度，在有效保障商品住房供给的同时，防止盲目无序投资形成新的库存，保持供需动态平衡，促进黔东南州房地产市场保持平稳健康发展。

B.16 黔南州2017年房地产市场运行报告

黔南州城乡建设和规划委员会课题组*

摘　要： 2017年，黔南州城乡建设和规划委员会按照州委、州政府的工作部署，大力实施新型城镇化带动战略，扩大城建投资、加大基础建设、推动脱贫攻坚，全面推进城乡建设发展步伐，呈现城乡基础设施建设不断加强、城镇建成区面积不断扩大、人居环境不断改善的良好局面，为推进黔南州"3366"发展战略、打赢脱贫攻坚、实现同步小康、打造民族地区创新发展先行示范区奠定了坚实的基础。

关键词： 黔南州　房地产市场　物业管理

一　房地产市场基本开发情况

（一）房地产开发投资情况

面对经济下行压力、市场饱和、投资疲软等不利因素，黔南州城乡建设和规划委员会积极谋划、主动作为，加大房地产各项经济指标

---

* 课题组成员：罗加建，黔南州城乡建设和规划委员会住房建设科科长；刘凤伟，黔南州城乡建设和规划委员会住房建设科副科长；岑健、邹宇，黔南州城乡建设和规划委员会住房建设科工作人员。

调度,做好企业入规入统等工作,加强房地产市场监管,强力推进各项指标总量持续增长,保持房地产市场持续稳定发展。全年完成房地产投资147.86亿元,较2016年同期减少55.67亿元,同比下滑27.4%(见表1)。商品房销售面积705.18万平方米,较2016年同期增长6.6%,其中商品住房销售578.43万平方米,较2016年同期增长14%。房地产行业从业人数和行业报酬继续保持较快增长。各县(市)进一步制定了农业转移人口相关保障政策,建立农民公积金制度,各级政府通过举办各类房交会等,鼓励和引导群众住房消费需求,消化房地产库存。

2017年末商品房库存977.94万平方米,其中商品住房514.67万平方米,较2016年同期增加137.04万平方米,其中商品房库存较2016年同期增加了73.84万平方米。商品房去化周期为22.58个月,同比增加4.92个月,商品住房去化周期14.53个月,同比增加4.1个月,商品房库存量增大。

表1 房地产开发投资完成情况统计

单位:亿元,%

指标名称	数量	同比增长
房地产开发投资完成额	147.86	-27.4
其中:商品住房	104.72	-21
商业营业用房	31.46	-42.8
办公楼	0.87	-46.4
其他用房	10.8	-24.3

(二)商品房开发建设及销售情况

2017年黔南州共销售商品房705.18万平方米,较2016年销量增加43.8万平方米,其中商品住房578.43万平方米,较2016年销量增加71.06万平方米。全州商品房销售总额2974023万元,较2016年增长7.8%,其中商品住房销售额2058677万元,较2016年增长25%,办公楼销售额为13529万元,比2016年下滑88.23%,商业营业用房销售额为818632万元,比2016年下滑17.8%(见表2)。

表2 商品房开发建设及销售情况统计

指标名称	数量	同比增长(%)
商品房施工面积(万平方米)	1917.11	-4.6
其中:商品住房施工面积	1273.27	-4.7
办公楼施工面积	17.54	10.3
商业营业用房施工面积	409.36	-37.7
商品房新开工面积(万平方米)	353.38	-8.5
其中:商品住房新开工面积	247.73	-0.32
办公楼新开工面积	0.14	-94.9
商业营业用房新开工面积	78.45	-41.6
商品房竣工面积(万平方米)	47.69	-41.8
其中:商品住房竣工面积	31.02	-49.47
办公楼竣工面积	0.8	-83.7
商业营业用房竣工面积	12.58	-19.8
商品房销售面积(万平方米)	705.18	6.6
其中:商品住房销售面积	578.43	14
办公楼销售面积	4.18	-75.11
商业营业用房销售面积	100.56	-26.71
商品房待售面积(万平方米)	33.28	-60.1
其中:商品住房待售面积	13.12	-68.23
办公楼待售面积	1.33	84.7
商业营业用房待售面积	17.22	-60.17
商品房销售额(万元)	2974023	7.8
其中:商品住房销售额	2058677	25
办公楼销售额	13529	-88.23
商业营业用房销售额	818632	-17.8

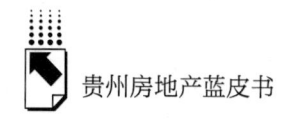

（三）住房保障情况

2017年，黔南州紧紧抓住国家城镇化发展政策机遇，全力推进项目建设，一是大力推进棚户区改造，保障性住房建设加快推进。全年棚户区改造开工48769户，基本建成44795套，完成投资103亿元。其中，棚改实物安置3974户，货币化安置44795户，货币化安置比例达91.9%。建成公租房13062套；2013年底前政府投资建设的公租房22210套，现已分配22062套，分配率为99.3%；2014年政府投资建设的公租房13875套，现已分配12842套，分配率为92.6%。

二是保障房管理更加规范。为规范公租房分配管理，黔南州继出台《黔南州公共租赁住房分配管理办法（试行）》《黔南州城镇落户农业转移人口住房保障工作实施意见》后，2017年又制定了《黔南州公租房盘活处置工作方案》《关于住房保障廉政风险防控工作制度的实施方案》等制度，并通过政府网站、新闻媒体、公示栏等多种方式进行保障性安居工程信息公开，促进住房保障工作健康发展。加大审计问题整改，2016年城镇保障性安居工程跟踪审计中，共发现问题51个，已整改完毕44个，完成率86.3%，剩余7个问题正在积极整改中。

（四）物业发展情况

2017年黔南州继续加强住宅小区物业管理工作，全州物业服务企业229家（其中，二级5家，三级66家，暂定级158家），物业服务项目233个，物业服务面积2246万平方米，企业从业人数5000余人。规范物业管理行为，有条件的小区均实现小区业主委员会覆盖率100%。

二 2017年房地产市场运行情况

（一）城镇建设成效显著

抓住全省旅发大会在黔南州召开的契机，全州强力推进一批城镇项目建设，城建基础设施不断加强，城建投资持续增长。2017年以来，按照"城镇建设三年行动计划"的部署，全州共实施包括市政基础设施项目、公共服务设施项目、棚户区改造项目、房地产开发项目、风景名胜区项目等，投资500万元以上城镇建设项目437个，总投资1596亿元，完成投资430亿元，占省定目标任务150亿元的287%，有效拉动了固定投资增长。

开工建设了一批城镇市政基础设施和公共服务设施项目，使全州城镇基础设施不断加强。重点实施了都凯大道、都独大道、红牛大道、都匀滨江小马路等一批城市快速干道的建设；建成荔波月亮湖湿地公园、龙里县莲花生态湿地休闲体验区、罗甸城东湿地公园、长顺县天灯坡公园等一批城市公园；在建城镇停车场项目41个、停车位2.0892万个，已建成停车位1.2049万个；开工建设地下综合管廊13.52公里，完成投资2.5亿元；建设慢行绿道项目21个，总投资35.51亿元，已建成97.37公里，完成投资8.21亿元；加大海绵城市项目建设，各县（市）均开工建设1个以上海绵城市示范项目。全州建成一批体育场馆、学校、医院等公共服务设施项目，都匀一中建成使用，城镇功能配套得到加强，城区面积不断扩大，城镇建成区面积已达200平方公里，比上年增长10平方公里以上。

（二）建筑业持续发展

切实做好"放、管、服"工作，简化、下放行政审批事项，大力

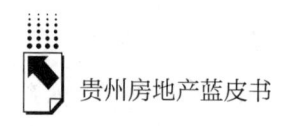

培育发展建筑企业。全州共有资质建筑企业549家，比上年增加245家，同比增长80.6%。其中，总承包企业242家（一级企业2家、二级企业76家、三级企业164家），专业承包企业60家、商混企业71家、劳务分包企业176家。全州入库的建筑业企业88家，比2016年增长22%。全州工程招投标项目1203个，金额204.2亿元；共发放施工许可证350个，建筑规模1609.1万平方米，合同总金额230.7亿元。全州在建项目326个，工程造价265.68亿元，面积1733万平方米。完成建筑业产值216亿元，同比增长19.3%，建筑支柱产业地位不断巩固。

（三）"5个20"工程加快推进

加快发展20个示范小城镇。经过5年的建设，黔南州示范小城镇得到较快发展，列入全省100个示范小城镇的小城镇数量已从原来的12个增加到17个，小城镇实力显著增强。瓮安县猴场镇成功列入全国第二批特色小城镇名单。积极筹办第七届全省小城镇发展大会，大会参观点贵定县加大建设力度，会议项目建设完成、亮点纷呈。17个示范小城镇完成招商引资签约项目142个，签约资金233亿元；示范小城镇融资到位22.47亿元；新增城镇人口12794人，新增城镇就业人口14354人；小城镇建设完成投资99.22亿元，占省下达年度计划的152.64%，一批污水处理设施、供水设施、垃圾中转站等市政设施和养老院、幼儿园等"8+X"项目建成使用。20个城市综合体建设基本完成。20个城市综合体建设规模290万平方米，建设总投资130亿元，目前已基本建成，累计完成投资138亿元、面积301万平方米，有力推动了城市建设和发展。

三 存在的主要问题

2017年以来，全州建设工作稳步推进，部分指标稳中有升、持续向好，但仍有房地产投资等部分指标下滑、部分工作推进缓慢等困难和问题。

（一）房地产投资下降明显，商品房销售增速放缓

一是房地产投资疲软。近年来黔南州房地产投资额逐年大幅递增，从2011年的16亿元递增至2016年的203亿元，增长幅度较快，而黔南州常住人口较少，市场逐步呈饱和状态。全州264个房地产开发项目已完成总投资的78%，这个周期房地产项目大都接近尾声，土地出让和新开发项目减少，开发商对市场持观望态度，投资强度减弱，导致近几年投资出现持续下降，2016年以来黔南州房地产投资连续负增长。

二是商品房销售增速放缓。近几年来，黔南州商品房销售面积年均涨幅达到40%，其中2013年商品房销售面积涨幅达到72%，2016年涨幅达到68%，商品房销售面积从2012年的151万平方米增加到2017年的705.18万平方米，增加了3.7倍。商品房销售总量黔南州位居全省第三，比人口超过黔南州一倍的毕节市多200万平方米，比人口与黔南州相当的黔东南州多近400万平方米。由于同期基数较高，市场基本饱和，商品房库存量较大，市场信心不足，进一步追求商品房销售面积的涨幅已经非常困难。

（二）城镇建设项目资金不足这一根本性矛盾没有得到解决

一是黔南州各县（市）城镇基础设施建设大多是招商引资来的投融建一体项目，或是利用州、县两级融资平台贷款建设项目，都是以各地融资建设为主，基本没有上级补助资金。受2017年国家融资政策影响，2017年不少城建项目普遍面临融资困难，资金问题更加突出。

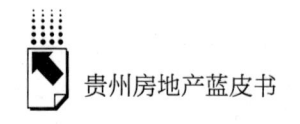

二是2017年以来，不少城市基础设施建设停建或压缩投资，造成新开工项目数量减少，较大投资项目不多。

（三）建筑业企业实力不强、产值后劲不足

一是发展滞后。黔南州建筑业起步较晚，发展较全省平均水平相对滞后，远远落后于贵阳、遵义等市。企业的平均规模、资质以上企业构成、市场占有份额等方面与外来企业差距较大，在市场竞争中多处于劣势，以致市场竞争力弱，占有份额很低，建筑业产值、税收等外流严重。

二是企业实力不强。最主要原因是施工企业资质偏低、资质类别单一、实力不强、技术装备落后、人才储备不足等。州内企业受资质限制，不能参与大型建设项目招投标，同时融资贷款受限较多，不少中、小企业没有实力参与承建。

三是2017年下半年，中建四局五公司总部迁出都匀到深圳。中建四局五公司占到都匀市建筑业产值的80%以上，都匀市建筑业产值总量排在全州第一位。受此影响，黔南州建筑业产值大幅下滑。

（四）保障性住房建设推进缓慢

一是面临"拆迁难"。黔南州目前已经实施的棚户区改造有近8.8万户，约占2015~2017年棚户区改造规划的64.7%，这部分主要是一些交通便利、商业价值较高、改造难度较小的棚户区。从上年以来，棚户区改造已进入"深水区"。2017年全州棚户区改造任务近5万户，约占2015~2017年棚户区改造规划的35.3%，这部分多是地理位置相对较偏、环境较差、商业开发价值不高的区域，加之群众期望值越来越高，多种因素叠加，导致棚改征收拆迁困难，开发难度增加，直接影响改造的进度。

二是"融资难"。随着大规模城镇建设的深入推进，棚改征收拆

迁成本、安置房建设成本、货币化安置成本等不断增加，棚改资金需求量大。虽然中央和省都有棚户区改造专项资金补助，但不到总投资的10%，其余的需要各地自筹。国开行是棚改资金的主要来源，但其贷款手续繁杂，资金到位慢，使用支付效率不高，存在贷款资金落地难、使用受限多的问题。2017年以来，国开行几经变更融资担保方式，导致融资资金到位十分困难，影响棚改征收、建设进度。

三是部分县（市）重视不够、推进不力。有部分县（市）申报项目时不切实际，想多报多拿；待实施时，在土地、规划、配套资金落实上又没有跟进措施，导致项目推进缓慢。

四 2018年工作分析研判

2018年是党的十九大开局之年，也是推进供给侧结构性改革、决战决胜脱贫攻坚的关键之年，做好各项建设工作至关重要。2018年黔南州建设工作面临四个方面的困难和挑战。一是受融资政策影响，城建项目减少，不少基础设施项目停建，尤其是大的支撑项目不多，将会给城建投资增长带来影响。二是房地产投资和销售形势仍不容乐观。黔南州房地产市场基本趋于饱和，根据黔南州住建委对2018年项目储备摸底，预计2018年房地产投资会持续连续下降的趋势；销售方面，预计2018年商品房供应面积在600万平方米左右，2018年商品房销售面积与2017年基本持平，涨幅不大。总之，2018年投资、销售形势不容乐观，一再追求投资、销售增速难度较大。三是建筑业发展面临中建四局五公司外迁后造成的产值直线下滑态势，近期内难有企业能填补中建四局五公司外迁后的产值空缺，2018年建筑业产值将会面临下滑趋势。四是脱贫攻坚工作任务更加艰巨。脱贫攻坚工作已进入"啃硬骨头"阶段，2018年农村危房改造数量最多，且大都处于更偏远落后地区，改造难度更

大。特别是"三改"工作面临许多实际困难和问题,脱贫攻坚工作任务更加艰巨。

五 2018年房地产市场工作展望

2018年,黔南州城乡建设和规划委员会将认真贯彻落实党的十九大和省第十二次党代会、州第十一次党代会精神,紧紧围绕稳中求进工作总基调,大力实施新型城镇化战略不动摇,以"问题大排查、解题大竞赛、破题大落实"为突破,统筹推进城市、乡镇、农村品质提升,狠抓主要经济指标、脱贫攻坚和民生保障等重点工作,努力推进黔南州城乡规划建设工作上新台阶、取得新成就。

(一)保持房地产业继续增长

预计2018年黔南州新开工房地产开发项目51个,总投资221亿元,其中计划2018年完成投资89亿元,加上本年度剩余194亿元未完成房地产投资额在2018年续建完成约30亿元,预计2018年可完成房地产投资120亿元左右。据测算,2018年预计商品房供应面积600万平方米左右。如在确保项目风险可控的前提下,采用加快商品房预售办理,2018年商品房销售面积比2017年略有增长,可达700万平方米左右,增幅达1.7%左右。

(二)加大城建投资力度

积极谋划一批城镇基础设施建设项目,加大城镇道路建设,加大城镇停车场、停车位、地下综合管廊、绿地公园等市政设施建设,积极推进体育场馆、医院、学校、养老等服务设施建设,加大棚户区改造力度,确保2018年一批项目新开工建设,完成投资350亿元以上。

（三）加大住房保障，推动脱贫攻坚

牢固树立民生优先理念，大力实施农村危房和棚户区改造，实现困难群众住房安全保障。紧紧抓住国家"棚改三年行动计划"，加大棚改货币化安置，积极抓好项目融资，加快推进城市棚户区和城中村（城边村、城郊村）改造，2018年计划实施棚户区改造4.4万套。加快公租房分配，努力做到配套设施与主体工程同步建设、同步交付使用，提高保障房分配率。

（四）深化供给侧改革

贯彻落实中央和省、州供给侧结构性改革决策部署，贯彻执行州政府《关于进一步加快房地产业健康发展的指导意见》，落实好相关配套政策措施，坚定不移地抓好房地产去库存，确保房地产市场平稳健康发展。加大棚改货币安置，落实好农民进城落户、宅基地退出奖励、社会保障、公积金管理等相关政策措施，扩大商品房销售。加强房地产开发中涉及土地出让、项目规划、施工管理、销售监管等环节管理，防范房地产开发风险。

B.17
瓮安县2017年房地产市场运行报告

瓮安县房地产管理局课题组[*]

摘　要： 2017年，瓮安县入驻的房地产企业共42家，其中二级资质4家；物业服务企业48家，其中一级资质3家；新开工项目32个；2017年全县完成房地产开发投入22.10亿元；核发《商品房预售许可证》2本，办理商品房预售2宗，建筑总面积11.36万平方米，预售总面积10.08万平方米。

关键词： 瓮安县　房地产市场　住房保障

2017年，在县委、县政府的正确领导下，在省州业务部门的指导下，瓮安县房地产管理局按照"融贵阳、连成渝、入长江、接珠三角"的战略构想，推动"工业大发展、城乡大统筹、农业大聚变、文旅大融合、环境大提升"五大跨越，大力实施"脱贫攻坚、基础设施、民生改善、改革创新、社会治理"五大精准行动，坚持以经济建设为中心，以全县人民"安居乐业"为己任，突出体制创新和机制创新，强化房地产行政管理职能和服务效应，大力推进房地产各项工作协调发展。一年来，全局职工以"两学一做"学习教育为契机，以优异成绩迎接党的十九大为动力，紧盯工作目标，齐心协力，

---

[*] 课题组成员：陈松，瓮安县房地产管理局副局长。

保证了各项工作任务目标的实现，为推动瓮安县经济、社会又好又快发展起到了积极作用。

一 主要指标完成情况

实现房地产开发投入22.10亿元，完成州、县下达任务数18亿元的122.80%。

商品房销售4996套（间）50.45万平方米（住房3950套41.11万平方米、非住房1046间9.34万平方米），占县下达销售50万平方米任务的100.9%。——房屋抵押权登记共2586件，抵押面积46.86万平方米，抵押金额13.11亿元。

办理二手房交易517宗5.85万平方米，实现交易金额1.14亿元。

办理商品房预售2宗，建筑总面积11.36万平方米，预售总面积10.08万平方米（商品房预售许可7月以后划转到县行政审批局）。

完成房屋安全鉴定14宗。其中：私房11宗，公房3宗。

成立7个住宅小区业主委员会（2个小区业委会换届选举），全县成立住宅小区业主委员会达26个，占应成立小区业委会的100%。完成7家物业服务合同备案，共协调小区矛盾50次，回复信访事项6件，与23家物业服务企业签订了2017年《瓮安县物业管理小区工作目标责任状》。

办理12家房地产开发企业资质申报、3家房地产开发企业资质变更审核申报、2家房地产中介机构备案登记。完成19家房地产开发企业项目手册的建立，一企一档，实施企业开发全过程的监督与跟踪管理工作。

住房价格受多种因素推动，瓮安县商品房价格处于平稳态势，全年商品住房均价3135元/平方米（含乡镇平均数）。

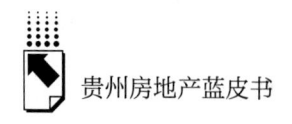

完善存量房网签和交易资金监管制度，办理二手房过户手续512宗，面积53760平方米，实现交易金额1.075亿元。

完成归集住宅（含商业）维修资金1165万元。

募集35万元扶贫资金，对天文镇天文社区实施小康驻村"脱壳"帮扶和瓮水办事处鼓楼社区实施精准扶贫帮扶。

成功举办为期5天的瓮安县第三届"文明瓮安·和谐人居"2017年秋季房交会，17家房地产企业携21个盘参展。

基本完成瓮安县房票安置平台系统的安装使用，进一步完善《瓮安县房屋征收房票安置办法（试行）》和《瓮安县房源房票资金结算细则》。

二 2017年市场运行基本情况

（一）商品房刚性需求量较上年持平，但总量同比略有减少

2017年商品房销售4996套（间）50.45万平方米（住房3950套41.11万平方米、非住房1046间9.34万平方米），占县下达销售50万平方米任务的100.9%。同比2016年全年销售总量和销售面积都略有减少。具体原因：一是全县城镇化建设步伐加快，招商引资力度加大，新修建商品房在总量上符合全县居民的刚性需求量，但呈现饱和态势；二是因2014年、2015年全县商品房开发力度大，加之生态移民工程力度加大，对全县商品房销售产生了一定抑制作用；三是2017年的商品房价格走势较上年有所下降，反映出市场购房力度不足。

（二）新开发建设商品房面积、二手房（存量房）过户交易同比均呈正相关

办理商品房预售2宗，建筑总面积11.36万平方米，预售总面积

10.08万平方米（商品房预售许可7月以后划转到县行政审批局）。

2017年办理二手房（存量房）交易517宗5.85万平方米，实现交易金额1.14亿元。

2016年二手房（存量房）交易共办结484宗，总面积为5.32万平方米，总交易金额为8709.22万元，其中住房面积5.10万平方米，非住房面积0.22万平方米。

2015年二手房（存量房）交易为363宗，交易总面积为3.76万平方米，成交金额为6594.63万元（该交易金额为申报价格，无可比性），其中住房交易面积为3.50万平方米，非住房面积为0.26万平方米。同比增长分别为33.33%、41.49%、32.07%、45.71%、750.00%。

（三）商品住房均价有所上升，但幅度不大

瓮安县2016年1~12月商品住房销售均价见图1。

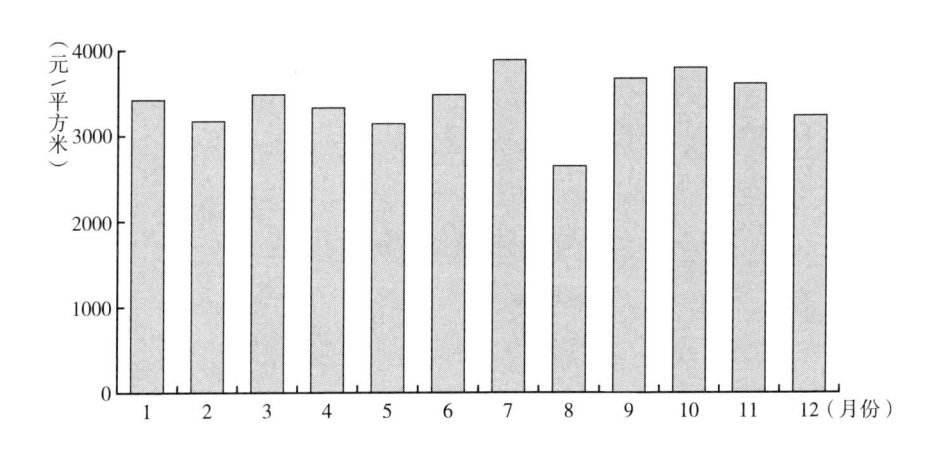

图1 瓮安县2016年1~12月商品住房销售均价

瓮安县2017年1~12月商品住房销售均价见图2。

从图1和图2数据可以看出，2016年1~12月的商品住房均价为

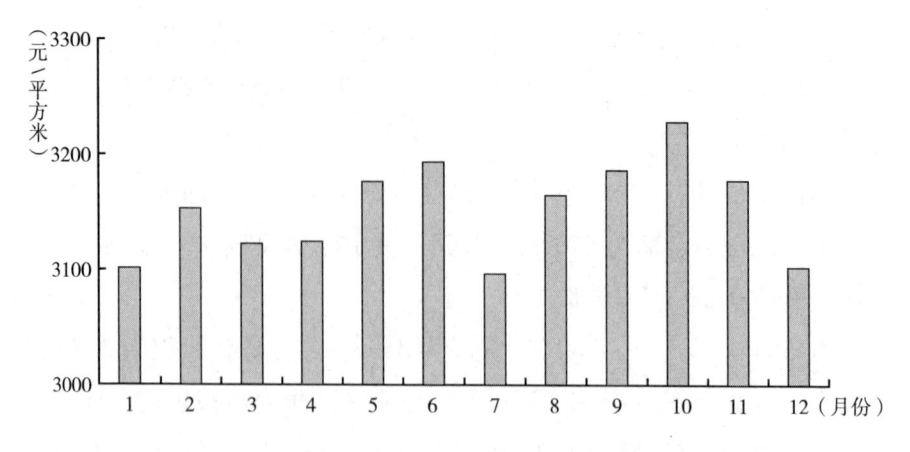

图2 瓮安县2017年1~12月商品住房销售均价

2600~3200元/平方米，2017年1~12月商品住房销售均价在2700~3200元/平方米，因受到消费市场因素对价格的影响，瓮安县商品房建设符合消费者对商品房刚性需求，购买力有所增长，致使2017年商品住房均价同比2016年有所上升，但幅度不大，在可控范围之内。

（四）房地产开发投资情况

统计数据显示，2017年，瓮安县房地产开发完成投资22.1亿元，同比增长22.8%。其中，商品住房投资12.52亿元，商业营业用房投资2.98亿元，其他用房投资0.6亿元（见表1）。

表1 瓮安县房地产开发投资完成情况统计

单位：亿元

指标名称	数量
房地产开发投资完成额	22.1
其中:商品住房	17.52
商业营业用房	3.98
办公楼	—
其他用房	0.6

（五）商品房开发建设及销售情况

2017年，瓮安县商品房施工面积为106.6万平方米，其中商品住房施工面积74.62万平方米，商业营业用房施工面积31.98万平方米。商品房新开工面积72.42万平方米，其中，商品住房新开工面积50.70万平方米。商品房建设方面，商品房竣工面积59.97万平方米；商品房销售面积为50.45万平方米，其中商品住房销售面积41.11万平方米，商业营业用房销售面积9.34万平方米。待售商品房方面，商品房待售面积65.10万平方米，其中商品住房待售面积17.62万平方米，商业营业用房待售面积47.46万平方米（见表2）。

表2 商品房开发建设及销售情况统计

单位：万平方米

指标名称	数量
商品房施工面积	106.6
其中:商品住房施工面积	74.62
办公楼施工面积	—
商业营业用房施工面积	31.98
商品房新开工面积	72.42
其中:商品住房新开工面积	50.70
办公楼新开工面积	—
商业营业用房新开工面积	21.72
商品房竣工面积	59.97
其中:商品住房竣工面积	47.96
办公楼竣工面积	—
商业营业用房竣工面积	12.01
商品房销售面积	50.45
其中:商品住房销售面积	41.11

续表

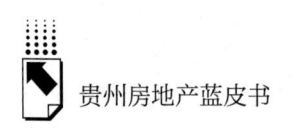

指标名称	数量
办公楼销售面积	—
商业营业用房销售面积	9.34
商品房待售面积	65.10
其中:商品住房待售面积	17.62
办公楼待售面积	—
商业营业用房待售面积	47.46

（六）新建商品房销售价格

瓮安县商品房价格处于平稳态势，全年商品住房均价3135元/平方米（含乡镇平均数），县城商品住房均价3213元/平方米。

商品房租赁情况：商品住房租赁价格为6.5~10.5元/（月·平方米）；商业营业用房租赁价格为15~260元/（月·平方米）；办公楼租赁价格为15~25元/（月·平方米）；其他商品房租赁价格为6.5元/（月·平方米）。

（七）二手房交易情况

办理二手房交易517宗5.85万平方米，实现交易金额1.14亿元。

（八）住房保障情况

严格按国家针对保障住房的政策施行，已落实购买商品住房来解决保障对象的基本居住条件，每平方米补助500元，最高补助60平方米（每套补助30000.00元）。

（1）达到交付使用条件时支付补助资金（每套30000.00元）的50%；

（2）达到交付使用条件之日起6个月内支付补助资金（每套

30000.00元）的30%；

（3）剩余部分6个月内支付补助资金（每套30000.00元）的20%。

（九）存在的主要问题

一是瓮安县大力发展城市综合建设，房地产管理局抽调参与建设人员较多，一定程度上影响了业务工作的正常开展；二是部分房地产开发项目因属同一宗地分期开发建设，也不能进行综合验收，影响了整个项目的建设进度；三是由于不动产登记权属职责职能划转，部分工作衔接不便；四是部分项目交付未按程序办理，交房时和交房后纠纷较多。

三　当前瓮安县房地产市场运行形势评判

近几年，受房地产政策影响，坚持调控不放松，坚决抑制投资投机需求，支持合理的自住和改善性需求，致使房地产开发企业新建工程速度明显放缓，而购房者的投机性投资方向也发生了变化，以满足自住住房的标准购置，但值得肯定的是，全县房地产市场在积极调整中运行，住房均价总体趋于理性。

第一，市场购买力整体回暖，购房者购房趋于理性。在国家宏观调控背景下，全国房地产市场都处于起伏不定的状态。但瓮安县的全县城镇建设步伐加快，招商引资力度加大，居民可支配收入有所增长，使市场总体实际购买力有所增长，因此，大多购房户理性选择投资方向，排除投机性投资，以满足合理自住与改善生活为目标，导致全县住宅销售情况比较乐观。

第二，市场逐步向买方市场转变。一方面，开发企业在户型结构、房价定位方面正逐步与市场需求接轨；另一方面，开发企业更多

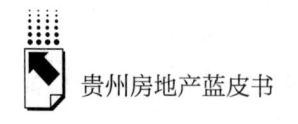

地通过售楼广告和增加售楼服务吸引客户群，并采取多种打折促销手段，这些迹象表明房地产市场正向买方市场转变。

总之，瓮安县房地产整体市场是理性、健康、稳定发展的，是一个良性的房地产市场，为了更好地维护这个市场，应加强调整，继续在调整中运行，并且这种调整与国家宏观调控目标必须保持一致性。

四 2018年房地产市场预测

综合2017年的房地产市场运行情况来看，整体市场将趋于理性，房价趋于平稳，上涨幅度非常有限。市场供求关系、国家调控政策不断完善，买方市场的理性选择将逐渐形成并占据重要地位，2018年市场预测如下。

（一）去投资化的限购、限贷不可能本质上出现松动

近几年来，房地产市场继续贯彻"有保有压"原则，通过提高二套房利率及首付比例、限制三套以上贷款等措施，差别化信贷将成为抑制投资投机需求的重要手段，对合理自住和改善性需求将起到一定的保护作用。但2017年后，因受国家房地产政策关于减少二套房首付比例的影响，2018年的房地产市场在政策层面的"微调"与坚持房地产调控不动摇的"双重标准"同时执行，使可供销售商品房总量保持相对平稳，同时市场有效购买力也相对放缓。

（二）城镇化建设将助推全县房地产市场持续回升

瓮安县旧城改造区域位于传统商业中心，土地利用面积有限，楼盘开发趋向高层化、大盘化、精品化和人性化，楼盘附加值不断提升。城镇化的进一步推进，将助推房地产市场持续回升与回暖，这有可能会使房价继续坚挺，甚至出现房价持续较小幅度上涨的现象。

（三）新建商品房开发、投资增幅有限

受前几年新开工建设面积比较大，特别是2013年全县商品房预售总面积远远大于以往预售总面积的影响，瓮安县从土地出让计划、2013年和2014年已立项项目考虑，2015年已开工并预售总面积58.15万平方米，2016年已开工并预售总面积63.03万平方米，面积同比增长8.4%。2017年已开工并预售总面积50.45万平方米，面积同比下降19.96%，预计2017年新开工预售总面积不会有大幅度变化。

五 2018年工作展望与计划

瓮安县房地产管理局根据实际工作情况，按照"发展要有新思路，改革要有新突破，开放要有新局面，各项工作要有新举措"的总体要求，积极探索瓮安县房地产行业管理工作的新路子、新方法。在服从全县中心工作的前提下，为推动瓮安县房地产又好又快、更好更快发展，2018年瓮安县房地产管理局主要工作思路如下。

（1）改善房地产业的投资环境，促进房地产业健康发展。

（2）着力推进国有土地上房屋征收房票安置工作，缓解瓮安县城镇化建设进程中资金压力和减小资金缺口。

（3）继续搞好房屋安全检查工作。

（4）继续加大对房地产市场监管、巡查力度，加强对《房地产开发项目手册》、房地产开发企业资质的管理，切实整治房地产交易市场和中介服务机构的违法违规行为，确保瓮安县房地产市场的健康和谐有序发展。

（5）认真宣传、贯彻落实《贵州省物业管理条例》《瓮安县商品房交付使用管理暂行办法》《瓮安县住宅小区管理暂行办法》，指导

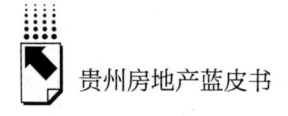

小区物业管理活动，确立适合瓮安县县情的物业管理模式，认真解决物业管理中的热点、难点、焦点问题。

（6）完善激励约束机制。坚持实行系统目标考核，完善考核办法，切实做好岗位设置管理工作，充分调动广大干部职工的积极性。

（7）进一步加强政治思想教育工作，加强纪律、作风、制度建设，加强职工业务技能培训，努力提高队伍素质，提升干部职工工作能力和服务水平，进一步转变作风，提高办事质量，努力提升人民群众对房管工作的满意度。

（8）逐步探索城市房屋租赁新路子，逐渐规范城市房屋租赁管理办法。

（9）高标准完成党建帮扶和精准扶贫工作任务。

热点篇
Special Report

B.18
推进城市"三变"改革 实现公平共享发展
——贵阳市房屋征收与补偿工作经验

贵阳市房屋征收管理中心课题组[*]

摘　要： 贵阳市为进一步提升城市质量，完善城市功能，有效提高市民生活水平，大力加强和推进棚户区改造，在棚户区改造房屋征收工作中推行城市"三变"改革，让被征收人充分参与，共享城市发展"红利"，实现社会、被征收人、企业、政府共赢地推进棚户区改造房屋征收工作的新路。"三变"改革的引入，获得了被征收人的积极响应、支持和配合，有力助推了棚户区改

---

[*] 课题组成员：秦悦，贵州省房地产研究院特约研究员。

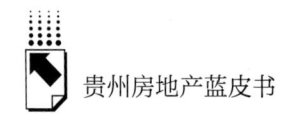

造房屋征收工作。

关键词： 贵阳市 棚户区改造 改革 红利

一 贵阳市征收实施主体及征收部门机构设置情况

贵阳市国有土地上房屋征收主体为各区（县、市）人民政府，市级未承担具体的征收工作。

贵阳市人民政府明确市住房和城乡建设局为市级房屋征收部门，该局成立副县级全额事业单位即市房屋征收管理中心，开展具体实施工作，并受委托对全市房屋征收工作实施监督指导，编制数26名，实有在编人数22人。各区、县、市（含经开区）也成立了房屋征收部门，负责组织实施属地行政区域的房屋征收与补偿工作，其中南明、花溪两区明确区住建局为征收部门，成立房屋征收管理局为实施单位开展具体工作；征收部门编制总数251名，实际在编人数180人，实施单位编制总数49名，实有在编43人。另外，为了强力推进贵阳市重大工程重点项目房屋和土地征收工作，市委、市政府于2013年10月成立了市重大工程重点项目房屋和土地征收工作领导小组及其指挥部，对全市重大工程重点项目房屋和土地征收工作实施统筹、协调、指导、监督。

二 "三变"改革的意义

贵阳市为进一步提升城市质量、完善城市功能、有效提高市民生活水平，正大力加强和推进棚户区改造。自2011年以来，累计启动棚户区城中村改造项目331个、3416万平方米,惠及17.5万户61.5万人。2018年拟改造5.89万户、950万平方米,近三年即2018年至2020年拟改造15.5万户、2231万平方米。为加快棚户区改造进程,确保项目尽早实施建设,顺利完成近三年的棚户区改造任务,贵阳市人民政府决定在棚户区改造房屋征收工作中推行城市"三变"改革,让被征收人充分参与,共享城市发展"红利",实现社会、被征收人、企业、政府共赢地推进棚户区改造房屋征收工作的新路。"三变"改革的引入,获得了被征收人的积极响应、支持和配合,有力助推了棚户区改造房屋征收工作。目前,贵阳市有6个棚户区改造项目引入"三变"改革先行先试,其中两个位于主城云岩区的项目已起动:一是盐务街特色创新功能区,为集医疗教育综合、综合商业服务、都市品质住宅、城市文化公园四大功能板块于一体的多元复合型高端城市综合中心;二是六广门城市综合体,为集体育健身、文化休闲、生活娱乐、商务办公四大功能板块于一体的都市体育核心服务区。

三 "三变"改革主要做法及经验

所谓"三变",就是"资源变资产、资金变股金、市民变股东"。

(1)资源变资产。社区经济组织、市民合作经济组织将政府依法依规配置的自然资源、经济资源、社会事业资源和政策资源等公共资源使用权,通过股权投入享有股份权利。

(2)资金变股金。在不改变资金使用性质和用途的前提下,将财政投入城市建设和发展类的资金,依法依规量化入股到社区经济组织、市民合作经济组织,并通过这两个经济组织采取独立或与其他经济组织联合经营的方式,享有股份权利。

(3)市民变股东。市民自愿将资源、资产、资金、技术、知识

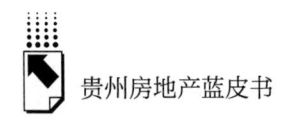

产权等,通过与社区经济组织、市民合作经济组织订立协议等方式,入股经营主体,享有股份权利。城市低收入群体可通过政府优先配置资源和资金享有股份权利,提高资产性收益。

"三变"改革的实践探索,对贵阳市实现转型发展、后发赶超、同步小康具有重要意义,主要基于以下几方面的目的。

一是通过股权纽带构建发展共商共建机制。通过政府配置、政策引导和社会帮扶,让市民特别是低收入困难群众有资产入股;通过项目选择、经营主体选择和监管制度建立,让市民入股的资产能保值增值;通过建立"多劳多得、不劳不得"的导向引领,建立公平、透明的政府配股"进退"机制,市民股权收益分配机制和共商共建发展机制,形成"我参与、我付出、我收获"的发展氛围。

二是通过壮大集体经济提升基层组织战斗力。围绕壮大集体经济实力,让社(居)合作经济组织参与到大项目、好项目中去,在激活沉睡资源、集聚分散资金的过程中发展壮大,让集体经济发挥在收入分配中的公平调节功能,让社(居)有人办事、有钱办事,让基层党组织在带领市民发展致富的过程中增强凝聚力、组织力、战斗力、号召力和发展力。

三是通过解决"三分散"问题增强发展动能。抓住资源分散、资金分散、市民分散的主要问题,通过产业平台和股权纽带,最大限度地把资源整合起来、资金集聚起来、市民组织起来,提高组织化、规模化、市场化发展水平,发挥资源集聚的最大效益。

四是通过"先富带后富"机制构建逐步缩小贫富差距。积极探索"先富带后富"更有效的制度安排,选择有责任感、有信誉度、有实力的企业搭建产业发展平台,让老百姓参与合作经营,让这一部分先富起来的企业,在组织化、规模化、市场化发展中,带动贫困群众发展致富。

五是通过提高市民组织化程度完善社会治理体系。通过加强基层党组织建设、配强领导班子、建强干部队伍，通过合作经济组织章程、社（居）民约的约束，构建党的领导与各种经济组织和市民自我管理、自我监督、自我服务、自我约束衔接互动的治理体系，提高市民的组织化程度，把分散的"游击队"变成产业大军，在产业发展中提升市民的觉悟，引导市民听党话、感党恩、跟党走，增强国家意识、集体意识、合作意识、主人翁意识，提升对城市的归属感、认同感。

六是通过联股联业、联股联责、联股联心构建成果共享机制。习近平总书记指出，必须坚持发展为了人民、发展依靠人民、发展成果由人民共享。贵阳市通过城市"三变"改革，实现联股联业、联股联责、联股联心，构建发展共建、社会共治、成果共享的机制，努力打造经济发展的共同体、社会秩序的共同体、利益联结的共同体，构建共同拥有发展机会、共同享有发展成果的命运共同体，让每一个人都有发展的机会，都有出彩的机会，形成人人参与、人人尽力、人人都有成就感的生动局面。

四 "三变"改革的背景

"三变"改革，最初是贵州省委常委、省政府常务副省长李再勇同志在时任贵州省六盘水市委书记时，为深化农村改革、促进现代农业发展、加快农民脱贫致富步伐，于2014年提出、2015年推行的农村改革。六盘水市的农村"三变"改革取得了显著成效，受到了中央领导、国家部委的高度关注和充分肯定，且"三变"写进了2017年中央一号文件。2017年8月，李再勇从六盘水市调任贵阳市委书记，提出"要坚持以人民为中心的发展思想，找准工作路径，做好'三变'文章，完善城市功能，提升城市品质，努力建设人民群众有更多获得感的更高水平的全面小康社会"的工作部署，围绕建设

"公平共享创新型中心城市,以生态为特色的世界旅游名城"的目标,在棚户区改造过程中,让群众充分参与,最大限度地共享公共服务,形成政府、市民、企业三方共建共享的命运共同体,通过"资源变资产、资金变股金、市民变股东"的城市"三变"改革,改单次获利为长期受益,破解"征收贵"的问题;改被动征收为主动参与,破解"征收慢"的问题。由此,贵阳开展城市"三变"、棚户区改造房屋征收引入"三变"改革的制度应运而生,市委、市政府于2017年底分别出台了开展城市"三变"改革试点工作的指导意见和加快城市"三变"改革推进棚户区城中村改造的试行实施方案,构建了政府、企业、市民共商共建共治共享的城市发展格局。

(1)推进资源变资产。鼓励棚户区改造被征收人将房屋、土地、地上构筑物等资产进行价值评估后全部或部分入股,并按股权享有合法收益。

(2)推进资金变股金。在不改变资金使用性质和用途的前提下,政府将棚户区改造补助资金依法量化到政府平台公司或社区经济合作组织,由政府平台公司或社区经济合作组织投资入股经营主体,通过独立或与其他经济组织联合经营的方式,享有合法收益。对于选择货币补偿的被征收人,按照自愿参与的原则,可将全部或部分货币补偿资金以入股市民合作经济组织的方式投资经营主体,按股权享有合法收益。

(3)推进市民变股东。采取自愿入股的原则,棚户区改造被征收人可将自己拥有的资源、资产、资金、技术、知识产权等,通过与社区经济组织、市民合作经济组织以合同或协议方式投资入股经营主体,按股权享有合法收益;被征收人属城市低收入群体的,可通过政府优先配置资源和资金的方式入股社区经济组织,在社区经济组织中占有股权并享有合法收益。同时建立健全被征收人入股退出机制,对需要退股的被征收人,可依法退股。

在棚户区改造房屋征收推进"三变"改革工作中,由建设项目属地党委、政府领导,社区主导,成立市民合作经济组织,归集被征收人的资源、资产、资金等,通过"社会资本+平台公司+市民合作经济组织""社会资本+市民合作经济组织""平台公司+市民合作经济组织"等方式,在社会资本、平台公司、被征收人之间形成"利益共享、风险共担"的股份合作联结机制,实现共建共享。同时,对符合解困安置条件的,实施兜底共享助力精准解困,按套内面积户均不低于45平方米的标准进行解困安置,在改造过程中形成的共享部分公共停车场、服务型综合超市、社区养老等资产由政府依法确定的公司经营,经营收入部分用于提高被改造区域内收入困难被征收人的保障水平和后续产业发展;对符合条件且自愿入股的被征收人,按照合同或协议约定,项目建设期内,可以根据同期贷款基准利率上浮10%~15%享有收益,项目经营期内,按享有股权比例再进行收益分配,风险共担、利益共享;对棚户区改造后产生的公益性岗位和经营性岗位优先安排低收入、就业困难的被征收人就业。

通过推行以上体制机制,被征收人积极配合,征迁和建设进度大大加快,阻力大幅度减小,社会资本踊跃进入棚户区改造领域,并积极提供大量的共享资源,主动承担基础设施建设工作。这是一种典型的"政府让利、企业微利、群众得利"工作思路,社会资本参与城市建设虽无暴利,但能够稳定获得收益,参与意愿很高,成为政府和城市居民可信赖的带动龙头。

五 相关政策支持"三变"改革

一是推动土地科学利用与开发。贵阳市出台了关于城镇低效用地再开发管理的暂行规定和确定改造项目土地开发实施主体的一次性招标相关规定,规定在符合规划和低效用地再开发的前提下,土地使用

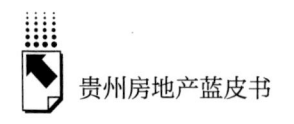

权人可通过自主、联营、转让、入股等多种方式对获取的土地进行改造开发；坚持整片改造与非集中改造相结合，针对点状分布、开发价值低、不能实现投入与产出自身平衡的棚户区地块，可采取一事一议，与辖区内其他开发价值较好的地块进行捆绑开发；对纳入省、市棚户区改造计划的项目，符合低效用地再开发的，经贵阳市人民政府批准，可将棚户区改造项目及拟改造项目土地的开发实施主体通过一次性招标确定，达到一定条件后土地使用权通过协议方式出让。

二是强化规划建设与管理。为实现棚户区改造项目投入与产出的自身平衡，在改造方案编制中可适度、合理提高规划指标，如适度、合理提高规划指标后仍然不能实现自身平衡的，在规划单元内，按照整体规划、分类建设、同步验收的要求，可采取拆除重建、综合整治、功能改变的方式实施棚户区改造。

三是加大财政支持力度。对棚户区改造项目免征城市基础设施配套费等各种行政事业性收费和政府性基金。落实好棚户区改造安置住房税收优惠政策，适当减免电力、通信、市政等入网、管网增容等经营性收费。同时，对市、区两级财政土地纯收益分成向区级财政倾斜。

四是配套政策规范国有土地上房屋征收程序和行为。贵阳市在全省已出台《贵州省人民政府办公厅关于印发〈贵州省国有土地上房屋征收补偿住房保障办法（暂行）〉〈贵州省国有土地上房屋征收评估机构选定办法（暂行）〉〈贵州省国有土地上房屋征收停产停业损失补偿指导意见〉的通知》（黔府办发〔2011〕116号）、《贵州省住房和城乡建设厅关于印发〈贵州省国有土地上房屋征收与补偿指导意见〉的通知》（黔建房通〔2015〕386号）的基础上，结合全市实际，制定了加强全市国有土地上房屋征收补偿工作管理的配套政策规定。

（1）《贵阳市人民政府办公厅关于贯彻落实〈国有土地上房屋征

收与补偿条例〉的通知》（筑府办发〔2011〕112号）。

（2）《贵阳市国有土地上房屋征收补偿管理意见》（筑府发〔2012〕47号）。

（3）《市人民政府办公厅关于进一步加强和规范全市国有土地上房屋征收与补偿管理工作的通知》（筑府办发〔2014〕56号）。

（4）《市人民政府办公厅关于印发贵阳市国有土地上房屋征收补助和奖励办法的通知》（筑府办发〔2014〕57号）。

通过以上四个规范性文件，从房屋征收计划的编制与备案、被征收房屋情况的调查登记与数据信息录入和复核、房屋征收补偿方案的拟定与审核备案、建设项目房屋征收社会稳定风险评估、征收补偿协议的签订与备案、征收补偿费用的资金管理和产权调换房源保障、房屋征收中介服务机构及工作人员的监督管理、房屋征收工作流程、房屋征收中的相关补助与奖励等方面加强全市房屋征收工作的统筹管理，规范全市房屋征收行为，统一相关补助标准，确保全市"依法征收、和谐征收、阳光征收"。

六 如何"三变"

在开展棚户区改造项目房屋征收工作推进城市"三变"过程中，关键是要找准哪些资源可以变成资产，资金如何变成股金，资金从哪里来，被征收人怎么参与，同时在项目策划时把被征收人共享、社区加强基础自治相结合，并以法律化的形式确立，避免矛盾的产生，让被征收人随着项目的建设，在建设中享受一定的利益或者分红，在房屋征收结束后能够继续参与继续分红，从以前单一的收入变成收益长期化。所以，要多方面考虑，既要解决房屋征收的问题，又要让被征收人通过城市"三变"的一些理念和举措得到更多的收益，更要解决好被征收人中低收入群体的收入问题，这就需

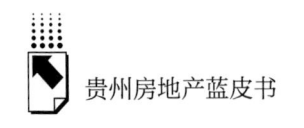

要商业行为和政府脱贫政策行为相结合，涉及怎么做的问题。对此，云岩区委、区政府将"盐务街特色创新功能区"和"六广门城市综合体"两个建设项目作为探索"三变"改革的试点项目，具体运作方式如下。

项目最终形成的共享资产通过资产运营公司运营，所产生的收益作为入股群体的长期收益，而资产运营公司的股份由三家公司共同组成：一是国有平台公司占56%，二是共享公司占32%，三是共建公司占12%（最终按三个公司实际投入股金调整股比）。股金由共建公司面向被征收人归集，其中兜底共享的股权关系通过共享公司与低收入被征收人形成。

（一）共建共享流程

步骤1：成立城市合作共建投资管理有限公司（以下简称"共建公司"）。

步骤2：共建公司通过定向募集方式，吸收在房屋征收期限内签约的被征收人成为共建公司股东，成为共建公司股东后，共建公司向被征收人股东定向募集每户不超过80万元的资金对试点项目进行投资（1万~80万元）。

步骤3：项目建设期内，共建公司通过借款合同将其持有的资金出借给国有公司，期限以项目建设期为准，年化收益为5.72%，共建公司获取资金出借收益后向被征收人股东进行支付。

步骤4：项目建成时，被征收人可按自愿原则与国有公司进行股份转让，国有公司可向被征收人定向收购其持有的共建公司股份。

步骤5：项目建成后，由共建公司参股资产运营公司，其将从资产运营公司获得的长期稳定收入，按同股同权方式向股东分红，实现长期共享。

步骤6（股份转让）：自愿参与项目投资的被征收人在项目建设

期内原则上不能转让股份,如确需转让的,由国有公司按原价受让其股份。建设期结束时被征收人股东可自由选择退出或继续持股,选择退出的,由国有公司按初始投资额的1.15倍受让其股份;选择继续持股的,继续参与共建公司市场化运作,同股同权,利益和风险共担。

(二)兜底共享流程

步骤1:成立城市合作共享经济管理有限公司(以下简称"共享公司")。

步骤2:凡属试点项目划定社区范围内,经区民政局、社区审核在册的低保被征收人,均可按照自愿原则加入共享公司,并与共享公司签订共享协议,明确其收益(第一年收益为10000元、第二年收益为10500元、第三年收益为11000元,按月发放,以后根据共享公司所获经营收益适当调整标准。低保被征收人家庭收入或实际生活水平高于当地最低生活保障标准的不再享受最低生活保障金,在3年内仍然享受国家规定的低保优惠政策)及义务。

步骤3:通过国有公司将建成后形成的部分共享资产(租赁权)移交共享公司,共享公司取得共享资产后,委托资产运营公司经营,共享公司获取收入后反哺低保被征收人脱贫。

步骤4:项目建成后,由共享公司向新设立的资产运营公司推荐符合条件的低保被征收人就业。

步骤5(成员退出):①共享公司成员可自愿退出共享公司;②违反共享公司成员相关规定的,共享公司有权作退出处理;③共享公司以3年为一个周期,经相关单位评估考核,如成员在扣除共享公司收益后,其稳定月收入超过当年贵阳市最低工资标准的,退出共享公司,不再享受成员权利。

"盐务街特色创新功能区"和"六广门城市综合体"两个建设项

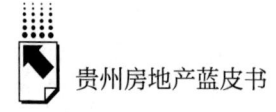

目带动周边棚改，自2017年11月做出房屋征收决定至2018年4月，涉及棚改被征收人1502户已签约1221户，参与"三变"入股普惠共建共享的被征收人49户，入股资金达2421万元。另外，改造项目内低保被征收人和项目改造带动周边社区的低保人群参与兜底共享的共2432户。

Abstract

Annual Report on the Development of Guizhou's Real Estate No. 5 (2018) explores the development trend of the real estate market in Guizhou province with rigorous style, neutral angle, unique perspective, detailed data and scientific theory. The book was divided into general report, report on land, report on housing security, report on finance, report on county and district subjects, and hotspot report. The general report makes a comprehensive analysis on the development of the real estate market in Guizhou Province in 2017. The rest of the paper analyses the development of the real estate market in Guizhou province from different angles. All of the members of the research groups are front – line managers and staff in 9 cities (States) of the province. The detailed data of the report truly and objectively reflects the real estate development in each city (state) in the previous year, and has a positive reference value for the development of the real estate industry in each city (state).

In 2017, China's real estate was in a period of transformation and differentiation. China's housing transaction has entered a new historical stage by implementing the instruction issued by the Party Central Committee that "the house is used to live instead of speculation". New policies such as "Rent and purchase housing system" have been frequently issued, and dozens of cities have successively issued new policies for lease and vigorously promoted the housing leasing market. To curb bubbles and pursue rational development was the keywords in the development of real estate industry in 2017.

In 2017, the macroeconomic regulation and control of the real estate market in Guizhou Province has strengthened, the policy effect was obvious, real estate investment achieved a slight increase, and sales of commercial housing grew rapidly. In 2017, the growth rate of land purchase area, new construction area, real estate development investment and housing construction area in Guizhou real estate development enterprises were all higher than that of 2016. Real estate development enterprises' loans in China have dropped sharply. The growth rate of commercial housing transaction area and sales price was higher than the national average level, and the growth rate of commercial housing prices was higher than that of per capita disposable income of urban residents. The inventory index of commercial housing was the lowest level since 1998. Among the nine cities (states), the real estate development investment in the three states (Southeastern Guizhou, Southern Guizhou, Southwestern Guizhou) fell while the investment in the other six cities increased. The largest increase in the sales area of commercial housing was 23.2% in Bijie City, and the smallest was 8% in southeastern Guizhou. Guiyang's second-hand housing accounted for 24.3%, much higher than other cities (states).

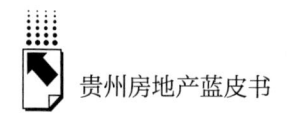

In 2017, the real estate development market in Guizhou was still in a period of periodic adjustment. We need to establish a long-term mechanism to promote the steady and healthy development of the whole province's real estate market.

In 2018, we predict that the supply of real estate in Guizhou Province will continue to increase, and commercial housing transactions will tend to stabilize. In 2017, the average price of commercial housing in Guiyang was about 20% lower than that in the surrounding capital cities. This market situation of house price depression will change greatly in 2018.

Keywords: Guizhou Province; Real Estate Market; Destoking; Supply-side Reform

Preface

At the beginning of the year, I attended a Chinese real estate delegation headed by Liu Zhifeng and we visited the United States. At that time, I made a speech and mentioned that the development of real estate market in China is different from that in the United States. It was only 242 years after the founding of the United States, but the association of Realtors was established in 1908. The real estate market in the United States has a history of at least 110 years. In 1998, the State Council of China issued a document "A notice on further deepening the reform of urban housing system and accelerating housing construction", decided to stop the distribution system of houses, and gradually implement the monetization of housing distribution, to cultivate and standardize the housing market. If we take this reform as the starting point, the real estate marketization of new China will be only 20 years. But the real estate industry is a well-deserved hero for the "How marvelous, my China".

When the new China was just established in 1949, the stock of urban housing in the whole country was only 0.5 billion square meters, and the per capita housing area was less than 10 square meters. In July 6, 2017, the National Bureau of Statistics issued that the per capita housing area of China is 40.8 square meters. In 2017, the investment in the national real estate development was 10979.9 billion yuan, the national housing construction area was 7.81484 billion square meters, the sales amount of the national commodity house were 13370.1 billion yuan, the real estate industry has created enormous wealth for the country, and has provided the society with broad production and living space. In 2017, the investment in real estate development in Guizhou was 220.1 million yuan, accounting for 14.4% of the investment in fixed assets in the whole province, and the contribution rate to fixed assets investment was 2.0, which has increased by 4.7 percentage points over the same period of the previous year. The real estate industry has made great contributions to the social and economic development of Guizhou province.

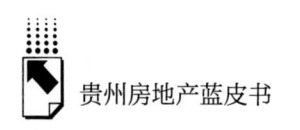

This book is the fifth Guizhou Real Estate Blue Book that edited and published by our institute. In 2015, through the assessment of the Book Academic Review Committee of the Chinese Academy of social sciences, Blue Book of Real Estate of Guizhou was listed in the TOP100 of Chinese Blue Book Comprehensive Evaluation with a total score of 77.4 points, ranked 92th. In 2016, it ranked 64th with a total score of 83.3 points and won the academic publishing project of innovation engineering of the Chinese Academy of Social Sciences.

We will continue to make our efforts to ensure the originality, positivism, professionalism, forefront and timeliness of the Blue Book of Real Estate of Guizhou, improve the quality and influence of the content, and contribute to the development of Guizhou Province's social and economic development.

Contents

I General Report

B.1 The Real Estate Market Analysis of 2017 and the
Prediction of 2018 *The General Report Group* / 001

Abstract: In 2017, the supply of the real estate market in Guizhou has clearly recovered and the demand has continued to increase. The stock of commercial housing has declined sharply while the price has risen sharply, and the real estate market of different cities (States) was quite different. In 2017, the growth rate of land purchase area, new construction area, real estate development investment and housing construction area in Guizhou real estate development enterprises were all higher than that of 2016. Real estate development enterprises' loans in China have dropped sharply. The growth rate of commercial housing transaction area and sales price was higher than the national average level, and the growth rate of commercial housing prices was higher than that of per capita disposable income of urban residents. The inventory index of commercial housing was the lowest level since 1998. Among the nine cities (states), the real estate development investment in the three states (Southeastern Guizhou, Southern Guizhou, Southwestern Guizhou) fell while the investment in the other six cities increased. The largest increase in the sales area of commercial housing was 23.2% in Bijie City, and the smallest was 8% in southeastern Guizhou. Guiyang's second - hand housing accounted for 24.3%, much higher than other cities (states). In 2018, we expect that the supply of real estate in Guizhou will continue to increase, the commercial housing transactions will become stable and the growth rate of price will decline.

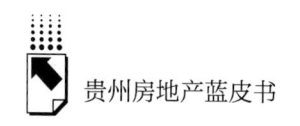

Keywords: Guizhou Province; Real Estate Market; Supply-side Reform

Ⅱ Reports on Land

B.2 Review and Prospect of Land Market in Guizhou (2017)
Xia Gang, He Kun / 049

Abstract: In 2017, the allocation and supply of the land market in Guizhou Province were developed simultaneously. The total supply and the number of land parcel showed a slight downward trend. The level of land saving and marketization in the land market have gradually increased. The income of land market mainly comes from land for real estate use, and the land income of Central Economic Zone in Guizhou has grew in multiples.

Keywords: Guizhou City; Land Market; Real Estate Development Land

B.3 The Report on Land Auction of Guiyang in 2017
Wu Tingfang, Hu Dieyun / 068

Abstract: In 2017, the real estate market in Guiyang operated in a balanced manner and the investment structure gradually became more reasonable. With the deepening of supply side structural reform and the continuous effect of the real estate inventory policy, annual investment and sales have achieved a restorative growth, showing a steady rising trend, and the real estate market has shown a good prospect.

Keywords: Supply-side Reform; Restorative Increment; Destocking

Ⅲ Reports on Housing Security

B.4 Operation Analysis of Guizhou Housing Accumulation
　　　Fund in 2017　　　　　　　　　　　　　*Zhang Shijun* / 086

Abstract: In 2017, the housing accumulation fund of the province continued to maintain a healthy and stable development trend. The deposit coverage of housing accumulation fund has been expanding. The withdrawal and loan business of housing accumulation fund were steadily promoted. The operation of funds was more standardized and the risk was well controlled. The amount of accumulative fund and value-added revenues hit new highs. The housing accumulation fund system has played an important role in promoting and stabilizing the healthy development of the real estate market, and has also provided financial support for families of middle and low income workers to solve housing problems. It is necessary to explore new methods to support the new citizens in solving housing problems, carry out inspections on the enforcement of laws and policies, strengthen the construction of informatization, and consider fairness and efficiency, etc.

Keywords: Guizhou Province; Housing; Accumulation Fund

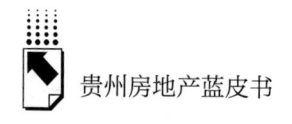

B.5 The General Situation of Property Management in Guizhou

Guizhou Province Association of Real Estate

Property Management Committee / 099

Abstract: In 2017, there were nearly 1800 property management enterprises in Guizhou. The number of the staffs in this field was about one hundred thousand. The development of the industry becomes more rational and scientific, but the industry still faces such as: the imperfect management system, the irregular owners' committee election; all departments lacking communicate with each other, the outmoded management philosophy, too simple management mode, the uneven of quality of owners and other issues are urgent needed to face and solved.

Keywords: Guizhou Province; Property Management; Industry Status

Ⅳ Reports on Finance

B.6 The Real Estate Enterprise Financing in Guizhou

Wu Tingfang, Yang Li and Li Jian / 103

Abstract: In 2017, the investment and construction of real estate in Guizhou Province has gradually recovered, and the real estate loans of financial institutions in the province kept growing, the real estate loans of financial institutions in the province kept growing, and the growth rate was higher than the average growth rate of all loans in the province. At the end of the year, real estate development loans accounted for 38.68% of the whole province's real estate loan balance, in which the growth rate of landed property development loans and house property development loans showed a trend of "one drop and one rise".

Keywords: Real Estate Enterprise; Corporate Financing; Market Regulation; Housing Finance Service

B. 7　The Real Estate Consumer Financing in Guizhou
Wu Tingfang, Yang Li and Li Jian / 107

Abstract: In 2017, the regulation of real estate will continue the main keynote that implement policies based on different categories and cities. The housing credit policy was one of the means for local government to regulate and control the real estate market. Guiyang Branch of the People's Bank of China continued to implement differential housing credit policy, focusing on supporting the rigid demand for residential housing and improvement demands of residents.

Keywords: Consumer Financing; Real Estate Credit Business; Individual Housing Loan

V　Reports on County and District Subject

B. 8　Report on the Real Estate Market of Guiyang in 2017
Research Group of Guiyang Housing and Urban and Rural Construction Bureau / 110

Abstract: In 2017, under the correct leadership of the municipal Party committee and the municipal government, with the joint efforts of various departments, facing the complicated macroeconomic environment, our city conscientiously implemented major policy decisions and arrangements of the

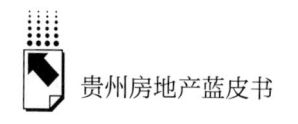

CPC Central Committee and the provincial government, insisted on the overall keynote of steady progress, further promoted the structural reform of the supply side of real estate, and constantly improved the regulation of the real estate market and made it present a steady and healthy development trend. According to the statistical data, in 2017, the investment in real estate development in Guiyang City has reached 102.643 billion yuan, an increase of 10.7% over the same period last year, the number of commodity house sales was 10.7788 million m^2, an increase of 9% compared with last year; the city's average price of new commercial housing sales was 6233 yuan per square meter, an increase of 18.3% over the previous year. By the end of December 2017, the inventory of commercial housing was 8.2227 million m^2, a decrease of 2.0111 million m^2 compared to the end of 2016. The destocking cycle of the whole city's commodity housing was 10 months, which was at a reasonable level.

Keywords: Guiyang City; Real Estate Market; Guarantee; Lease

B.9 Report on the Real Estate Market of Liupanshui in 2017
Research Group of Liupanshui Housing and Urban and Rural Construction Bureau / 116

Abstract: In 2017, the government of Liupanshui paid close attention to the implementation of national and provincial policies and took a series of measures on the real estate market, achieved certain results in the digestion of inventory, commercial housing market order got further standardization, tourism real estate, leisure, health and other real estate has gradually became important directions for real estate enterprises to consider investment, the overall real estate market showed a steady development trend. At the same time, complaint conflicts that caused by defer delivering houses gradually highlighted.

Keywords: Liupanshui City; Real Estate Market; Housing Security

B.10　Report on the Real Estate Market of Zunyi in 2017
Research Group of Zunyi Housing and Urban and Rural
Construction Bureau / 122

Abstract: In 2017, Zunyi city conscientiously implemented the major policy decisions and arrangements of the CPC Central Committee and the provincial government, steadily promoted the structural reform of the supply side of real estate, insisted on implementing policies based on different categories and cities. In addition, we supported the needs of residents and migrant workers to purchase houses and living, and strived to do a good job of real estate destocking. The destocking cycle was within a reasonable and controllable range. The commercial housing supply and sales was flourishing, the trading volume has been steadily increasing, the price remained basically stable, and the real estate market maintained a steady, healthy and orderly development trend.

Keywords: Zunyi City; Real Estate Market; Destocking; Stable and Healthy

B.11　Report on the Real Estate Market of Anshun in 2017
Research Group of Anshun Housing and
Urban and Rural Construction Bureau / 127

Abstract: In 2017, the real estate market in Anshun developed steadily. According to local conditions, we did a good job in implementing policies based on different categories and cities. Further deepened the understanding of the connotation and essence of the central government's economic work proposal that "houses are used to live, not used for speculation," and strengthened supervision of the real estate market to ensure a steady and healthy development of the city's real estate market. At the same time, we have vigorously cultivated and developed the leasing market, and effectively guided and released the consumption demand for renting houses through contract record system, information disclosure, and government service platform for leasing information.

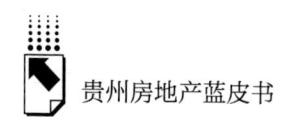

Keywords: Anshun City; Real Estate Market; Classification Control; Market Supervision and Regulation

B. 12　Report on the Real Estate Market of Bijie in 2017

Research Group of Bijie Housing and Urban and Rural Construction Bureau / 133

Abstract: With the implementation of favorable policies for the real estate industry, the promotion of the shantytowns' transformation, the positive guidance of public opinions, the increase of the potential consumption demand, the monetization resettlement of shantytowns' reconstruction, the real estate economy in Bijie City has been developing rapidly, and various real estate indicators have also risen.

Keywords: Bijie City; Real Estate Market; Renovation of Shanty Towns

B. 13　Report on the Real Estate Market of Tongren in 2017

　　　　　　　　Research Group of Tongren Housing and

　　　　　　　　Urban and Rural Construction Bureau / 139

Abstract: Since 2015, the national economic development has slowed down, and the real estate market has been in the period of adjustment and transformation. Under such conditions, the development and investment of the real estate market in Tongren City and the sales area of the commercial housing still maintained a steady growth rate, which will help promote the steady operation of the real estate market.

Keywords: Tongren City; Real Estate Market; Destock of Commercial Housing

B. 14　Report on the Real Estate Market of

　　　　Southwestern Guizhou in 2017

　　　　　　　　Research Group of Southwestern Guizhou Housing and

　　　　　　　　Urban and Rural Construction Bureau / 145

Abstract: The report of the 19th CPC National Congress proposed that "houses are used to live, not used for speculation." In addition, we should speed up the establishment of a multi－subject supply, multi－channel guarantee, and rent－purchase housing system to guarantee all people's housing protection. In order to conscientiously implement the spirit of the report of the 19th CPC National Congress and promote the healthy development of the real estate industry in our state, the real estate operation situation in 2017 is analyzed as follows.

Keywords: Southwestern Guizhou; Real Estate Market; Housing Consumption

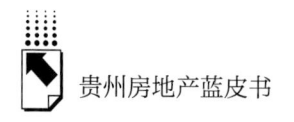

B.15　Report on the Real Estate Market of
　　　Southeastern Guizhou in 2017
　　　　　Research Group of Southeastern Guizhou Housing and
　　　　　　　　Urban and Rural Construction Bureau / 154

Abstract: In 2017, the investment in real estate development in southeastern Guizhou declined. According to the statistics of the industry, the sales area of new commercial housing increased rapidly while the sales price of commercial housing increased slightly. The overall real estate market showed a steady and healthy development. There are 10 new real estate enterprises in Southeastern Guizhou , with a total of 376 companies and more than 6,300 employees.

Keywords: Southeastern Guizhou; Real Estate Market; Market Tendency

B.16　Report on the Real Estate Market of
　　　Southern Guizhou in 2017
　　　　　Research Group of Urban and Rural Construction and
　　　　　　　　Planning Comission of Southern Guizhou / 167

Abstract: In accordance with the work arrangements of the State Council and the state government, the Urban and Rural Construction and Planning Committee of the Southern Guizhou energetically implemented the new urbanization strategy in 2017. In the past year, the development of urban and rural construction has been promoted by expanding urban construction investment, strengthening infrastructure construction and promoting poverty alleviation. The construction of urban and rural infrastructure has been strengthened, the area of urban built－up areas has been expanding, and people's living environment has been constantly improving. This has laid a solid foundation for promoting the development strategy of "3366" in our state, realizing the hard work of poverty alleviation and synchronizing a well－off society, and creating a pioneer demonstration area for the innovation and development of ethnic regions.

Keywords: Southern Guizhou; Real Estate Market; Property Management

B. 17　Report on the Real Estate Market of

　　　　Weng'an in 2017

Research Group of Real Estate Bureau of Weng'an / 178

Abstract: In 2017, 42 real estate development enterprises settled in Weng'an, including 4 second－degree real estate enterprises; 48 property management enterprises, three of them have first－level qualification. There are 32 newly－started projects and the county has completed 2.210 billion yuan of the investment in real estate development. The county has issued 2 Permit for Advance Sale of Commodity Houses and handled 2 pre－sale commercial houses. The total building area was 0.1136 million m^2, and the total pre－sale area was 0.1008 million m^2. (The pre－sale permit for commercial housing was transferred to the Administrative examination and approval Bureau of the county after July).

Keywords: Weng'an County; Real Estate Market; Housing Security

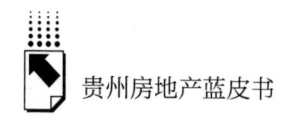

Ⅵ Special Report

B.18 Promoting the "Three Changes" Reform of the City and Realizing Fair and Shared Development
—The Experience of Housing Expropriation and Compensation in Guiyang
Research Group of Guiyang Housing Collection Management Center / 189

Abstract: In order to further enhance the quality and function of the city and effectively improve the living standard of the citizens, Guiyang City has vigorously strengthened and promoted the transformation of shanty towns. The "three changes" reform of urban areas has been implemented in the transformation of shanty towns. This reform allows the expropriated people to share the "dividend" of urban development, so that society, expropriated people, enterprises and governments can achieve win – win results in housing levy. The implementation of the "three changes" reform has received positive responses, support and cooperation from the expropriated people, which has effectively boosted the expropriation of houses in shanty towns.

Keywords: Guiyang City; Renovation of Shanty Towns; Reform; Dividen

社会科学文献出版社　**皮书系列**

✦ 皮书起源 ✦

"皮书"起源于十七、十八世纪的英国，主要指官方或社会组织正式发表的重要文件或报告，多以"白皮书"命名。在中国，"皮书"这一概念被社会广泛接受，并被成功运作、发展成为一种全新的出版形态，则源于中国社会科学院社会科学文献出版社。

✦ 皮书定义 ✦

皮书是对中国与世界发展状况和热点问题进行年度监测，以专业的角度、专家的视野和实证研究方法，针对某一领域或区域现状与发展态势展开分析和预测，具备原创性、实证性、专业性、连续性、前沿性、时效性等特点的公开出版物，由一系列权威研究报告组成。

✦ 皮书作者 ✦

皮书系列的作者以中国社会科学院、著名高校、地方社会科学院的研究人员为主，多为国内一流研究机构的权威专家学者，他们的看法和观点代表了学界对中国与世界的现实和未来最高水平的解读与分析。

✦ 皮书荣誉 ✦

皮书系列已成为社会科学文献出版社的著名图书品牌和中国社会科学院的知名学术品牌。2016年，皮书系列正式列入"十三五"国家重点出版规划项目；2013~2018年，重点皮书列入中国社会科学院承担的国家哲学社会科学创新工程项目；2018年，59种院外皮书使用"中国社会科学院创新工程学术出版项目"标识。

权威报告·一手数据·特色资源

皮书数据库
ANNUAL REPORT(YEARBOOK) DATABASE

当代中国经济与社会发展高端智库平台

所获荣誉

- 2016年，入选"'十三五'国家重点电子出版物出版规划骨干工程"
- 2015年，荣获"搜索中国正能量 点赞2015""创新中国科技创新奖"
- 2013年，荣获"中国出版政府奖·网络出版物奖"提名奖
- 连续多年荣获中国数字出版博览会"数字出版·优秀品牌"奖

成为会员

通过网址www.pishu.com.cn访问皮书数据库网站或下载皮书数据库APP，进行手机号码验证或邮箱验证即可成为皮书数据库会员。

会员福利

- 使用手机号码首次注册的会员，账号自动充值100元体验金，可直接购买和查看数据库内容（仅限PC端）。
- 已注册用户购书后可免费获赠100元皮书数据库充值卡。刮开充值卡涂层获取充值密码，登录并进入"会员中心"—"在线充值"—"充值卡充值"，充值成功后即可购买和查看数据库内容（仅限PC端）。
- 会员福利最终解释权归社会科学文献出版社所有。

卡号: 823421232259
密码: ▇▇▇▇▇▇

数据库服务热线: 400-008-6695
数据库服务QQ: 2475522410
数据库服务邮箱: database@ssap.cn
图书销售热线: 010-59367070/7028
图书服务QQ: 1265056568
图书服务邮箱: duzhe@ssap.cn

S 基本子库
SUB DATABASE

中国社会发展数据库（下设 12 个子库）

全面整合国内外中国社会发展研究成果，汇聚独家统计数据、深度分析报告，涉及社会、人口、政治、教育、法律等 12 个领域，为了解中国社会发展动态、跟踪社会核心热点、分析社会发展趋势提供一站式资源搜索和数据分析与挖掘服务。

中国经济发展数据库（下设 12 个子库）

基于"皮书系列"中涉及中国经济发展的研究资料构建，内容涵盖宏观经济、农业经济、工业经济、产业经济等 12 个重点经济领域，为实时掌控经济运行态势、把握经济发展规律、洞察经济形势、进行经济决策提供参考和依据。

中国行业发展数据库（下设 17 个子库）

以中国国民经济行业分类为依据，覆盖金融业、旅游、医疗卫生、交通运输、能源矿产等 100 多个行业，跟踪分析国民经济相关行业市场运行状况和政策导向，汇集行业发展前沿资讯，为投资、从业及各种经济决策提供理论基础和实践指导。

中国区域发展数据库（下设 6 个子库）

对中国特定区域内的经济、社会、文化等领域现状与发展情况进行深度分析和预测，研究层级至县及县以下行政区，涉及地区、区域经济体、城市、农村等不同维度。为地方经济社会宏观态势研究、发展经验研究、案例分析提供数据服务。

中国文化传媒数据库（下设 18 个子库）

汇聚文化传媒领域专家观点、热点资讯，梳理国内外中国文化发展相关学术研究成果、一手统计数据，涵盖文化产业、新闻传播、电影娱乐、文学艺术、群众文化等 18 个重点研究领域。为文化传媒研究提供相关数据、研究报告和综合分析服务。

世界经济与国际关系数据库（下设 6 个子库）

立足"皮书系列"世界经济、国际关系相关学术资源，整合世界经济、国际政治、世界文化与科技、全球性问题、国际组织与国际法、区域研究 6 大领域研究成果，为世界经济与国际关系研究提供全方位数据分析，为决策和形势研判提供参考。

法律声明

"皮书系列"(含蓝皮书、绿皮书、黄皮书)之品牌由社会科学文献出版社最早使用并持续至今,现已被中国图书市场所熟知。"皮书系列"的相关商标已在中华人民共和国国家工商行政管理总局商标局注册,如LOGO( )、皮书、Pishu、经济蓝皮书、社会蓝皮书等。"皮书系列"图书的注册商标专用权及封面设计、版式设计的著作权均为社会科学文献出版社所有。未经社会科学文献出版社书面授权许可,任何使用与"皮书系列"图书注册商标、封面设计、版式设计相同或者近似的文字、图形或其组合的行为均系侵权行为。

经作者授权,本书的专有出版权及信息网络传播权等为社会科学文献出版社享有。未经社会科学文献出版社书面授权许可,任何就本书内容的复制、发行或以数字形式进行网络传播的行为均系侵权行为。

社会科学文献出版社将通过法律途径追究上述侵权行为的法律责任,维护自身合法权益。

欢迎社会各界人士对侵犯社会科学文献出版社上述权利的侵权行为进行举报。电话:010-59367121,电子邮箱:fawubu@ssap.cn。

社会科学文献出版社